湖南工商大学法学学术文库

高等院校法学案例教学高阶教材

刑事疑难案例研究

刘期湘 著

法律出版社
LAW PRESS·CHINA
北京

图书在版编目(CIP)数据

刑事疑难案例研究 / 刘期湘著. -- 北京:法律出版社,2022
(湖南工商大学法学学术文库)
ISBN 978-7-5197-6987-1

Ⅰ. ①刑… Ⅱ. ①刘… Ⅲ. ①刑事犯罪-案例-中国 Ⅳ. ①D924.305

中国版本图书馆 CIP 数据核字(2022)第 142355 号

湖南工商大学 法学学术文库	**刑事疑难案例研究** **XINGSHI YINAN ANLI YANJIU**	刘期湘　著	策划编辑 孙　慧　余群化 责任编辑 孙　慧　余群化 装帧设计 李　瞻

出版发行 法律出版社
编辑统筹 司法实务出版分社
责任校对 裴　黎
责任印制 胡晓雅
经　　销 新华书店
开本 710 毫米×1000 毫米　1/16
印张 16.75　**字数** 246 千
版本 2022 年 10 月第 1 版
印次 2022 年 10 月第 1 次印刷
印刷 固安华明印业有限公司

地址:北京市丰台区莲花池西里 7 号(100073)
网址:www.lawpress.com.cn
投稿邮箱:info@lawpress.com.cn
举报盗版邮箱:jbwq@lawpress.com.cn
销售电话:010-83938349
客服电话:010-83938350
咨询电话:010-63939796

书号:ISBN 978-7-5197-6987-1
定价:68.00 元
凡购买本社图书,如有印装错误,我社负责退换。电话:010-83938349

“湖南工商大学法学学术文库”
总　序

学术研究是水磨工夫，需要踏实苦干、持之以恒，离不开一颗匠心。科研水平是评价一个学科的关键指标，同样也是影响一个学科发展的重要因素。早在20世纪80年代，坐落在星城长沙的湖南工商大学的校园里便有了法学人的足迹。在世纪交替的2000年，法学专业正式设立，开启了一场湖南工商大学法学人自强不息、务实创新的奋斗之旅，历经数代，不忘初心。春华秋实，湖南工商大学法学院经不懈努力，实现了多项突破，跨越了层层阶梯：2009年获批省级特色专业，2014年获批湖南省财经类高校首个法律硕士专业学位点，2018年获批法学一级学科硕士学位点和法学博士点立项建设单位，2019年获批省级一流专业建设点和省级A类评价专业。法学学科连续四年进入上海软科“中国最好学科排行榜”前40%。建院22年，湖南工商大学法学人薪火相传，砥砺前行。

今天的湖南工商大学法学院，已经会聚了一批优秀的中青年骨干教师，形成了一支“法廉结合，法商结合，法数结合”的特色学术梯队。学科带头人王明高教授是全国党建理论优秀专家、湖南省智库领军人才、湖南省优秀社会科学专家，多项研究成果进入国家决策。在王明高教授的带领下，学院发展不断取得喜人成绩，拥有廉政建设2011省级协同创新中心、湖南省廉政建设社科重点研究基地、湖南省专业特色智库、湖南省民间投融资法治研究中心、湖南省教育法治研究中心、习近平法治思想研究中心等一批高水平学科平台，在中央权威报纸和CSSCI来源期刊发表学术论文300余篇，出版法学专著20余部。学院大力推动跨学科研究，成立了“数字法学系”“涉外法学系”“纪检监察法学系”等，积极引导组建优势研究团队。

成绩属于昨天，未来仍需开拓。湖南工商大学是一所正在迅速兴起的大学，年轻的法学院极富生机活力，正以昂扬之姿向上攀登。校训“至诚、至信、为实、为新”既是办学理念，也是学术精神的象征。“湖南工商大学法学学术文库”正是在这一精神理念引领下出版问世的。

“湖南工商大学法学学术文库”的出版，不仅是对学校第一届党代会精神和《湖南工商大学“十四五”教育事业发展规划》的贯彻落实，而且是法学院教师展示学术风采、呈现创造性思想成果的科研平台。我相信，“湖南工商大学法学学术文库”系列丛书能充分体现出法学教师们学术思想的精粹、气魄和格局。以文会友，何其快哉！

“长风破浪会有时，直挂云帆济沧海。”“湖南工商大学法学学术文库”对湖南工商大学法学院而言不是丰碑，而是发令枪，催促着湖南工商大学法学人点燃心中的激情，鼓起满腔的热爱，勇敢地攀登科研这座高峰，无畏艰辛。我相信，湖南工商大学法学院的科研事业将从这里再度起航，振臂升华！

湖南工商大学法学院院长　刘期湘

2022年5月23日

目 录 Contents

第一编

危害公共安全犯罪

不足以危害公共安全的放火行为是否构成放火罪

——周某湘涉嫌放火案

一、基本案情

2021 年 1 月 30 日 23 时许，周某湘与弟弟周某宇在家中因家庭琐事发生口角，周某湘拿厨房里的菜籽油倒在周某宇的身上和床上，接着二人又各持刀剑互砍（无人受伤），在周某宇跑回自己卧室反锁房门时，周某湘将菜籽油倒在周某宇房门口，并用打火机点燃卫生纸将菜籽油引燃放火，以逼迫周某宇出房门。民警赶到现场制止时，周某湘又跑到厨房打开煤气罐，在民警劝说十几分钟之后周某湘放下手中的剑，随后消防员用灭火器将火扑灭，现场无人员伤亡。

2021 年 2 月 4 日，周某宇等家属对周某湘的行为予以谅解。

公安机关认为，周某湘在家中放火并打开煤气罐的行为已经对公共安全造成危害，构成放火罪。

公诉机关认为，周某湘虽然实施了《刑法》第 114 条规定的行为，但犯罪情节轻微，系初犯、偶犯，认罪态度较好，并取得了被害人谅解，最终对其作出不起诉决定。

二、争议焦点

周某湘在家中放火并打开煤气罐的行为是否在实质上达到了足以危害公共安全的程度？

三、理论探讨

（一）放火罪的成立标准

对于放火行为危害公共安全且已经造成严重后果的，认定成立放火罪没有异议；但对于放火行为客观上未造成严重后果的，如何正确把握和认定是否属于放火罪中的“足以危害公共安全”便成了问题，司法实践中对此类放火行为是否成立放火罪的问题，存在模糊认识和诸多争论。而本案就属于放火行为在客观上未造成严重后果的情形。此时，是否“足以危害公共安全”就决定了该放火行为的罪与非罪，需要谨慎考虑。

《刑法》第114条、第115条对放火罪规定了两个层次的法定刑，即犯放火罪致人重伤、死亡或使公私财物遭受重大损失的，适用第115条之规定；犯放火罪尚未造成严重后果的，适用第114条之规定。其中，“尚未造成严重后果”是指尚未造成严重实害后果，包括两种情况：一是放火行为没有造成任何实害后果；二是放火行为造成了一定的实害后果，但并不严重。从《刑法》条文规定本身即可看出立法者考虑到了未造成严重后果的放火行为会对法益造成一定的侵害危险，因此遂将此类行为在《刑法》条文中予以明确规定，正式将其纳入刑法的评价视野中来。既然未造成严重后果的行为是放火罪的一种，那么认定放火罪就不能以是否造成严重后果为标准，而应该以是否“足以危害公共安全”为标准，而是否“足以危害公共安全”同样不能简单理解为有无“造成严重后果”，两者不可相提并论。

明确放火罪中“足以危害公共安全”的标准，首先应明确“公共安全”的内涵和外延。我国刑法理论通说将“公共安全”定义为不特定多数人的生命、健康、重大公私财物以及公共生产、生活的安全，即公共安全的内涵或本质是人的生命、健康、重大公私财物以及公共生产、生活的安全，其外延或范围是不特定多数人。据此，“足以危害公共安全”应是指足以危害上述这些权利及安全。具体到放火案中，对于放火行为危害公共安全且已经造成严重后果的，因为已经发生了实然结果，则很容易认定此行为“足以危害公共安全”；但对于放火行为客观上未造成严重后果的，由于实害后果并未客观出现，司法实践中以何种程度为标准认定这种行为是否属于放火罪中的

“足以危害公共安全”便成了问题。

综上，“足以危害公共安全”这一关键要素的把握对于认定未造成严重后果的放火行为是否成立放火罪显得尤为重要。目前主流的观点认为可以从主观与客观两个方面综合衡量是否达到“足以危害公共安全”的程度和标准，主观方面主要包括犯罪嫌疑人的主观目的、作案后有无控制火势范围的主观意愿和客观措施，客观方面主要包括犯罪嫌疑人放火焚烧的对象、时间、地点、作案的具体环境、现场勘查的现场燃烧痕迹等。

（二）周某湘是否具备构成放火罪的主观要件

对于周某湘是否具有构成放火罪的主观要件，本案辩护人提出了如下辩护意见。

1. 周某湘既没有伤害周某宇的故意，也没有危害不特定多数人生命、健康和重大公私财物安全的故意

周某湘实施放火行为的主观目的只是将周某宇从卧室中逼出来，其所焚烧的目标是门，所侵犯的法益是周某宇的财产权，是具体的、特定的对象，而没有危害不特定多数人的生命、健康、重大公私财物安全，不具有危害公共安全的故意。

2. 周某湘有控制火势范围的主观意愿并且在客观上控制了火势

周某湘的主观目的仅限于逼出周某宇，其在实施放火行为的时候也有意控制了火势，从以下几个方面可以体现：（1）虽然周某宇的衣服、被子上均被泼上了部分菜籽油，但这部分菜籽油是周某湘在2021年1月30日22时左右为了弄脏周某宇的衣服、让周某宇感到恶心而泼洒的，其没有点燃该部分菜籽油。且该部分菜籽油与一个多小时之后周某湘点燃的门角落部分的菜籽油在空间上相对独立，不会被波及。（2）周某湘仅倾倒了半桶（约500毫升）菜籽油（厨房中还有数桶菜籽油），且菜籽油被泼洒在门角落处，火源也被控制在卧室门角落处，且距离厨房尚有较远的距离，火势不至于蔓延至其他地方。因此，综合考察上述事实后可以发现，从周某湘的主观意愿和客观防控措施来看，即使无人干扰其行为，火势也不足以蔓延到周边，更不会危及公共安全。

（三）周某湘在家中放火并打开煤气罐的行为是否足以危害公共安全

辩护人通过勘查案发现场、询问证人以及会见周某湘本人，并结合目前刑法学界的主流理论，认为虽然周某湘实施了放火行为，但其放火行为并不足以危害公共安全，不建议认定为放火罪。辩护人从以下几个方面展开了分析。

1. 从周某湘放火焚烧的对象、时间、地点等方面来考察，周某湘的放火行为不足以危害公共安全

首先，虽然周某湘放火焚烧的对象是木质门，但其使用的引燃物是菜籽油。菜籽油与汽油不同。汽油是不稳定的液体，极易挥发，易于燃烧且容易引起爆炸，火势无法控制；菜籽油是较为稳定的液体，不易挥发，难以燃烧，并不足以作为一种助燃剂。也就是说，周某湘选择的引燃物——菜籽油并不足以使火势失控。其次，周某湘实施放火行为时，周某宇、周某湘妻子、周某湘母亲均在场，考虑到周某湘情绪激动且火势很小容易扑灭、当即将火扑灭可能会引起更大的冲突，所以周某湘妻子、母亲选择在劝说周某湘之后再扑灭火源。也就是说，在这种情况下，火势绝无可能蔓延开来。从以上几点也可以看出，火势尚在可以控制的范围内，不足以危害公共安全。

2. 从案发现场的具体环境等方面考察，周某湘的放火行为不足以危害公共安全

首先，从房屋格局来看，点火地点是在卧室门角落处，而该卧室位于住房的最里侧，相对独立，且距离厨房尚有一定的距离，在有多人在场的情况下，火势必然可以得到及时控制而不会蔓延至厨房。其次，该房间位于顶层，天花板也并非易燃结构，而火势一般会向上蔓延，在这种情况下，即使火势在周某湘的房间内失控，也难以波及该栋楼的其他住户，不至于造成不特定多数人的人身、财产损失，也就不足以危及公共安全。

3. 从现场勘查的燃烧痕迹等方面考察，周某湘的放火行为不足以危害公共安全

通过对案发现场进行调查，可以发现周某湘的放火行为所造成的实害后果比较轻微，只是门角落被烧毁了一部分。从周某湘点火到警察赶到现场，卧室门整整燃烧了十几分钟，但也只烧毁了角落部分，其他部分均完好无损，

从这一点也可以看出火势十分微小，不足以危及公共安全。

4. 虽然周某湘有打开液化气罐总闸门的行为，但与液化气罐相连的灶台开关却并没有打开，且液化气罐与灶台彼此独立，液化气不可能扩散到空气中来，不会危及公共安全

周某湘在警察到场后为了吓唬众人，让众人不敢靠近，故意虚张声势称液化气罐是打开的，然而事实上周某湘打开阀门的程度十分微小，且没有打开与液化气罐相连接的灶台开关，更重要的是液化气罐与灶台之间是封闭环，即使打开阀门，液化气也根本无法扩散到空气中，更不可能引起爆炸。也就是说，周某湘的行为本身的目的只是吓唬众人，而非故意制造事故，其微微打开液化气罐阀门的行为既不可能使现场陷入危险，也不会危及公共安全。

辩护人认为：在综合考虑周某湘实施放火行为的主观与客观两方面的各种因素之后，可以认定周某湘虽然实施了放火行为，但造成的实害后果十分轻微，其行为对公共安全也没有影响，不建议认定为放火罪。

最终，公诉机关认为周某湘的犯罪情节轻微，认罪态度较好，并取得了被害人谅解，对其作出不起诉决定。

四、案例意义

火是人类日常生活中必要的工具，人们在农业活动、祭祀活动和节日庆典中都会大量使用火焰，从刑法谦抑性的角度，我们理应对常规用火行为与放火罪中所规定的恶性放火行为作出严格界分，而用火行为是否足以危害公共安全则是确定罪与非罪的关键。笔者发现，司法实践中司法机关有时候仅从放火行为的层面考察案件，并未深刻探究放火行为是否达到足以危害公共安全的程度。本案例注重以周某湘放火行为在客观层面上的细节来分析其主观心态，并论证其行为实质上不足以对社会公共安全造成危害，划清了普通用火行为与恶性放火行为之间的界限，具有较强的现实意义。

如何区分交通肇事与意外事件

——王某辉涉嫌交通肇事案

一、基本案情

2021年5月11日10时17分，王某辉驾驶一辆小型普通客车在广东省广州市C区W镇农贸市场路口由南往北倒车过程中，适遇被害人谭某颜经人行横道由西往东横过时发生碰撞，造成被害人谭某颜受伤及车辆受损的交通事故。当日被害人谭某颜被送往医院，经抢救无效死亡。

后王某辉被以交通肇事罪提起公诉。法院认为，被告人王某辉违反交通运输管理法规，因而发生重大事故，致1人死亡，负事故全部责任，其行为已构成交通肇事罪。考虑到被告人王某辉在2021年5月26日被湖南省J市人民法院判处有期徒刑2年，缓刑3年，其在缓刑考验期限内犯新罪的，应当撤销其缓刑，与本罪数罪并罚。最终，法院判决被告人王某辉犯交通肇事罪，判处有期徒刑1年4个月；连同前罪判处的有期徒刑2年，并处罚金20万元（已缴纳），数罪并罚，决定执行有期徒刑3年。

二、争议焦点

本案应定性为交通肇事还是意外事件？

三、理论探讨

本案的辩护人在法庭上提出了如下辩护意见。

（一）本案现有证据无法确实、充分地证明事故发生系王某辉过失所致

辩护人认为，本案事故的发生系多种偶然因素结合所致，虽然客观上王某辉存在违规停车倒车的行为，但案发时被害人恰好走至涉事车辆的视野盲区，其路线选择导致王某辉难以预见事故的发生。本案究竟应定性为意外事

件还是疏忽大意的过失，是一个需要仔细考量的问题。辩护人认为，王某辉已经尽到了一定的谨慎注意义务，对事故的发生不具有预见可能性，且不具有作出适法行为的期待可能性，将本案定性为交通肇事可能还缺少足够的依据。辩护人认为可以从以下几个方面来分析这个问题。

1. 现有视频录像、截图等客观证据可以还原事故发生全过程，能证明案发时被害人恰好走到涉事车辆的视野盲区，表明被告人王某辉不应当预见、不能预见事故的发生，并且碰到了不能克服的客观情况

王某辉在倒车前正将其所买的菜放入车辆尾箱，并对车辆尾部是否安全进行了核实，随后从车辆左侧步入车辆驾驶座开始倒车。而被害人恰好在王某辉低头清理车尾箱时，从车辆右侧（马路中间）往车辆后方的斑马线走去，而被害人谭某颜身形较小，其身影恰好被车辆轮廓所遮挡，致使王某辉在从车尾步入驾驶座这段时间无法看见被害人走近，当其开始缓慢倒车时，被害人恰好走至车尾视野盲区，最终发生事故。

因为王某辉在案发前已经就车尾是否安全进行了核实，所以该事故并非其疏忽大意所致。在被害人行走路线不易察觉且其身影被车辆轮廓所遮挡的情况下，王某辉无法预见到事故的发生。

2. 在案客观证据证明被告人王某辉尽了一定的谨慎注意义务

从上述案发过程来看，王某辉在倒车前已经对车辆尾部是否安全进行了核实，且根据公安机关出具的道路交通事故车辆车速检验报告，王某辉倒车的车速并不快，据此足以认定其已经尽了一定的谨慎注意义务。但被害人谭某颜的路线恰好避开了王某辉的视线，王某辉难以预见会有行人从马路中间走至斑马线，且被害人年事已高，身体机能的衰老导致其反应能力较差，无法在车辆发动时及时避让。

（二）从期待可能性原理出发，可以看出王某辉在案发当时已经没有了其他选择

本案案发地点为广州市 C 区 W 镇的中心农贸市场，通过在案证据中的案发过程录像截图可知，虽然案发道路上没有划分停车位，但所有车辆均违规停放于车道两旁，致使主干道路拥挤不堪，难以通行。根据对案发现场的实地调查，发现该市场中乱停、乱摆、乱倒车等行为系常态，行人、非机动车、

机动车混杂在一条不足 10 平方米的马路上，且道路两旁均停放了大量机动车。这充分说明了目前现场看起来就是一个可以用于停放车辆的场所。因此，在案发现场路边有很多人停车的外部环境下，辩护人认为无法期待王某辉不在那里停车。而在案发道路可通行区域极为拥挤的客观情况下，王某辉所驾驶的丰田商务车难以由此通行，只能从车辆后方的公路主干道驶离市场，除了像本案中那样倒车，王某辉可能也没有其他选择。

从期待可能性理论的角度来看，法律不强人所难。根据王某辉行为时的具体情况，一方面王某辉当时已经没有了其他选择，另一方面其已经尽到谨慎注意义务。因此，对于王某辉是否需要为其违规倒车行为所造成的损害后果承担刑事责任的问题，还可以进一步探讨。

最终，法院认为王某辉违反交通运输管理法规，因而发生重大交通事故，致 1 人死亡，负事故全部责任，其行为构成交通肇事罪。

如何认定危险驾驶罪中的“道路”

——谢某龙涉嫌危险驾驶案

一、基本案情

2021年7月8日晚，谢某龙下班后将私家车停放在其所居住的小区内，因居住单元楼下已经没有空缺车位，只得将车辆停放至距其单元楼约100米处的空地，随后步行外出与朋友聚餐。

当晚21时许，谢某龙酒后步行回到小区，发现其居住的单元楼下已经空出数个车位，其决定将车辆移动至单元楼下的停车位，在倒车入库时其车辆尾部与停放在旁边的车辆发生剐蹭。发生事故后，被剐蹭车辆车主报警，公安民警随即赶到现场将谢某龙抓获，并认定谢某龙负事故全部责任。

经鉴定，谢某龙血液酒精含量大于170毫克/100毫升。公安机关以危险驾驶罪将谢某龙移送审查起诉，最终公诉机关作出相对不起诉决定。

二、争议焦点

在小区道路醉酒驾驶机动车，是否构成危险驾驶罪?

三、理论探讨

（一）危险驾驶罪中“道路”的定义

最高人民法院、最高人民检察院、公安部《关于办理醉酒驾驶机动车刑事案件适用法律若干问题的意见》第1条规定，在道路上驾驶机动车，血液酒精含量达到80毫克/100毫升以上的，属于醉酒驾驶机动车，依照《刑法》第133条之一第1款的规定，以危险驾驶罪定罪处罚。前款规定的“道路”“机动车”，适用《道路交通安全法》的有关规定。

而根据《道路交通安全法》第119条第1项的规定，“道路”是指公路、城市道路和虽在单位管辖范围但允许社会机动车通行的地方，包括广场、公共停车场等用于公众通行的场所。可见，认定所谓“道路”的关键在于对道路“公共性”的理解，即以该道路是否允许社会车辆通行作为判断标准。

（二）谢某龙所居住小区的道路是否属于危险驾驶罪中的“道路”

首先，我们先来分析一下本罪中“道路”的公共性应该如何理解。

认定所谓“道路”的关键在于对道路“公共性”的理解。而“公共”道路最本质的特征在于通行对象的不特定性。无论单位对其管辖范围内的路段、停车场采取的管理方式是收费还是免费、车辆进出是否需要登记，只要允许不特定的社会车辆自由通行，就属于道路；如果仅允许与管辖单位、人员有业务往来、亲友关系等特定事由的来访者的车辆通行，则不属于允许社会车辆通行的情形。

就小区而言，如果来访车辆经业主同意后可停放的，因其进出小区的条件建立在来访者与受访业主的亲友关系之上，故对象相对特定，范围相对较小，此种管理方式下的小区道路不具有公共性，不属于允许社会车辆通行的“道路”。若社会车辆只要登记车牌号或者交纳一定费用，即可在小区内进出、停放的，则其通行条件并不包括特定的人身依附关系，通行对象不特定，范围面向社会大众，在该管理模式下的小区道路、停车场与公共道路、停车场无异，属于允许社会车辆通行的“道路”。

其次，关于这个问题，本案辩护人有如下辩护意见。

本案在案证据证实，谢某龙所居住的小区实行封闭式管理，即在小区进出口有人值守，非小区住户车辆不可以在小区内自由出入、停放，只有在征得受访业主同意后，才可以将来访车辆停放在小区指定区域。因此，该小区道路具有明显的人身依附性，不具有公共性，不属于《道路交通安全法》规定的“道路”。谢某龙在该小区内醉酒驾驶机动车，不属于在“道路”上醉酒驾驶，所以辩护人建议此行为不宜认定为危险驾驶罪。

最终，公诉机关作出相对不起诉决定。

第二编

破坏社会主义
市场经济秩序犯罪

如何区分对非国家工作人员行贿罪中的主从犯

——吴某民涉嫌对非国家工作人员行贿案

一、基本案情

许某，时任湖南A园林建设工程有限公司总经理；吴某民，自由职业。二人通过B公司综合楼项目部专业工程师郑某介绍相识，郑某建议许某和吴某民合伙去参与B公司景观工程项目的招投标。

许某和吴某民商量后约定按照各自50%的比例合作参与项目的招投标。招投标代理公司将B公司景观工程项目挂网后，许某发现己方公司资质不具备参与招投标的条件，遂联系招投标代理公司负责人周某1寻求帮助，周某1帮助许某修改了招投标公司资质条件，使其符合参与招投标的条件，并向许某泄露了评审组成员资料。成功中标后，许某跟吴某民提出想给周某1送钱表示感谢，于是来到周某1的办公室送给周某1八万元表示感谢，周某1将其收下，据为己有。

周某2当时担任B公司综合楼项目部土建工程师。2012年2月至4月，周某2连续三次以自己缺钱为由向许某索要钱款，许某为了在景观工程项目施工过程中得到周某2的关照和帮助，连续三次送钱给周某2，每次1万元，事前或事后许某都找吴某民进行了商量。为了B公司综合楼和B公司新基地住宅小区之间叠水瀑布的建设工作，许某和吴某民需采购1500吨的天然景石。2012年端午节前，周某2就提前向许某提出从天然景石的利润中送钱给自己，许某征求吴某民同意后于2012年6月3日在周某2的家门口将5万元现金送给周某2。后来周某2又提出可以在天然景石定价（每吨价格）和天然景石过磅（虚增吨数）上给许某和吴某民提供帮助。事后，许某找吴某民商量再一次从天然景石的利润中直接送10万元给周某2，2012年年底许某将这10万元在周某2家门口送给他。

此外，郑某负责景观工程项目工程资料的签证、现场施工、竣工图的审签。为感谢郑某在项目建设中的帮忙和关心，许某找吴某民商量提出想给郑某送5万元，2013年12月，许某将装有5万元现金的布袋子放在了郑某车子的后排座位上，郑某收下这5万元后就开车走了。

法院认为，被告人许某、吴某民为谋取不正当利益，给予公司工作人员以财物共计31万元，数额较大，其行为构成对非国家工作人员行贿罪；在共同犯罪中，被告人许某、吴某民行为积极主动，起了主要作用，均系主犯，依法应当按照其所参与的全部犯罪处罚。

二、争议焦点

吴某民在本案共同犯罪中是属于主犯还是从犯？

三、理论探讨

我国《刑法》对主从犯的认定，是以行为人在共同犯罪中的作用为主要标准，同时涵括了行为人在共同犯罪中的分工情况，但在司法实践中更多的是从主客观的各方面去区分主从犯，比如行为人在共同犯罪中所处的地位、实际参与程度、对危害结果原因力的大小、对赃物的控制程度等。根据最高人民法院《关于贯彻宽严相济刑事政策的若干意见》之规定：对于一般共同犯罪案件，应当充分考虑各被告人在共同犯罪中的地位和作用，以及在主观恶性和人身危险性方面的不同，根据事实和证据能分清主从犯的，都应当区分主从犯，以做到区别对待；不能以分不清主次为由，简单地一律判处重刑。

辩护人认为，吴某民在对非国家工作人员行贿罪共同犯罪中认定为从犯更为适宜，辩护人从以下几个方面分析了这个问题。

（一）从行为人犯意提起、参与犯罪的主动性判断，认定吴某民为从犯更为适宜

本案中的多次行贿行为，均是许某提出然后由许某负责具体操作，由此可见，吴某民起初并没有行贿的犯意，在许某找其商定后，也是由许某与被行贿人进行接触，负责行贿的具体实行。显然在本案中，对于犯意的提起以及在行贿活动中的参与程度，许某的作用比吴某民要大很多。辩护人认为，认定被告人许某为主犯、被告人吴某民为从犯更为适宜。

（二）综合全案考量，吴某民所实施的行为对共同犯罪的实施或完成没有起到关键作用，认定吴某民为从犯更为适宜

第一，在对非国家工作人员行贿罪的共同犯罪中，策划、指挥、实行犯罪活动者通常为主犯，原因是其对犯罪结果具有更大的原因力。被动接受行贿任务、服从指挥者通常为从犯。本案中，吴某民甚至没有进行具体的行贿操作，只是消极、被动地接受结果，对犯罪结果的原因力比较微弱。

第二，从对犯罪结果的作用来看，主犯由于技巧熟练或有特定关系脉络，通常对犯罪结果的作用较大，是造成犯罪结果的主要原因；吴某民对于招标方或者招标代理方联系甚少，其犯罪行为强度小，对造成犯罪结果只起很小的作用，甚至根本未起任何作用。因此，辩护人认为将吴某民认定为从犯更为适宜。

综上所述，辩护人认为，根据吴某民在共同犯罪中所处的地位、实际参与程度、对危害结果的原因力的大小，认定其在共同犯罪中为从犯更为适宜。

法院认为，吴某民在本案中构成主犯。法院指出，吴某民和许某一样，都是在积极主动地实施犯罪，所以才作出这样的评价。

如何认定高利转贷罪中的“转贷牟利”行为

——张某涉嫌高利转贷案

一、基本案情

2009年，张某经人介绍认识A公司老板康某某，张某及其合伙人应康某某请求，自2009年9月4日至2011年9月30日陆续借款给康某某以支持A公司某开发楼盘项目。2011年9月30日，双方签订了一份《债务清偿协议书》，确认了截至2011年9月30日，A公司及康某某共欠张某及其合伙人1亿元。此后，经康某某请求，张某及其合伙人同意以高出当时每平方米的市场单价1万元即每平方米3.2万元购买A公司开发的某楼盘第3层（共3990平方米），房屋总价款为1.2768亿元，在《债务清偿协议书》中约定张某及其合伙人以其对康某某及A公司享有的1亿元债权冲抵相应房款，对剩余的2768万元购房款则由张某通过银行按揭贷款的方式支付。但此后在办理购房按揭贷款时，康某某只同意张某等债权人以6386万元的债权冲抵购房款，余下的6382万元购房款只能从银行办理按揭贷款支付现金给他，同时承诺只要按揭贷款一到账便与张某及其合伙人进行结算。但在6382万元的银行按揭款于2012年3月30日支付给A公司之后，A公司及康某某拒不履行承诺，后经张某及其合伙人多次催讨，双方于2012年5月2日签订《债务清偿结算书》，确认该贷款共6382万元已到A公司账户；A公司、康某某欠张某等人6386万元，该欠款分两笔分别于2012年4月16日、2012年6月1日之前归还。然而，康某某及A公司承诺于2012年6月1日前归还欠款的内容一直未履行，且A公司及康某某也未将所购房屋交付给张某及其合伙人，反而还占有张某及其合伙人的房屋租金及房屋租赁押金300余万元。此后，康某某向司法机关控告张某的行为构成高利转贷罪，公诉机关也以高利转贷罪起诉张某。法院经过审理认为：张某用房贷冲抵借款收取利息的行为构成高利转贷罪，对张某判处了刑罚。

二、争议焦点

1. 本案被告人张某的行为是否构成高利转贷罪？

2. 高利转贷罪在当代经济社会发展进程中应该何去何从？

三、理论探讨

根据《刑法》第175条的规定，高利转贷罪是指以转贷牟利为目的，套取金融机构信贷资金再高利转贷给他人，违法所得数额较大或者巨大的行为。本罪的客观方面表现为套取金融机构信贷资金高利转贷给他人、违法所得数额较大或者巨大的行为。

（一）被告人张某依法是否构成高利转贷罪

对于这个问题，辩护人不建议认定张某构成高利转贷罪，辩护人提出了以下辩护意见。

1. 高利转贷罪要求行为人有套取贷款的行为

中国人民银行发布的《贷款通则》第20条规定，借款人“不得套取贷款用于借贷牟取非法收入”。这里的“套取贷款”的行为，是指行为人在不符合贷款条件的情况下，以虚假的理由或条件向金融机构申请贷款，并且如果在正常程序下，行为人无法取得该贷款。

而在本案中，辩护人认为张某没有实施“套取”金融机构信贷资金的行为，辩护人从以下几个方面展开了分析：（1）从张某与A公司、康某某签订的《债务清偿协议书》《债务清偿结算书》等相关资料可知，张某与A公司、康某某之间存在真实的房屋交易行为，需要通过按揭贷款的方式来支付购房款，即存在真实的贷款理由。（2）该《房产买卖合同》在房产交易机构办理了备案登记，即本案存在真实的基础交易行为，张某办理按揭贷款的条件及程序真实、合法。因此，辩护人认为张某在招商银行办理按揭贷款的手续合法有效，不存在“套取”信贷资金的行为。

2. 高利转贷罪要求行为人实施了转贷行为

在高利转贷罪中，行为人是以自己的名义套取金融机构的信贷资金，为自己占有，然后再转贷他人。这里存在双重的借贷关系：行为人对于金融机构而言是债务人，对于转贷对象而言则是债权人。但在按揭贷款中，只存在单一的借贷关系：金融机构是债权人，按揭贷款人是债务人，房地产开发商是还贷保证人及受益人。在按揭贷款中，不存在按揭人将获得的按揭贷款再转贷给房地产开发商的可能。

在本案中，辩护人认为不存在“银行贷给张某，张某再转贷给A公司及康某某”的情形。张某在办理按揭贷款手续后，由招商银行直接将作为购房款的按揭贷款支付给了A公司，并不存在张某获得按揭贷款后再将按揭贷款转贷给A公司及康某某的情形。也就是说，本案不存在转贷行为，不符合高利转贷罪的客观行为特征。

3. 高利转贷罪在主观上要求以转贷牟利为目的

套取金融机构信贷资金是本罪构成要件的一部分。按照《刑法》的规定，构成此罪还要满足一定的主观要件，即行为人在获取金融机构信贷资金时，必须具有转贷牟利的目的。

辩护人认为张某在进行按揭贷款时，主观上不具有转贷牟利的目的。辩护人从以下几个方面进行了分析：（1）按揭贷款原本即是指购房者以所购住房作抵押并由其所购买住房的房地产企业提供阶段性担保的个人住房贷款业务。（2）在银行借据中也明确了借款用途是购买商业用房，即张某在招商银行办理贷款并非为了将其作为借贷资金转贷，而是单纯地作为购房款支付给A公司；且如果张某以转贷牟利为目的，张某办理贷款后，该贷款就应当是先转入张某账户，再由张某借贷给A公司、康某某，而该贷款系由招商银行直接转给A公司，充分表明张某在办理按揭贷款时主观上可能不具备转贷牟利的目的。

4. 货币是种类物，本案控方的证据不能证明收取4分利息的这2000万元就是按揭贷款，这笔钱也可能是此前张某对A公司、康某某的债权

辩护人表示，张某及其合伙人与A公司、康某某之间以债权抵扣购房款

的协议仅是一种意向性协议，协议签订后，A公司并没有将该房屋转让给张某及其合伙人，该债权抵扣协议并没有实际履行。但双方之间签订《房产买卖合同》并办理备案登记的行为表明双方之间的房屋买卖行为是真实的，张某按揭贷款6326万元的目的就是支付购房款而非套取信贷资金。因张某与A公司、康某某之间以债权抵扣购房款的协议并没有实际履行，张某仍然享有对A公司、康某某1亿元的债权，且货币作为种类物，难以证明张某收取4分利息的这2000万元是来自按揭贷款，而非张某此前对A公司、康某某的债权。再根据2000万元的借款明细及还款情况，从侧面说明该笔借款应当为张某对A公司、康某某的实际债权。按照《债务清偿结算书》第5条的约定，贷款余款2000万元在2012年6月1日之前就已经归还，而有关侦查机关查明的事实是：2000万元借款，从2012年4月至2013年10月，共归还本金1400万元，支付高额利息636万元，该借款一直未还完。所以辩护人认为，这从侧面说明了张某收取4分利息的2000万元并非银行信贷资金，而是之前就享有的相关债权。

法院认为，张某用房贷冲抵借款收取利息，构成高利转贷罪，应当承担刑事责任。

（二）高利转贷罪在当今经济背景下应快速调整以融入我国金融秩序的保护体系

在1997年《刑法》中，为了配合在信贷领域实施的、较为严格的经济计划，我国将全国人民代表大会常务委员会《关于惩治破坏金融秩序犯罪的决定》中的罪名统一纳入刑法的规制范围之内；之后出于维护国有信贷资金的安全和维护金融市场经济秩序的需要，又增设了高利转贷罪。其立法目的就是加强金融机构风险控制能力，维护金融秩序稳定，从而使相关金融活动风险可控、稳定无忧。

而自1997年以来，在现代经济社会飞速发展的背景下，随着中国经济逐渐向市场经济方向转型，信贷市场也随之转型。金融在现代经济中居于核心地位，是实体经济的血液，金融秩序的稳定高效能够使社会资源的配置更加高效、合理。而在现实生产活动中，银行信贷资金大部分都流向了国有企业，中小企业难以获得融资，大多数都面临着缺乏资金的重大危机。基于此前提，在实践过程中，转贷行为甚至逐渐成为中小企业获取资金的重要渠道。这也让我们开始思考，高利转贷行为随着时代情景的变化，是否也拥有了一定的合理之处？其展现的经济价值能否被我们所利用，我们是否应该充分提高此罪的入刑条件或实现去犯罪化，最终让高利转贷行为真正为我们所用？

从宏观层面来看，自 1997 年以来，刑法在打击相关经济秩序犯罪的过程中展现出逐渐降低该类犯罪的入罪标准、加大打击力度的趋势，虽然在一定程度上实现了对我国经济环境的有力保障，但也难免与当代经济社会中市场主体自由选择、自由协商的金融自由原则产生冲突。不仅如此，刑法作为法律保护体系中的最后一道屏障，不应干涉双方当事人协商一致、体现自由意志且不会对金融秩序造成较大破坏的经济活动，应充分体现刑事司法的谦抑性。

从微观层面来看，司法实践中也存在较多由于行为人实施了高利转贷行为从而使因资金链发生断裂、陷入资金周转困难且不能获得贷款的中小企业“起死回生”的案件。[①] 该类案件大多数都存在以下三个特征：（1）贷方以合法途径获得来自银行的贷款，并加以充分的转借利用；（2）融资困难的相关中小企业在获得贷款后的确缓解了资金紧张；（3）贷方由于利率差异获得了一定的利益。

正是由于此类案件展现出对多方主体都有一定益处的特性，加之刑法本身的谦抑性，引发了诸多刑法学者对高利转贷罪非罪化或提高入罪门槛的思考。在现状维持的前提下，学界提出了以下两种较为主流的观点：（1）仿照民间借贷中的最高利率制度，设置可被保护的合法利率转贷范围；（2）进行转贷资金流向登记制，确保该笔资金的合法利用，在保障最大限度自由的前提下维护金融秩序的稳定。

① 姚万勤：《高利转贷除罪化实证研究》，载《政治与法律》2018 年第 3 期。

如何认定单位犯非法吸收公众存款罪中的职员履职行为

——吕某根涉嫌非法吸收公众存款案

一、基本案情

2014 年 10 月 20 日，戴某 1 与肖某在湖南省原工商行政管理局注册成立湖南某某控股有限责任公司（本案中简称 A 公司），戴某 1 为法定代表人。2015 年 2 月 2 日，戴某 1 注册成立 A 公司的子公司湖南某投资管理有限公司（本案中简称 B 公司），并以其女儿戴某 2 的名义出资 2970 万元，占股 99%，以其子沈某的名义出资 30 万元，占股 1%，并设置多个营业点。2015 年 2 月至 2016 年 4 月，戴某 1 利用 B 公司，未经国家金融主管部门批准，采取面向社会大众发放宣传资料和电话营销公开宣传、承诺以 8% ~18% 的年回报率还本付息的方式与客户签订出借咨询和服务协议，向社会不特定投资者非法吸收资金，先后吸收 558 名投资人的资金 4557.7 万元。截至 2016 年 4 月，戴某 1 因资金周转困难无法继续对投资还本付息，致使投资人的资金无法收回。

2015 年 2 月，被告人吕某根在 B 公司担任营业点经理，并以吸收投资款 36% 的提成承包 B 公司某某营业点，吕某根全面负责该营业点的管理经营，聘请张某某为理财总监，曾某某、胡某某、江某某等人为副总经理（均另案处理），吕某根在该营业点任职期间获取“工资”“奖金”等共计 1,274,513.63 元。

2015 年 11 月，被告人戴某 3 到 A 公司担任会计，聘用工资为每月 1 万元。因 B 公司没有设置财务，故被告人戴某 3 将 B 公司财务交由 A 公司进行管理，被告人戴某3负责统计客户投资利息、员工提成、公司日常开支、办公费用，进行财务数据汇总审核后交由王某某盖章审核确认。被告人戴某3任职期间在A公司获取“工资”共计4万余元。

2016年4月17日，被告人吕某根到公安机关报案称：其负责的店融资了五六百万元，老板戴某1一天未见人，吕某根担心戴某1携资逃跑，之后被告人吕某根留下联系电话离开了公安机关。2016年6月18日，公安机关在江西省南昌市将被告人吕某根抓获归案。在本案的侦办过程中，公安机关聘请了司法鉴定机构对本案的犯罪数额进行鉴定，总计3191.10万元。

公诉机关认为，被告人戴某1、戴某3、吕某根非法吸收公众存款，扰乱金融秩序，数额巨大，其行为触犯了《刑法》第176条第1款，犯罪事实清楚，证据确实充分，应当以非法吸收公众存款罪追究其刑事责任，上述三人系共同犯罪。

在本案审判过程中，法院认为，被告人戴某1、吕某根、戴某3未经有关部门依法批准，向社会不特定对象吸收资金，扰乱金融秩序，数额巨大，且导致众多被害人财产遭受损失，其行为已构成非法吸收公众存款罪，依法应当追究其刑事责任。吕某根主动到案并如实供述犯罪事实，构成自首。本案系共同犯罪，在共同犯罪过程中，被告人戴某1起主要作用，是主犯，应按其参与的全部犯罪处罚；被告人吕某根、戴某3起辅助作用，是从犯。最终，法院判处吕某根犯非法吸收公众存款罪，判处有期徒刑3年，并处罚金5万元。

二、争议焦点

1. 吕某根是否具有非法吸收公众存款的故意？

2. 如认为吕某根的行为构成非法吸收公众存款罪，但基于其在该案中的具体行为表现，是否能被认定为从犯？

3. 吕某根的投案行为是否构成自首？

4. 司法鉴定意见是否是一种“铁证”？其证明效力能否被质疑？

三、理论探讨

本案辩护人提出了以下几个方面的辩护意见。

（一）吕某根没有犯罪的主观故意，其归案后才知道自己从事的职业可能触犯刑法

对于这个问题，辩护人提出了如下辩护意见。

在最高人民检察院《关于办理涉互联网金融犯罪案件有关问题座谈会纪要》中规定：在非法吸收公众存款罪中，原则上认定主观故意并不要求以明知法律的禁止性规定为要件。特别是具备一定涉金融活动相关从业经历、专业背景或在犯罪活动中担任一定管理职务的犯罪嫌疑人，应当知晓相关金融法律管理规定，如果有证据证明其实际从事的行为应当经有关部门批准而未获批准，行为在客观上具有非法性，原则上就可以认定其具有非法吸收公众存款的主观故意。在证明犯罪嫌疑人的主观故意时，可以收集运用犯罪嫌疑人的任职情况、职业经历、专业背景、培训经历、此前任职单位或者其本人因从事同类行为受到处罚情况等证据，证明犯罪嫌疑人提出的"不知道相关行为被法律所禁止，故不具有非法吸收公众存款的主观故意"等辩解不能成立。除此之外，还可以收集运用以下证据进一步印证犯罪嫌疑人知道或应当知道其所从事行为具有非法性，比如故意规避法律以逃避监管的相关证据：自己或要求下属与投资人签订虚假的亲友关系确认书，频繁更换宣传用语逃避监管，实际推介内容与宣传用语、实际经营状况不一致，刻意向投资人夸大公司兑付能力，在培训课程中传授或接受规避法律的方法，等等。

而对于无相关职业经历、专业背景，且从业时间短暂，在单位犯罪中层级较低，纯属执行单位领导指令的犯罪嫌疑人提出的辩解，如确实无其他证据证明其具有主观故意的，可以不作为犯罪处理。

本案辩护人认为，吕某根没有犯罪的主观故意，因为归案后，吕某根才知道自己从事的职业可能触犯刑法。B 公司营业执照以及其他各种依法应当取得的登记证照一应俱全。所以，自入职以来吕某根都以为自己从事的是金融行为，其在讯问过程中一直陈述自己并不知晓 B 公司无融资资格，自己没有吸收公众存款的意图。而且在事发之后，吕某根一直与客户保持联系，直

至被采取强制措施。所以，对于吕某根是否具有犯非法吸收公众存款罪的主观故意的问题还可以再做进一步探讨。

（二）吕某根如果构成非法吸收公众存款罪，建议认定为从犯，其犯罪情节轻微且到案后能如实陈述自己的犯罪事实，建议依法从轻、减轻处罚或者免除处罚

《全国法院审理金融犯罪案件工作座谈会纪要》中明确指出了单位犯罪的认定及主从犯的区别。在该案中，B 公司构成非法吸收公众存款罪单位犯罪的事实毋庸置疑，辩护人重点针对吕某根的主从犯问题进行了分析。

首先，需要明确单位犯罪中主从犯的区别。单位犯罪直接负责的主管人员和其他直接责任人员一般按照以下标准来认定：直接负责的主管人员，是在单位实施的犯罪中起决定、批准、授意、纵容、指挥等作用的人员，一般是单位的主管负责人，包括法定代表人。其他直接责任人员，是在单位犯罪中具体实施犯罪并起较大作用的人员，既可以是单位的经营管理人员，也可以是单位的职工，包括聘任、雇佣的人员。应当注意的是，在单位犯罪中，对于受单位领导指派或奉命而参与实施了一定犯罪行为的人员，一般不宜作为直接责任人员追究刑事责任。对单位犯罪中直接负责的主管人员和其他直接责任人员，应根据其在单位犯罪中的地位、作用和犯罪情节，分别处以相应的刑罚。主管人员与直接责任人员在个案中不一定产生当然的主从犯关系，有的案件中主管人员与直接责任人员在犯罪行为中的主从犯关系不明显，可不区分主从犯。但具体案件中可以分清主从犯，并且存在如果不分清主从犯则在同一法定刑档次、幅度内量刑无法做到罪刑相适应的情形时，建议予以区分。

其次，需要分析吕某根在“职位”上是否符合主犯的定义。吕某根在 B 公司涉嫌的单位犯罪中既不是直接负责的主管人员，也不是其他直接责任人员。在单位犯罪的前提下认定个人的责任，应当坚持主客观相统一原则，即从客观上考虑是否实施了犯罪行为，以及主观上是否具有罪过来考虑。而吕某根只是 B 公司多个营销团队中的某一个营业点营销团队的负责人，其本质上是一个打工者，服务于 B 公司，听从公司控制者戴某 1、戴某 3、王某某等人的指挥。其不属于《刑法》第 31 条及《全国法院审理金融犯罪案件工作

座谈会纪要》规定的直接负责的主管人员或其他直接责任人员。应当注意的是，在单位犯罪中，对于受单位领导指派或奉命而参与实施了一定犯罪行为的人员，一般不宜作为直接责任人员追究刑事责任。

最后，需要分析吕某根在B公司的实际权力方面是否符合主犯的定义。吕某根对B公司业务只有执行权而没有控制权和决策权。作为本案犯罪主体的B公司，其法定代表人和实际控制人为戴某1。戴某1掌控整个B公司，其亲信王某某、戴某3等人负责并控制了B公司及公司的财务。B公司各营业点的选址、房屋租赁、办公家具和办公用品的购买均由王某某一手操办。吕某根所在营业点使用的宣传资料、合同均由B公司制作提供，并且由B公司派驻某营业点的员工进行管理。某营业点无财务管理权，由B公司派驻的员工负责营业点的财务，客户的每笔款项最终都进入戴某1的个人账户。吕某根名义上虽为某营业点的负责人，但实际上只是负责B公司与该营业点销售团队之间消息的上传下达。其无法参与B公司项目的谋划和决策，对于该营业点也无实际上的控制权，只是依照B公司下发的通知命令行事。吕某根为B公司服务期间，每月劳动报酬按业务的相当比例提成，其本人并未从经营中牟取额外的非法利益，而且吕某根在发现B公司实际控制人失去联系后，就向公安机关报案。

（三）吕某根自动投案后，如实供述，建议认定构成自首

辩护人表示，根据最高人民法院《关于处理自首和立功若干具体问题的意见》（本案中简称《自首立功意见》）第1条的规定，犯罪嫌疑人具有以下情形之一的，也应当视为自动投案：（1）犯罪后主动报案，虽未表明自己是作案人，但没有逃离现场，在司法机关询问时交代自己罪行的；（2）明知他人报案而在现场等待，抓捕时无拒捕行为，供认犯罪事实的；（3）在司法机关未确定犯罪嫌疑人，尚在一般性排查询问时主动交代自己罪行的；（4）因特定违法行为被采取行政拘留、司法拘留、强制隔离戒毒等行政、司法强制措施期间，主动向执行机关交代尚未被掌握的犯罪行为的；（5）其他符合立法本意，应当视为自动投案的情形。

本案中，吕某根主动去公安机关报案。根据报警内容，吕某根除报告了戴某1失联潜逃之外，还报告了自己的主要犯罪事实。同时，吕某根离开是

因为其报案的派出所当时认为吕某根报告的案件不属于刑事案件，吕某根并不构成刑事犯罪，在离开派出所后吕某根也没有躲藏或者逃跑的行为，吕某根报案后还留下自己的身份证号和手机号码。离开报案的派出所之后，吕某根一直居住在自己家中，也就是吕某根的户籍所在地，而且他的手机一直畅通。民警就是在吕某根家附近通过拨打吕某根的手机让其归案的。所以，吕某根的上述行为应当视为自动投案，并且其归案后如实供述自己所知的犯罪事实，积极配合公安机关的侦查工作，依《自首立功意见》和《刑法》第67条之规定，由于吕某根自动投案后并如实供述，所以建议认定为自首，依法从轻或者减轻处罚。

（四）司法鉴定意见的证明力应综合考量

司法鉴定，是指在诉讼活动中鉴定人运用科学技术或者专门知识对诉讼涉及的专门性问题进行鉴别和判断并提供鉴定意见的活动，由于其合法性与专业性，一直以来都拥有相当的证据效力。但在司法实践中，除去程序不合法及相关资质缺乏之外，当鉴定意见的结论明显缺乏依据、鉴定意见书与其他证据存在无法排除的矛盾和无法解释的疑问时，依法也不能作为定案的根据，辩护人认为，以上二者在本案中皆有体现。

第一，本案司法鉴定意见的结论明显缺乏依据，主要体现在：（1）鉴定材料不完整。本案侦查机关向公诉机关提交了侦查卷16卷和补充侦查卷1卷，共计17卷。湖南某某司法鉴定所2017年2月8日接受侦查机关的委托，受理本案时接收的侦查卷仅为7卷。侦查卷中仅受害人与B公司签订的借款合同就不止7卷（第10卷至第16卷都是借款合同），根据不完整的检材得出的结论肯定不准确。（2）司法鉴定意见采用的鉴定方法存在问题，即吕某根本人工资及业务提成少于司法鉴定意见中认定的金额。司法鉴定意见以转入吕某根本人账户的所有资金作为其非法收入，并不符合实际情况。例如：B公司某某营业点的财务由B公司派驻人员管理，营业点的所有收入都是直接交给B公司，营业点无法截留。吕某根作为该营业点的负责人，营业点的日常开支、办公费用和部分营销费用等费用都是由其先行垫付，再经报销途径由戴某1转账到吕某根账上；吕某根将未使用完的营销费用转账还给B公司，共计60.75万元；因租赁某某办公楼，吕某根曾先行垫付刘某租房定金

3 万元；张某某等人未向 B 公司提供银行账号，其工资和提成也是转入吕某根账上再由吕某根支付给他们。以上四项都不属于吕某根本人的工资和业务提成，但都会转入吕某根账上。因此，此四项费用应当从司法鉴定意见中认定的吕某根的工资及业务提成的金额中扣除。（3）该份司法鉴定意见无法证明证据之间的关联性，其以业务员的身份来确定投资人的投资点是某某营业点，但无证据证实这些业务员具体经办了这些投资人的投资业务，直接将所有投资款项归于该营业点有些不妥。

第二，该鉴定意见的结论与证人证言、客观证据相矛盾。被害人罗某某在 2016 年 4 月 16 日的询问笔录中陈述自己一共在 B 公司投资了 4 万元，获得利息 2675 元。而侦查卷第 16 卷第 193～220 页 3 份借款合同证实，罗某某分别于 2015 年 9 月 15 日投资 1 万元，2015 年 10 月 10 日投资 2 万元，2016 年 2 月 26 日投资 1 万元，共计在某某公司投资了 4 万元。而司法鉴定意见中却认定，罗某某共投资 6 万元，收回本金 2 万元，收到利息 2675 元。因此，罗某某投资的金额应认定为 4 万元。另外，因案卷提供的受害人的证言和借款合同的数量与司法鉴定意见中认定的投资人的数量相差甚远，不能一一对应，所以无法确定司法鉴定意见中投资人的投资金额是否准确。

最终，法院认为吕某根与其他被告人一起，在未经有关部门许可的情况下向不特定社会公众吸收存款，构成非法吸收公众存款罪。吕某根主动到案供述犯罪事实，构成自首。另外，本案系共同犯罪，法院认为在共同犯罪过程中吕某根起到的是次要作用，为从犯。辩护人提出的吕某根构成自首、构成从犯的观点被法院采纳。

四、案例意义

该案在外观形式上属于典型的非法吸收公众存款罪，而吕某根作为 B 公司旗下营业网点的营销团队负责人，无法决定公司营销模式，也无法作出有关公司未来发展的决策，其所起到的作用相较于直接负责人而言非常轻微。加之其自身缺乏法律意识，在主动报警、投案自首之后仍旧认为自己并未触犯法律，可见其并无相应的主观故意。

在该案中，除了要对从犯应当从轻减轻处罚的认定进行学习之外，笔者认为更应当对司法鉴定的效力强弱做一次更为深入的思考。除了程序上的瑕疵（如缺乏相应鉴定资质、鉴定程序严重违法），其取证的具体依据、方法、角度是否合适恰当，是否与证人证言、客观证据相印证，都应当成为判断一份司法鉴定证明力强弱的考虑因素。

如何区分合同诈骗罪与民事欺诈行为

——邓某音涉嫌合同诈骗案

一、基本案情

2012年3月，J公司董事长邓某音对S公司副总经理许某云谎称其已合法取得G大联铁矿的开采权，有意将A、B两个采区的开采权转让给S公司，许某云经实地考察后与邓某音签订了承包开采生产协议。2012年3月4日，S公司法定代表人田某接手该协议，并将安保金、购货预付款转账给J公司。因邓某音未按时按约交纳山租费，S公司到A、B两个采区准备开工生产时遭到村民阻工，一直无法开工生产。

田某多次向邓某音讨要安保金和预付货款未果，邓某音又谎称J公司能为S公司每月提供大量铁精矿，实际上J公司已无供货能力。2012年4月，邓某音与S公司签订了月供8000吨铁矿石的买卖合同，同时与H公司胡某签订了月供3000吨铁精粉的买卖合同。为骗取田某、胡某的信任，邓某音带二人到G大联铁矿的采区进行考察，将他人堆放的原矿石谎称自己所有，给二人造成其完全有供货能力的假象。收到两家公司的购货预付款后，邓某音从他人处低价购买残留尾沙泥矿和铁矿泥进行掺配，直接发给两家公司指定的钢铁厂，货到后经质检部门认定不合格，作出零结算处理。邓某音还以完成合同需要购矿资金为由向H公司借款200万元，之后仅支付了2个月利息，其余本息一直未还。

2012年8月，当田某、胡某催促继续发货时，邓某音已无资金组织货源，便向田某提出与之成立贸易公司合伙进行铁矿石贸易。田某为了挽回损失不得已与邓某音合作，出资100万元作为注册资金，于2012年8月14日注册登记成立G大联铁矿有限公司。公司成立后，邓某音指使公司会计抽逃注册资金66万元用于公司营业外支出。

法院认为：被告人邓某音虚构取得G大联铁矿开采权的事实与许某云签订合同，且邓某音明知合同的交易目的不能实现，仍隐瞒真相收受S公司200万元，诱骗S公司的副总经理许某云、法定代表人田某签订合同，并拒不退赔受害人的损失，其行为构成合同诈骗罪，诈骗数额特别巨大。公诉机关指控邓某音犯合同诈骗罪，罪名成立，法院予以采纳。公诉机关指控被告人邓某音有通过J公司与H公司签订的买卖合同及合作协议书诈骗H公司260万元、通过与田某成立G大联有限铁矿公司诈骗田某100万元、通过J公司与S公司签订两份月供货合同骗取田某110万元等事实，经查，证据不充分，指控罪名不能成立。被告人邓某音犯合同诈骗罪，判处有期徒刑10年6个月，并处罚金40万元，同时责令被告人邓某音退赔被害人S公司财物损失200万元。

二、争议焦点

邓某音的行为属于合同诈骗犯罪还是民事欺诈行为？

三、理论探讨

（一）合同诈骗罪与民事合同欺诈的区分

合同诈骗罪是《刑法》第224条规定的罪名，是指以非法占有为目的，在签订、履行合同过程中，骗取对方当事人财物，数额较大、数额巨大或者数额特别巨大的行为。《刑法》第224条明确规定成立此罪主观上必须“以非法占有为目的”，并且列举了五种客观行为：（1）以虚构的单位或者冒用他人名义签订合同的；（2）以伪造、变造、作废的票据或者其他虚假的产权证明作担保的；（3）没有实际履行能力，以先履行小额合同或者部分履行合同的方法，诱骗对方当事人继续签订和履行合同的；（4）收受对方当事人给付的货物、货款、预付款或者担保财产后逃匿的；（5）以其他方法骗取对方当事人财物的。

民事合同欺诈，通常是指在民事活动中，行为人故意告知对方当事人虚假情况或者隐瞒真实情况使对方当事人陷入错误认识，与其签订合同，然后通过双方履行该合同，牟取一定非法利益。合同诈骗罪与民事合同欺诈虽由不同的实体法进行调整，但存在许多相似之处，实务中较难区分。二者主观方面都有欺骗对方当事人的故意，客观方面都有虚构事实、隐瞒真相欺骗对方当事人的行为，二者都以签订合同的形式发生在经济活动过程中。若要处理好民事合同欺诈与合同诈骗罪交叉的案件，首先要做的就是做好二者之间的应然区分，即区分二者在主观心态以及客观方面的不同。①

1. 主观心态不同

在民事合同欺诈中，行为人明知自己告诉对方当事人的内容是虚假情况，可能会使对方当事人陷入错误认识，仍希望或放任这种结果的发生。显然，行为人在主观方面存在直接或间接故意，其主观目的是通过双方履约来间接牟取非法的财产利益。值得注意的是，行为人并无不履行合同的故意，只是希望或放任合同在显失公平的情况下，牟取超乎合同正当利益的不当利益。此外，民事合同欺诈在故意的内容上也并不要求行为人具有“非法占有目的”。合同诈骗罪的主观方面则必须是“非法占有目的”的直接故意。在合同诈骗罪中，行为人并没有真实履行合同的意图，只是通过签订“合同”的形式来实现对合同标的物或定金的不法占有。

刑法规范中对于部分罪名的成立要求具备主观超过要素。“非法占有目的”就是合同诈骗罪的主观超过要素，即刑法理论上的目的犯。所谓“非法占有目的”，是指排除权利人所有权，将他人的财物作为自己的所有物进行利用、处分的意思。“非法占有目的”包括“排除意思”与“利用意思”，前者重视的是法的侧面，后者重视的是经济的侧面。通过上述比较可以看出，合同诈骗罪并不能简单地认为是严重的民事合同欺诈，区分二者的关键点之一就在于行为人是否具有非法占有的目的。

2. 客观表现不同

从行为方式上看，因为民事合同欺诈的主观方面可以是直接故意也可以是间接故意，故行为人既可以通过作为也可以通过不作为达到自己的目的。

---

① 安之楠：《解构与续造：民事合同欺诈与合同诈骗罪的区分研究》，载《湖湘论坛》2016 年第 1 期。

其实质是行为人通过欺诈的手段牟取本不应得的利益，因此行为人通常会积极地履行合同。而合同诈骗罪的主观方面是直接故意且具有非法占有他人财物的目的，故行为人必须通过作为的方式来实现非法占有他人财物的目的。从对合同的履行程度上看，如果行为人积极地履行合同的义务，只要能够按照约定将财物返还，未造成相对人财产损失，这种情况下可以认定行为人不具有“非法占有目的”，仍应当认定为民事合同欺诈；如果行为人在获得财物后并没有积极履行合同，而是无故拖沓、携款潜逃或将这些财物另作他用，给相对人造成损失，据此可以认定行为人具有“非法占有目的”，构成合同诈骗罪。

（二）邓某音虚构单位签订合同，在没有偿债能力的情况下诱骗他人向其提供借款，具有明显的非法占有目的，构成合同诈骗罪

1. 邓某音以虚构的单位签订合同

其一，G大联铁矿属于集体企业，法定代表人是李某文，邓某音只是拥有相关的收益权，并未取得开采权。邓某音在2012年3月虚构了“G大联铁矿有限责任公司”的名称，并声称该公司合法拥有A、B两个采区，后以该公司名义与S公司签订承包开采生产协议，骗取S公司法定代表人田某安保金和购货预付款共200万元。邓某音向田某承诺保证开采条件，实际上邓某音未取得相关开采证件，不能合法开采，致使S公司受G县安全生产监督管理局处罚，合同未能依法履行，田某未能达到预期生产目的。

其二，邓某音在与田某签订的承包开采生产协议中所冠名的“G大联铁矿有限责任公司”为虚构的公司名称。2011年12月20日邓某音、赵某义、李某文三人在G县有关政府部门进行了“G大联铁矿有限责任公司”的公司名称预先核准登记，注册资金为600万元，2012年6月20日由于邓某音未对公司名称进行注册登记，预先核准登记的公司名称因半年期满自动失效而注销。2012年8月14日注册登记成立的G大联铁矿有限公司虽然与G大联铁矿有限责任公司名称相似，但却是不同出资人、不同预登记时间、不同注册金额，为两个不同的企业。根据《企业名称登记管理实施办法》第6条的规定：企业法人名称中不得含有其他法人的名称。该办法第7条第1款规定：企业名称中不得含有另一企业名称。该办法第35条第1款规定：预先核准的

企业名称在有效期内，不得用于经营活动，不得转让。邓某音在G大联铁矿有限责任公司核准有效期内进行了经营活动，且明知在成立G大联铁矿有限责任公司之后不能再成立G大联铁矿有限公司，却隐瞒真相继续成立G大联铁矿有限公司，显然是邓某音在通过承包开采生产协议、贸易合同骗取田某定金和购货预付款后，在无法偿还和自圆其说的情况下布好的另一个骗局。

2. 邓某音没有实际履行能力，以先履行小额合同或者部分履行合同的方法，诱骗对方当事人继续签订和履行合同

其一，2012年3月，邓某音带田某等人考察采区，制造自己有足够的合同履行能力的假象，使田某等人陷入错误认识，认为邓某音有良好矿源，具备雄厚实力，随后田某向根本不具有合同履行能力的J公司投入50万元安全生产保证金和150万元购货预付款。2012年4月，邓某音再次带田某等人到别处考察，继续制造自己具备足够经济实力的假象，使田某等人再次陷入错误认识，田某基于双方合作关系又一次相信了邓某音，交付110万元预付款，然而邓某音却选择从别处购买存在质量问题的矿进行交付，最终此单零结算，田某损失110万元。

其二，邓某音对H公司也是采取同样的方式，带H公司有关人员进行多次实地考察，编造事实、制造假象，使对方陷入错误认识，最终骗取H公司260万元预付款。而邓某音又借口资金周转困难，向H公司借款200万元，从侧面佐证邓某音并没有履行合同和偿还借款的能力。

其三，邓某音从别处购买不达标的矿石交货，导致发往指定钢铁厂的货存在质量问题。铁矿石合同提及："数量、质量，以钢铁厂的过磅单、化验单为结算依据。"2012年8月，邹某将钢铁厂的零结算单，以及原始矿石品位化验单都传真到J公司，并电话告知J公司不予结算的情况，J公司也派人到钢铁厂出面作出回应，故邓某音应对零结算的事知情。

其四，邓某音曾向田某承诺会有良好的开采环境，但因邓某音未处理好山租费问题，致使合同无法正常履行，田某未能达到预期的生产目的。其间，邓某音向田某隐瞒了两个采区一直处于停产状态的事实和存在第三方干扰的紧急情况，邓某音显然是隐瞒了真相，骗取对方信任，从而使田某等人作出错误判断，投入巨额资金。

3. 邓某音具有非法占有目的

J公司的资金不到位，资不抵债，除小部分用于购矿外，其余均用于邓某音偿还个人借款或支付借款利息，J公司实际并无履行合同的能力。而邓某音却有意虚构事实，制造J公司实力雄厚的假象，使他人陷入错误认识，从而骗取他人的巨额投资，再私自将投资用于个人支出，其非法占有目的显而易见。

而且，邓某音在G大联铁矿有限公司成立后并没有按照公司章程和合同约定履行合同内容，而是待S公司、H公司的资金一到J公司的账户，便立即将资金转入公司员工的私人账户，供自己挥霍，除少部分款项用于购买机械设备外，其余均用于邓某音个人购车、购房、还贷、还息、还个人借款、个人医疗费用等开支。后邓某音又从别处购买不符合要求的矿石，制造履约的伪装外衣，实则将他人的投资非法占为己有。

综上所述：首先，邓某音明知自身并没有真正合法取得G大联铁矿的开采权，就向田某、胡某等人谎称取得了合法的开采权，并在2012年11月，实施伪造、变造、虚假的申报手续，以求采取非法手段获取G大联铁矿的开采权，力求填补取得开采权的谎言，进一步证明邓某音存在虚构事实的行为。其次，邓某音在与田某签订合同后，未交山租费，致使S公司受阻不能开工，邓某音在田某等人报案后，反而发函催促田某开工，实则是一种欲盖弥彰的行为，不能否认之前其非法占有的故意。最后，邓某音违背合同约定，在自身无生产能力的情况下，从别处购买完全不符合标准的矿泥来应付了事，进一步佐证邓某音无合同履约能力。邓某音客观方面存在虚构事实、隐瞒真相、以次充好等骗取对方财物的行为，主观方面具有非法占有他人财物的故意，构成合同诈骗罪。

笔者认为，上述款项应当以用途为标准分别进行评价：（1）邓某音不定期地向H公司支付部分利息，故对邓某音向H公司借款200万元建议认定为正常的民商事行为。（2）田某缴纳的100万元注册资金涉嫌构成职务侵占，不宜归为合同诈骗。（3）对于剩下的S公司50万元的安全生产保证金、150万元的购货定金、110万元的购货定金以及H公司260万元的购货定金，共计570万元，认定为邓某音实施合同诈骗所骗取的款项更为适宜。

所以，笔者认为在上述款项中，只有邓某音欺骗田某、胡某与其订立合同骗取巨额合同价款的行为才构成合同诈骗罪，因为在主观心态上其并非只是想通过履约赚取合同正常利益以外的不当利益，而是具有非法占有目的。在客观行为上，邓某音没有履行合同义务，而是采用虚构事实、隐瞒真相、以次充好等行为骗取对方财物，供个人挥霍。其行为构成合同诈骗罪，而非民事合同欺诈。

四、案例意义

当今社会，司法机关受理的合同诈骗案件数量呈逐年上升趋势。一方面，合同诈骗罪不仅侵犯他人的财产权，还严重扰乱社会主义市场经济秩序，冲击了诚实信用的商品交易原则，因此对该种犯罪需要准确认定、严厉打击。另一方面，在实务中合同诈骗罪与民事合同欺诈较为相似，如果将民事合同欺诈行为定性为合同诈骗罪，则罪及无辜，错误地追究了当事人的刑事责任，如果将合同诈骗行为定性为民事欺诈行为，也不是我们希望看到的。应围绕当事人有无非法占有目的，对二者进行区分。

如何认定合同诈骗罪中的“以非法占有为目的”

——王某云、王某贤涉嫌合同诈骗案

一、基本案情

2005年至2006年，王某云先后投资收购W县六个小煤矿，在G省整顿小煤矿的政策背景下，王某云对六个小煤矿进行整合，经有关部门的批复同意设立了T煤矿。2007年，G省煤矿设计研究院受T煤矿的委托编制了T煤矿的地质普查报告和开发利用方案，当地的煤炭勘测设计队编制了开发方案设计说明书。2007年8月该矿经专家评审后，G省原国土资源厅核发了《采矿许可证》。

2008年3月，T煤矿矿主王某云发生车祸，伤势严重，因没有合适人员有效管理煤矿，遂欲转让T煤矿。J公司表示有意购买该矿，王某云便委托其子王某贤代其赴G省办理煤矿转让事宜。同年8月18日，J公司与王某贤签订了《股权转让协议书》，J公司支付了3500万元受让款（合同总体转让价为3928万元），T煤矿方移交了技术资料、权证和机械设备。

2009年1月14日，J公司向G省L市公安局举报王某云、王某贤利用T煤矿转让合同进行诈骗。2013年12月，J公司与王某云、王某贤等人在H省达成民事调解，双方均在调解协议上确认签字。

L市公安局认为，王某云伙同其子王某贤利用虚构数据等欺骗手段取得的一系列合法手续，骗取了J公司的信任，由王某贤出面与J公司签订了煤矿《股权转让协议书》，将按国家规定本达不到开采规模应关闭的T煤矿转让给了J公司，骗取J公司股份转让款3550万元，并将该款非法占为己有。

公安机关以王某云、王某贤涉嫌合同诈骗罪将本案移送至L市人民检察院审查起诉。

L市人民检察院将本案两次退回补充侦查后，认为在案证据不足以证明王某云、王某贤采取虚构事实或隐瞒真相的手段非法占有他人财物，对王某云、王某贤作出不起诉决定。

二、争议焦点

1. 如何认定合同诈骗罪中的"以非法占有为目的"？

2. 本案中王某云、王某贤是否构成合同诈骗罪？

三、理论探讨

（一）合同诈骗罪中"以非法占有为目的"的认定

首先，我们先来了解一下合同诈骗罪中"以非法占有为目的"的认定问题。

实践中在认定是否构成合同诈骗罪时，不能仅从客观上认定行为人具有合同诈骗罪罪状所叙明的行为，更要考察行为人主观上是否具有非法占有的目的。"以非法占有为目的"是区分合同诈骗罪与一般的经济合同纠纷的关键所在，也是确定相关案件是否构成合同诈骗罪的关键。

关于"以非法占有为目的"的含义，目前学界主要有以下几种观点：非法占有论、[①] 非法占用说、[②] 意图改变所有权论[③]和非法所有论[④]等。这些观点的差异主要在于如何看待民法与刑法中"占有"的概念。在民法中，占有是指对物的支配和控制，是一种状态，侧重于意思上的控制。而在刑法中，占有和所有是同一的，是一种权属，是事实上的控制，不仅包含占有状态，还包含使用、收益、处分的权能。所谓"以非法占有为目的"，是指行为人

① 方彬：《我国刑法中的"非法占有目的"研究》，西南政法大学2008年硕士学位论文，第9页。

② 李英才：《论合同诈骗罪的非法占有目的》，载《政法论坛》2002年第5期。

③ 何秉松主编：《刑法教科书》，中国法制出版社1997年版，第710页。

④ 高铭暄、马克昌主编：《刑法学》，中国法制出版社1999年版，第886页。

以自己永久所有之意思而控制该物从而排除他人之合法所有，即包含“控制意思”和“排除意思”。①

本着“主观见之于客观”的原则，在认定行为人主观上是否具有非法占有目的时，应结合诸多外在因素进行综合判断，主要包括：（1）行为人是否具有签订、履行合同的条件，是否创造虚假条件；（2）行为人在签订合同时有无履约能力；（3）行为人在签订和履行合同过程中有无诈骗行为；（4）行为人在签订合同后有无履行合同的实际行为；（5）行为人对取得财物的处置情况，是否有挥霍、挪用及携款潜逃等行为；②（6）未履行具体合同的原因。③

其次，我们来了解一下本案中辩护人的有关辩护意见。

辩护人认为，王某云、王某贤等人主观上没有非法占有J公司财物的目的，辩护人从以下几个方面分析了这个问题。

1. 王某云是因车祸受伤不得已而转让T煤矿

2008年3月，T煤矿矿主王某云发生车祸，导致全身多处骨折，住院治疗六个多月。因没有合适人员有效管理煤矿，遂欲转让T煤矿。因此，王某云转让煤矿，也是迫不得已的情况下才为之，并不是为占有他人财物而转让煤矿。

2. J公司在购买前已主动了解T煤矿相关信息

2008年7月，J公司准备在W县购买煤矿，其积极主动地向W县的有关部门寻求和了解当地煤矿的资料，在得到了W县有关部门的权威资料并参考多方意见后，最终决定购买T煤矿。

3. J公司并没有因普查报告而陷入错误认识

J公司声称其根据普查报告陷入错误认识而受让T煤矿是不符合事实的。首先，在T煤矿转让前，J公司对T煤矿进行了审慎、全面的了解，几次派

---

① 舒洪水：《合同诈骗罪疑难问题研究》，载《政治与法律》2012年第1期。

② 南英主编：《中国刑事审判指导案例2（破坏社会主义市场经济秩序罪）》，法律出版社2012年版，第476页。

③ 南英主编：《中国刑事审判指导案例2（破坏社会主义市场经济秩序罪）》，法律出版社2012年版，第387页。

专家到T煤矿进行实地考察，下井了解煤矿地质和煤层资源，查验有关权证资料。其次，普查报告不是精查报告，普查报告本身亦不会让使用该材料的人产生错误的认识。普查报告明确载明仅对矿区进行了“初步查明”“大致了解”“初步评价”“初步确定”，并指出“本次普查工作程度低”，估算的资源量是推断的、预测的、没有肯定性的结论。最后，J公司作为专业矿业投资企业，有自己专业的工程技术人员且充分知悉普查报告的内容，并多次深入进行了实地勘查和了解，不可能也不应该对上述普查报告载明的内容产生错误认识。

4. J公司毁约并反诬王某云等人合同诈骗是为了转嫁风险

从2007年起，国际国内煤炭价格逐月抬升，至2008年8月主焦煤价格近1800元/吨，比2007年12月升高了106.34%。J公司是在煤炭价格最高的时候向王某云购买的T煤矿，但2008年年底发生了世界性的经济、金融危机，从当年9月起煤炭市场价格开始大幅下跌，严重滞销。J公司眼见购买T煤矿有回报风险，遂产生了举报王某云合同诈骗罪的动机。

5. 《股权转让协议书》中约定的违约责任条款印证王某云等人不具有非法占有目的

根据双方签订的《股权转让协议书》第4条第1项的约定：甲方（王某云父子）若提供假资料、假证件等使乙方遭受经济损失，甲方必须全部退回乙方（J公司）煤矿转让价款，并承担全部转让价款的50%的罚金。王某云父子在当地事业有成，将T煤矿转让给J公司后并没有卷款潜逃，有能力返还和负担J公司已付价款和可能的损失。如果J公司有证据证明王某云确有提供虚假材料与证照的行为，J公司完全有权通过民事法律途径进行救济。

（二）辩护人认为对王某云、王某贤等人不宜认定为构成合同诈骗罪

对于王某云、王某贤不构成合同诈骗罪的观点，辩护人提出了以下辩护意见。

首先，王某云、王某贤等人主观上无非法占有目的，客观上也没有实施虚构事实、隐瞒真相的行为：王某云收购W县六个小煤矿、整合设立T煤矿、向J公司转让T煤矿股权三个阶段的行为均符合法律法规的规定；T煤矿的地质普查报告与开发利用方案均依法编制，不存在J公司举报所称的伪

造数据的情况；T煤矿的煤矿采矿权转让已经G省原国土资源厅公示，合法有效，本案中与J公司签订的《股权转让协议书》属合法的民事行为。因此，王某云等人不构成合同诈骗罪，依据双方签订的《股权转让协议书》，本案属于典型的民事合同纠纷。王某云等人作为本案合同的卖方，只要按合同约定交付了T煤矿的股权，应视为完整履行了合同义务，至于股权转让后煤价下跌的情况，则属于市场风险范畴。

其次，J公司与王某云、王某贤等人已于2013年11月达成民事调解，并签订了《调解协议》。该民事调解是在查明案件事实的基础上，遵循双方自愿平等原则，依据法律、法规、规章和政策进行的有效调解，具有法律约束力。调解一旦达成，当事人双方应自愿履行《调解协议》约定的内容，任何一方不得擅自违约，否则需承担法律上的违约责任。辩护人认为，双方自愿合法达成民事调解印证了本案应属于民事合同纠纷，对王某云、王某贤等人不宜以合同诈骗论处。民事调解协议达成后，经双方签字确认即具有法律约束力，J公司的举报行为构成违约。

综上，辩护人认为本案中T煤矿与J公司之间的纠纷可能只是民事合同纠纷，不建议认定王某云、王某贤构成合同诈骗罪。

最终，公诉机关认为在案证据不足以证明王某云、王某贤采取虚构事实或隐瞒真相的手法非法占有他人财物，对二人作出不起诉决定。

四、案例意义

认定合同诈骗罪，应从客观上认定行为人是否有罪状所叙明的具体行为，同时认定行为人主观上是否具有非法占有目的。非法占有目的的认定是界定罪与非罪、此罪与彼罪的核心，在具体案件中需要结合各种主客观因素进行综合判断。

被害人未陷入错误认识而处分财产是否构成合同诈骗罪

——吴某霖涉嫌合同诈骗案

一、基本案情

2018年2月5日，胥某莲与单某（A公司法定代表人）签订《房产租赁协议》，租赁房产为某商业中心101号房产，房产所有权人为B公司（法定代表人马某、实际控制人胥某莲），房产承租人为A公司，租期为3年，租金每年120万元，A公司为国有资产控股公司。

2018年2月5日，胥某莲代杨某康与单某（A公司法定代表人）签订《合作协议》，约定由杨某康为A公司提供项目场地，以3年的房产使用权作为项目投入，胥某莲代杨某康同意向A公司指定账户先行支付300万元作为投资回报，胥某莲负责对合作项目场地进行装饰装修，并承担所有装饰装修费用。《合作协议》的违约责任部分约定：胥某莲保证按照本协议约定的期限提供场地使用权，如有违反，则自愿按照胥某莲已向A公司支付款项的20%承担违约金，并赔偿A公司投入的全部装饰装修损失。同时，还应按照提供场地的实际使用年限计算场地使用费，A公司预先支付的300万元中的多余部分则予以退回。

2018年2月8日，涉案房产所有权人B公司与转租人C公司（法定代表人胥某莲）、承租人A公司（法定代表人单某，实际控制人吴某霖）签订补充协议，作为2018年2月5日签订的《房产租赁协议》的补充。其中B公司在该补充协议中约定：若在租赁期限内，因B公司所出租房产引发的产权纠纷、租赁纠纷或其他债务纠纷等导致胥某莲与A公司的《房产租赁协议》

提前终止或合同无效，或者造成A公司无法正常使用该租赁房产的，B公司应当赔偿A公司的租金损失、装饰装修损失，包括可预期利益在内的经营损失以及A公司因此遭受的其他损失。

2019年1月，原告中信银行A市分行起诉被告一杨某康、被告二B公司、被告三A公司，请求判决三被告之间的租赁法律关系不成立，并立即将占有的某商业中心101号房产返还给原告。随后，法院判决某商业中心101号房产所有权属于中信银行，中信银行随后将该房产通过淘宝网进行网上拍卖。

2019年4月28日，胥某莲与吴某霖签订《房产投标、竞买委托合同》，约定由吴某霖代胥某莲参与某商业中心101号房产的竞拍，并在竞得房产后将该房产转移至胥某莲实际控制的某公司或授权支付公司D公司（实际控制人胥某莲），委托期限为2019年4月28日至5月17日，合同没有约定房产过户期限。

2019年4月28日，出借人E公司（实际控制人谢某春）与借款人D公司、胥某莲签订借款协议，D公司、胥某莲借款300万元用于支付拍卖保证金。

2019年4月29日，A公司以4050万元竞得某商业中心101号房产。

2019年4月30日，甲方F公司（实际控制人谢某春）与乙方D公司（实际控制人胥某莲）签订《股权转让及项目合作协议》，D公司同意将本公司60%的股权即3000万元股份以1元的价格出让给F公司。

2019年5月16日，H典当公司与G公司（实际控制人谢某春）签订借款合同，由H典当公司向G公司提供借款，借款金额4500万元，借款用途为G公司应将借款用于支付竞拍某商业中心101号房产及土地的资金。

2019年5月17日，胥某莲向G公司发出《委托代付函》，要求G公司代为支付给A公司竞买资金3750万元。

2019年7月3日，胥某莲向D公司发出《委托代付函》，要求其代为支付给A公司200万元。

2019年7月15日，吴某霖签署《三方协议》，将某商业中心101号房产过户至I公司（A公司全资子公司）。同日，I公司与J典当公司签订抵押合同，抵押借款2600万元。

一审法院认为：在案证据虽然无法证明被告人吴某霖在与胥某莲签订《房产投标、竞买委托合同》时就具有非法占有目的，但被告人吴某霖在2019年5月17日收到谢某春转来的竞拍尾款3750万元后，并在胥某莲、谢某春要求将竞拍的某商业中心101号房产落户至谢某春实际控制的K公司后，索回了原先签订的《房产投标、竞买委托合同》并予以销毁，且在将该房产过户到I公司名下的同时向J典当公司抵押房产借款后，仍通过微信向胥某莲、谢某春一方谎称正在办理落户到K公司名下的进窗手续，上述行为足以证明被告人吴某霖在履行合同过程中产生了非法占有目的，欺骗胥某莲、谢某春一方并采取虚构事实的手段，将竞拍房产落户在其自身控制的公司名下，进而将房产抵押于他人，其行为符合合同诈骗罪的构成要件，应以合同诈骗罪论处。后被告人吴某霖上诉。

二审法院认为，认定吴某霖构成合同诈骗罪的证据不足，撤销原判并将本案发回重审。

二、争议焦点

1. 吴某霖所实施的行为是否属于刑事意义上的诈骗行为？
2. 谢某春及K公司是否能够成为本案的被害人？
3. 被害人胥某莲是否陷入错误认识而处分财产？

三、理论探讨

（一）辩护人认为本案涉嫌犯罪的“合同”宜限定为胥某莲与吴某霖之间的《房产投标、竞买委托合同》，谢某春及K公司并非本案受害人

辩护人表示，本案中，吴某霖（含其实际控制的A公司、I公司）作为缔约一方，先后共有三个“合同”：（1）胥某莲与吴某霖之间的《房产投标、竞买委托合同》；（2）吴某霖与拍卖人中信银行之间的房产买卖及其补充合同；（3）吴某霖与J典当公司的贷款及其担保合同。结合本案事实和材料，其中只有第一个合同即胥某莲与吴某霖之间的《房产投标、竞买委托合同》（本案中简称涉案合同）才有可能涉嫌被控罪名。

结合本案事实，辩护人提出了以下几个观点：（1）“合同对方当事人”是指委托人胥某莲；谢某春及K公司不具备被骗的合同相对方之身份，其只是与胥某莲签订的其他合同的相对方及债权受让人。（2）“合同对方当事人财物”只能是指胥某莲于2019年5月17日支付的竞价款3750万元以及此前支付的竞拍保证金300万元，还有2019年7月3日支付的税费200万元。（3）某商业中心101号房产在法律和事实上尚未成为被害人的财产，亦即不符合《刑法》第224条中的“对方当事人财物”标准。

因此，在《刑法》第224条意义上，吴某霖是否利用该《房产投标、竞买委托合同》来骗取对方当事人财物，就成为审查认定构成合同诈骗罪与否的关键。

（二）辩护人认为在履行涉案合同过程中，吴某霖没有实施足以使胥某莲陷于错误认识而处分财产并被吴某霖取得的“欺骗行为”，胥某莲没有产生错误认识并基于错误认识而处分财产

本案辩护人从以下几个方面展开论述，支持自己的观点。

1. 一审判决所认定的吴某霖的“欺骗行为”均不是合同诈骗罪中满足“诈骗”要素的“欺骗行为”

一审判决所表述的具体“欺骗行为”事实包括以下五项：（1）“索回”原先签订的《房产投标、竞买委托合同》予以销毁；（2）咨询过户第三方及抵押贷款事宜并签署将某商业中心101号房产过户至I公司的《三方协议》；（3）伪造成交确认书将某商业中心101号房产过户至I公司；（4）索要200万元作为过户税费等费用；（5）过户至I公司名下后仍通过微信向被害人“谎称”正在办理落户到K公司名下的进窗手续。

对此，辩护人认为：一方面，在证明程度上，将吴某霖实施的上述行为认定为“欺骗行为”的证据不够确实、充分；另一方面，鉴于“诈骗”所要求的“欺骗——错误——处分——取财——受损”环环相扣的构造链条，作为合同诈骗罪中“诈骗”要素之构造成分的“欺骗行为”，必须是对被害人陷入错误认识和“自愿”处分财产具有“原因力”的“骗取对方当事人财物的”方法行为。上述五项“欺骗行为”即使都达到“证据确实、充分”的证明标准，仍不能认定为合同诈骗罪中与“诈骗”要素相对应的“欺骗行为”，

理由是它们都不是也不足以使胥某莲陷入错误认识并基于该错误认识“自愿”处分其竞价款和过户税费财产。

根据现有证据材料，辩护人提出以下具体观点：（1）吴某霖之所以“索回”合同是因为吴某霖、胥某莲、谢某春达成合意解除原《房产投标、竞买委托合同》。胥某莲曾口头承诺将某商业中心 101 号房产继续租赁给吴某霖10 年，为促使胥某莲履行承诺，吴某霖在原《房产投标、竞买委托合同》中约定甲方胥某莲必须为最终房产过户者——胥某莲实际控制的某公司或 D 公司；拍下房产后，胥某莲却要求吴某霖将房产过户至谢某春实际控制的 K 公司，故解除原《房产投标、竞买委托合同》，并与 K 公司签订新的合同具有合理性，与“骗取胥某莲财物”无关。（2）咨询及签署过户某商业中心 101号房产的《三方协议》，伪造成交确认书将某商业中心 101 号房产过户至 I 公司，索要 200 万元作为过户税费等费用，这三个行为均为“将某商业中心101 号房产过户至 I 公司”的手段行为，如下文所述，吴某霖将某商业中心101 号房产过户至 I 公司是不得已的合理选择，因而也与“骗取胥某莲财物”无关。（3）“谎称”正在办理进窗手续这一行为即使存在，也根本没有与之对应的“骗取胥某莲财物”的任何内容（上文已限定了三项合同下的财产）。因此，辩护人认为由于不具备“骗取胥某莲财物”这一内在属性，故该五项行为都不符合实体性的适格条件，是否可以认定为合同诈骗罪所需的特定的欺骗手段行为还有待探讨。

2. 胥某莲没有在涉案合同下基于错误认识而自愿处分其竞价款 4050 万元和税费 200 万元

辩护人认为，本案事实表明胥某莲处分的财产只有竞价款 4050 万元（包含 300 万元竞拍保证金）和税费等 200 万元，分别是胥某莲因吴某霖代其竞买和处理某商业中心 101 号房产而处分，其并非因产生错误认识而处分财产，吴某霖也未将该竞价款 4050 万元和税费等 200 万元“非法占有”，而是依照约定分别使用竞买资金 4050 万元竞得该房产，使用税费等 200 万元将房产过户至 I 公司以待后续处理，只是双方在房产过户时间上存在分歧而已。具体而言：

第一，胥某莲支付竞价款 4050 万元不属于被“欺骗”，该竞价款客观上最终支付给出卖人中信银行且竞得了房产，不存在被吴某霖“骗取”。本案中胥某莲这一财产处分是合法支付，吴某霖并不存在非法占有目的，是正常、真实的竞买行为。

第二，胥某莲支付税费等200万元的行为也不是基于错误认识而作出，该财产也并未被吴某霖非法占有。客观上，该款项于2019年7月3日转给吴某霖后，吴某霖于7月8日提出房产变更申请，7月15日将某商业中心101号房产过户至I公司名下，该款项实际上已被吴某霖用于在房产中心因该房产的过户事宜而产生的所有支出（主要是作为税款上交）。从正当性上，胥某莲支付该房产的过户税费也具有涉案合同中“全部费用由胥某莲支付”的约定作为依据，吴某霖在代付税费时也明确表示多退少补，且吴某霖缴纳过户税费花费160余万元，代理费20万元，剩余部分基本上全部用于合理开支，吴某霖以受托人身份办理委托事务而实际产生的税费不能说是“骗取财物”。因此，辩护人认为不宜认定吴某霖“骗取”或“非法占有”了用于办理涉案合同房产转交事宜的税费等200万元。相反，该款项最终会以价值形态凝结在该房产的价值中。

第三，如前所述，某商业中心101号房产不属于“对方当事人财物”；即使不认可这一点，因为该房产是竞价款4050万元和过户税费200万元这二者转化成的“实物财产”形态，其尚未成为胥某莲的财物，故而不存在其“自愿处分”财产的问题，同时胥某莲始终主张该房产过户过程中从未存在构成“诈骗”所要求的基于错误认识而作出财产处分并转移给吴某霖的意愿或行为。此外，胥某莲当庭明确表示吴某霖事前曾与其在电话中约定将该房产先转移至某一新成立的公司并用于抵押借款，其与潘某然的微信聊天记录也与此互相印证，这也表明胥某莲从始至终均未陷入错误认识。

（三）辩护人认为吴某霖的实际过户行为及结果属于正当行使代理权限，不宜认定为刑法意义上的“诈骗”

对于这个问题，辩护人提出了以下辩护意见。

刑法意义上的“诈骗”在实质上是破坏了被害人与其财物之间的占有关系，进而形成行为人对财物“非法占有”，即存在“破坏被害人的合法占有——确立行为人的非法占有”的逻辑链条。依据涉案合同，吴某霖有权行使对竞价款3750万元和税费200万元的占有及处分，不可能再具备“诈骗”的主体身份。换言之，这些财产是基于代理权限让吴某霖占有和处分的，不是通过欺骗行为“骗取”的。

涉案合同确立了胥某莲与吴某霖之间的代理关系（未披露和备案，属于隐名代理）。据此，吴某霖具有办理某商业中心101号房产过户的代理职责，其过户行为正是依据涉案合同“行使代理权限”的行为。至于吴某霖实际上将该房产过户至其新成立的I公司，而未将该房产过户至胥某莲所指定的K公司的最终结果，辩护人认为具有合法性与合理性，并非“非法占有”和骗取财产。辩护人从以下几个方面分析了这个问题。

第一，吴某霖将某商业中心101号房产直接过户至胥某莲指定的K公司在客观上不能。根据淘宝网拍卖规则和自然资源部不动产登记中心要求，拍卖房产不能直接过户至与竞买方无关联的第三方，而K公司即为与竞买方无关联的第三方，并非房产过户的适格主体；同时，胥某莲并非其指定的过户公司K公司的实际控制人，其既没有与K公司补签《股权代持协议》《股权转让协议》，也没有出具将房产过户至K公司的书面授权文件和指定过户文件，不符合涉案合同约定的房产应“转交给胥某莲实际控制的丙方”的义务要求，吴某霖作为乙方对此存在疑虑实属正常。

第二，吴某霖将该房产直接过户至竞买方A公司不具有商业操作性。A公司系国资控股公司，资产转让、房产转移手续复杂，一旦过户将影响后续将该房产转过户给胥某莲实际控制的公司。

第三，吴某霖将K公司改为A公司子公司的方案，没有得到胥某莲等人的回应。

综上，吴某霖将某商业中心101号房产先过户至其全资子公司I公司其实是为了搭建一个转过户的平台或通道，也有利于后续履行涉案合同下的转过户代理职责。此外，有证据显示“直接过户”遇阻时吴某霖与胥某莲达成了设立“新公司”来受让过户的合意。K公司与胥某莲在办理“直接过户”遇阻时采取了消极态度，致使各方始终无法达成合意，导致房产过户一事暂时陷入停滞，未能签订新的协议不宜归咎于吴某霖。因此，吴某霖将该房产先行过户至其全资子公司I公司、后续再协商转过户的选择具有合理性，其是否构成刑法意义上的“诈骗”还有待探讨。

（四）辩护人认为将吴某霖的行为认定为背信行为更为适宜

刑法学通说认为，背信行为是指按照法定或者约定义务为他人处理财产性事务的人，故意滥用权限或违背受托义务，实施破坏信任关系并给委托人财产造成较大损失的行为。

背信行为作为一种独立侵犯财产的行为，虽然与诈骗罪（包括合同诈骗罪等特殊诈骗犯罪）有着较多相似之处，但却与诈骗罪有着本质区别。背信行为是行为人违背信用、侵犯财产的行为；诈骗罪是行为人不诚实地诱导对方作出错误的意思表示，并与对方签订合同或履行合同并对财产作出处分的行为。换言之，背信行为是先有信任关系而后再实施破坏信任关系的行为，诈骗罪是通过诈骗手段获得信任关系进而再实施破坏信任关系的行为，两者都是行为人违背信任关系的行为，只是信任关系产生的阶段不同。但如果信任关系并非因诈骗行为而产生，行为人是在履行合同的过程中为完成背信行为而实施了某些欺诈行为，则该欺诈行为只是完成背信行为的单纯手段行为，建议以背信论。

辩护人认为将吴某霖的行为认定为背信行为更为适宜，其提出了如下辩护意见。

本案中，吴某霖与胥某莲签订《房产投标、竞买委托合同》，依照合同约定，吴某霖具有使用竞价款代胥某莲竞买某商业中心 101 号房产并最终将房产过户至胥某莲实际控制的公司的义务。在合同签订后，吴某霖与胥某莲形成了委托代理的信任关系，吴某霖在双方签订《房产投标、竞买委托合同》的过程中并未实施任何诈骗行为，该信任关系并非因诈骗行为而产生，且如前所述，胥某莲没有在《房产投标、竞买委托合同》下陷入错误认识，也没有基于错误认识而处分财产，因此，辩护人认为对于吴某霖是否构成合同诈骗罪还可以进一步探讨。

而在吴某霖竞得某商业中心 101 号房产并将该房产过户至 I 公司后，其却故意违背管理该房产的义务，将该房产抵押贷款且最终无法偿还。该抵押行为破坏了与委托人的信任关系并给其造成了较大损失，系典型的背信行为。此外，其通过微信向被害人胥某莲“谎称”正在办理落户到 K 公司名下的进窗手续是为了完成抵押贷款这一背信行为而实施的单纯手段行为，辩护人认为对此以背信行为论处更为适宜。

最终，本案二审法院认为，当前的在案证据不足以认定吴某霖构成合同诈骗罪，撤销了一审认为有罪的判决，发回重审。

四、案例意义

根据最高人民法院《关于充分发挥审判职能作用切实加强产权司法保护的意见》的规定，应严格区分经济纠纷与刑事犯罪，坚决防止把经济纠纷当作犯罪处理。充分考虑非公有制经济特点，严格把握合同纠纷与合同诈骗罪的界限，坚决防止利用刑事手段干预经济纠纷。

本案经济关系错综复杂，时间跨度长，涉及多方主体、多笔资金流动，系典型的民事经济纠纷。被告人吴某霖存在一定程度的欺诈行为，但该行为的欺骗程度显然没有达到使他人产生错误认识并处分财物的程度，被害人胥某莲也并未基于错误认识而处分财产，所以被告人吴某霖是构成民事欺诈，还是刑法中的合同诈骗罪，还是有待商榷的。

如何划分组织、领导传销活动罪中的主从犯

——李某杰涉嫌组织、领导传销活动案

一、基本案情

2016年4月，周某、孙某迪出资成立了A公司，聘请李某杰、吴某敏、张某祥等人为公司管理人员，其中李某杰任副董事长。A公司成立后搭建“云电商”平台，采取消费返利的销售模式，但“云电商”平台的运行状况不理想，A公司一直处于亏损状态。2016年7月，周某邀请李某翰来A公司讲解“天蓬网”的模式，并召集孙某迪、李某杰、刘某华等人研究决定是否运行“天蓬网”的模式，会上李某杰、张某祥明确表示反对。后A公司模仿“天蓬网”开发了“聚宝源”平台，并经开会决定以刘某华的C公司运行“聚宝源”平台。为鼓励开发市场，孙某迪在会员中设立团队长职务，由团队长负责对外召集会员加入，A公司再按照团队发展情况对团队长进行奖励。“聚宝源”平台主要有6个团队长，被告人李某杰为其中之一，负责1001团队。经审计，“聚宝源”平台共计发展传销活动人员约1800人，收取参与传销活动人员缴纳的传销费用共计约2400万元。其中，被告人李某杰的1001团队共发展8层下线，下线人数共计92人，充值金额共计506,204元。

法院认为，李某杰伙同他人以推销商品为名，要求参与者以缴纳费用的方式获取加入资格，并按照一定顺序组成层级，以发展人员的数量作为返利依据，引诱参与者继续发展他人参加，骗取财物，扰乱社会经济秩序，在传销活动中负责管理、宣传工作，其行为构成组织、领导传销活动罪，且情节严重。在共同犯罪中，李某杰既非A公司控股股东、实际控制人，也非C公司控股股东、实际控制人，系被聘请的公司管理人员。在周某等人决定以C公司名义利用“聚宝源”平台开展传销活动时，李某杰对于是否运行“聚宝

源”模式不具有决定权，在“聚宝源”平台运行过程中，亦不具有财务收支管理等权力，其实际作用是带团队开发市场，系受公司实际控制人及更高层同案人的指使、安排，配合实施传销活动，起次要作用，系从犯，应当减轻处罚。

二、争议焦点

1. 被告人李某杰能否认定为组织、领导传销活动罪的从犯？

2. 如何认定李某杰的涉案金额及下线人员数量？

三、理论探讨

（一）组织、领导传销活动罪中的从犯如何认定

1. 区分组织、领导传销活动罪中主从犯的学理检视

组织、领导传销活动罪的处罚对象仅限于组织者、领导者，积极参与者与一般参与者不构成本罪，这是因为现实中一般传销人员往往具有被引诱或被胁迫的经历，他们是违法者也是受害者，不以组织、领导传销活动罪对其定罪处罚体现了刑法的谦抑性。2013 年 11 月 14 日，最高人民法院、最高人民检察院、公安部发布的《关于办理组织领导传销活动刑事案件适用法律若干问题的意见》明确了组织者、领导者的认定标准，具体包括：（1）在传销活动中起发起、策划、操纵作用的人员；（2）在传销活动中承担管理、协调等职责的人员；（3）在传销活动中承担宣传、培训等职责的人员；（4）曾因组织、领导传销活动受过刑事处罚，或者一年以内因组织、领导传销活动受过行政处罚，又直接或者间接发展参与传销活动人员在十五人以上且层级在三级以上的人员；（5）其他对传销活动的实施、传销组织的建立、扩大等起关键作用的人员。

在组织、领导、参加恐怖组织罪和组织、领导、参加黑社会性质组织罪等组织型犯罪中，《刑法》规定将组织者、领导者、积极参加者和一般参加者均列为责任主体，这几类主体在组织中的作用逐次递减，主从犯关系较为明显。与其他组织型犯罪不同，组织、领导传销活动罪的主体被限定为组织者、领导者，学界对于这种犯罪中是否要区分主犯和从犯存在争议。有学者

从立法原意上进行解释，认为立法者将组织、领导传销活动罪的主体限定为起关键作用的组织者、领导者，即意味着将起次要或辅助作用的人员排除在本罪之外，因此实务中无须再进行主从犯的区分。[①] 也有学者认为，当组织者、领导者成立主犯时，其他不能被认定为组织者、领导者的传销组织高层人员应按照《刑法》中有关共犯的规定及相关理论以从犯或胁从犯论处。[②] 笔者认为，尽管《刑法》将组织、领导传销活动罪的主体限定为组织者、领导者，但实务中组织者、领导者群体也往往具有一定规模，按照其在犯罪中所起的作用对其进行主从犯的区分具有一定现实意义。区分主从犯进而分别量刑可以使刑罚具有更好的社会效果，更能体现罪责刑相适应原则。

2. 区分组织、领导传销活动罪中主从犯的司法实践

主从犯的区分不仅是刑法理论重点研究的问题，更是实务中被告人争取从轻、减轻处罚的依据。在涉嫌组织、领导传销活动罪的案件中，如果各组织者、领导者在传销组织中扮演的角色、参与程度不同，对传销组织的建立及传销活动的扩大所起到的作用存在明显差别，则法院一般会进行主从犯的区分。在司法实践中，法院往往将负责宣传、推广的人员认定为从犯。比如，淮安市中级人民法院（2016）苏08刑终48号判决书认为，上诉人邵某甲积极参加传销组织，并担任“爱心协会”秘书长职务，在传销活动中承担宣传、管理等职责，协助邓某蕾建立、扩大传销组织，系该传销组织的组织者、领导者，其行为构成组织、领导传销活动罪，且情节严重。邵某甲加入传销组织，接受邓某蕾的安排，在传销组织的活动中听从邓某蕾的指令，在组织、领导传销活动的共同犯罪中起次要、辅助作用，系从犯，依法应当减轻处罚。再如，江苏省新沂市人民法院（2016）苏0381刑初34号判决书中，法院最终认定，被告人郑某甲虽然不是FCT传销组织的组织者、策划者、操纵者，但是其申请成为传销组织的VIP会员，接受公司指令，积极参与对传销组织的宣传、授课和对会员的管理，转发培训通知，并多次组织、带领会员到外地培训，可以认定为从犯，依法应予从轻处罚。

---

① 许佳：《组织、领导传销活动罪主体的司法认定》，载《人民检察》2014年第19期。

② 宋伟锋：《从国内首例微信传销案谈传销犯罪治理问题》，载《法治论坛》2015年第4期。

3. 本案被告人李某杰是否应当被认定为组织、领导传销活动罪从犯

对于本案被告人李某杰的行为应当如何评价的问题，辩护人提出了如下辩护意见。

（1）李某杰不是传销组织的策划人和发起人

2016 年 4 月，李某杰在 A 公司法人王某的介绍下进入该公司。2016 年 7 月，A 公司因运行“云电商”平台亏损严重，公司实际控制人周某、孙某迪希望通过“聚宝源”平台开展传销活动，当时李某杰在会议上明确表示反对。A 公司主要由周某、孙某迪召集会议决定运行“聚宝源”平台，与 C 公司的合作模式也由二人敲定。

（2）李某杰不是传销模式和规则的制定人和决策人

“聚宝源”平台的人事任命由周某负责，平台的奖励机制由孙某迪负责，具体包括孙某迪给成为市场总监和市场经理的团队长颁发证书、办理 POS 机，为销售业绩优秀的团队长成立工作室。

（3）李某杰不是传销组织的控制人和操纵人

根据案卷材料，可知 C 公司利用“聚宝源”平台开展传销活动的一系列决策均由周某和孙某迪等人作出，财务审批等关键控制权由周某和孙某迪掌控，C 公司的人事调整由周某决定，孙某迪代为传达。从计酬或返利上讲，李某杰只能通过后续发展团队下线人员数量的方式，实现自己的收益，同时李某杰不是传销活动的最大受益者，并且无法实际掌控传销资金的去向。可见，被告人李某杰在传销组织中受周某和孙某迪的支配和安排。

（4）李某杰不是 C 公司股东或高管

根据《公司法》的相关规定，将其他公司吸收为子公司的决议，应当经股东大会表决通过。本案中，A 公司既没有经过股东大会形成决议将 C 公司吸收为子公司，也没有通过法定的工商登记将 C 公司确认为 A 公司的子公司，因此开展传销活动的 C 公司与李某杰所在的 A 公司是两个独立的公司法人。且根据《公司法》第 22 条第 1 款的规定：“公司股东会或者股东大会、董事会的决议内容违反法律、行政法规的无效。”虽然周某、孙某迪召开了 A 公司股东和管理人员会议，将 C 公司名义上认定为 A 公司的子公司，但上述决定是为了以 C 公司为平台开展传销活动，以实施违法犯罪活动为目的，违

反了法律有关规定。因此，C 公司在法律上并非 A 公司的子公司，李某杰也并未在 C 公司担任股东或高管。

综上，本案辩护人认为，李某杰既非传销组织的发起者和操纵者，也非传销模式的制定者，更非涉嫌传销的 C 公司的股东或高管，其仅在传销活动中受周某和孙某迪的支配和安排，起次要作用，认定为从犯为宜。

（二）组织、领导传销活动罪中非首要分子涉案金额、下线人员数量的认定

前文已经提到，辩护人认为李某杰在本案中构成从犯，亦即李某杰不属于组织、领导传销活动罪中的首要分子。对于其涉案金额、下线人员数量的认定问题，辩护人提出了如下辩护意见。

1. 李某杰涉案金额、下线人员数量建议按照其个人发展的下线单独认定

司法实践中，对于传销组织的非首要分子一般是按照其个人的下线单独计算其涉案金额、下线人数和层级。本案中李某杰不能占有其他团队的资金和获利，也不具有其他团队内部财富的再分配权，因此李某杰的涉案金额应以自己带领的 1001 团队的涉案金额为限进行单独认定，即只有从自己下线处直接或间接收取的款项才能被认定为涉案金额。鉴于李某杰身份和计酬方式的独立性，其下线人员也只包括李某杰自己直接或间接发展的下线人员。

2. 未转化为现实货币的虚拟积分建议从涉案金额中扣减

公诉机关认定李某杰转让积分获利 414, 750 元证据不足，会计师事务所提供的审计报告显示从“聚宝源”平台获取的虚拟积分只是理论上能转化为现实货币，李某杰并未对 41, 475 个积分进行提现。上述获利既无银行账户资金流向和明细证明，也没有被害人陈述或被告人供述相印证，应从涉案金额中扣减。

3. 以本人名义或借用、冒用他人名义自购产品加入传销组织的建议从下线人数中扣减

本案中部分账号存在传销人员以本人名义或借用、冒用他人名义自购产品加入传销组织的情况，比如李某杰的下线 ID 号 1002、1010 为李某杰以其妻子和他人的名义设置的账号，ID 号 1068 为证人刘某莹出于转账需要以自己名义开设的账号，ID 号 7997 为证人方某辉出于转账需要以自己名义开设

的账号。以上 4 个 ID 号建议从李某杰的下线人数中扣减。

1001 团队层级图还显示 ID 号 8420 以下 8241～8262 共 22 个 ID 号从小到大按序排列，若该传销平台面向全国同时开放且有 1800 人参与，则同一 ID 号下存在数十个连号的情况较为反常，且上述 22 个 ID 号均未发展下线。上述 22 个 ID 号很有可能是注册的空号、假号，或是某传销人员借用、冒用他人名义自购产品加入传销组织的 ID 号，这 22 个 ID 号建议从传销人数中扣减。在刑事诉讼过程中，在犯罪事实和证据上尚有合理怀疑时，应本着刑法谦抑性和有利于被告人的原则认定事实和定罪量刑，本案中公诉机关认定李某杰组织参加传销活动的人数为 92 人的事实还有待进一步查清。

法院认为，李某杰在本案中起次要作用，构成从犯，依法应当减轻处罚。

四、案例意义

组织、领导传销活动罪的主体仅包括组织者、领导者，当组织、领导传销活动罪存在共同犯罪时，对于在组织者、领导者内部是否应区分主从犯学界存在争议。笔者认为，现实中组织者、领导者群体也往往具有一定规模，部分组织领导者处于被管理、被支配的地位，在传销组织中所起作用较小，其主观恶性较低，社会危害性较小，认定为从犯更为适宜。

在当前的司法实践中，如果各组织者、领导者在传销组织中扮演角色、参与程度不同，对传销组织的建立和扩大所起作用存在明显差别，法院一般会进行主从犯的划分。目前也存在大量此类案例。在这些案例中，法院将部分传销活动组织者、领导者根据其在犯罪中所起的次要作用将其认定为从犯，主要适用于在传销活动中负责宣传推广的人员、负责财务管理的人员和提供技术服务的人员。

如何认定组织、领导传销活动罪中的“团队计酬”模式

——郭某杰涉嫌组织、领导传销活动案

一、基本案情

2014年6月起，境外“O24”公司董事长龚某华宣传称公司资产重组完毕即将上市，在公司网站上注册成为会员，购买一单5000元的产品即可获赠500股原始股票，成为公司股东。“O24”公司还设置了推荐奖和对碰奖，推荐奖是指会员每推荐一单公司产品可获奖励330元，对碰奖是指会员可发展下线，使其下线呈左右两区，只要左右两区各有一单就算对碰，每对碰一次可获奖励330元。

2014年6月，郭某杰经人发展成为“O24”公司会员。同年7月，郭某杰与王某、张某明开始合伙开展业务，郭某杰和张某明负责向会员解释、宣传，王某负责报单、转账，三人约定将所得奖金予以平分。2015年春节前后，郭某杰向公司推荐由王某、刘某兰成立报单中心，公司将产品和股票通过报单中心发给会员，每单支付报单中心15元报酬。2015年7月30日，“O24”公司在股票售完后开始推行CNTV股权，即购买5000元“O24”产品即送600股CNTV股权。

法院认为，被告人郭某杰等人组织、领导以推销“O24”公司产品并赠送“原始股票”或“股权”为名，要求参加者以缴纳费用、购买商品的方式获得加入资格，并按照一定顺序组成层级，间接以发展人员数量作为计酬和返利依据，引诱参加者继续发展他人参加，骗取巨额钱款，严重扰乱了经济社会秩序，其行为均已构成组织、领导传销活动罪，且属情节严重。在共同

犯罪中，郭某杰起主要作用，系主犯，应当按照其参与的全部犯罪处罚。判处被告人郭某杰有期徒刑9年，并处罚金450万元，与因其他罪行判处的有期徒刑2年、并处罚金4万元合并，决定执行有期徒刑10年，并处罚金454万元。

二、争议焦点

“O24”公司的运营模式是否属于“团队计酬”式传销模式？

三、理论探讨

（一）对“团队计酬”式传销刑法规制的发展历程

1998年4月18日，国务院颁布《关于禁止传销经营活动的通知》（本案中简称《禁止传销通知》），禁止任何形式的传销活动，对“利用传销进行诈骗，推销假冒伪劣产品、走私产品以及进行邪教、帮会、迷信、流氓等活动”构成犯罪的，移送司法机关追究刑事责任。但《禁止传销通知》对传销本身是否构成犯罪、构成何罪并无明确规定。

2001年4月10日，最高人民法院颁布《关于情节严重的传销或者变相传销行为如何定性问题的批复》[①]（本案中简称《传销行为定性批复》），明确在《禁止传销通知》发布后仍从事传销或者变相传销活动，扰乱市场秩序，情节严重的，应当依照《刑法》第225条第4款第4项的规定，以非法经营罪定罪处罚。实施上述犯罪，同时构成《刑法》规定的其他犯罪的，依照处罚较重的规定定罪处罚。《传销行为定性批复》颁布后，我国司法实践对于传销活动多以非法经营罪定罪，也有少部分案件以诈骗罪、集资诈骗罪定罪处罚。

2005年8月23日，国务院同时颁布《禁止传销条例》和《直销管理条例》，对传销与直销在行政立法上作出划分。其中，《禁止传销条例》第7条对传销活动的样态进行了列举，具体包括“拉人头”、“收取入门费”和“团队计酬”三种传销形式。2009年《刑法修正案（七）》增设组织、领导传销

---

① 该批复现已失效。

活动罪，将传销规定为“以推销商品、提供服务等经营活动为名，要求参加者以缴纳费用或者购买商品、服务等方式获得加入资格，并按照一定顺序组成层级，直接或者间接以发展人员的数量作为计酬或者返利依据，引诱、胁迫参加者继续发展他人参加，骗取财物，扰乱经济社会秩序”的行为。组织、领导传销活动罪中的传销需同时具备“拉人头”和“收取入门费”两个条件，且将具有经营性内容的“团队计酬”形式排除在外。2013 年 11 月 14 日最高人民法院、最高人民检察院、公安部共同颁布的《关于办理组织领导传销活动刑事案件适用法律若干问题的意见》（本案中简称《传销意见》）第 5 条也明确规定，以销售商品为目的、以销售业绩为计酬依据的单纯的“团队计酬”式传销活动，不作为犯罪处理。形式上采取“团队计酬”方式，但实质上属于“以发展人员的数量作为计酬或者返利依据”的传销活动，应当以组织、领导传销活动罪定罪处罚。这一规定，对“团队计酬”的传销形式做了非犯罪化的处理，是对组织、领导传销活动罪刑事政策的重大调整。[①]而之所以将“团队计酬”从叙明罪状中剥离，是因为这种传销类型以正当的商品或服务为前提，具有明显的市场经营性，与“拉人头”“收取入门费”的诈骗型传销相比其社会危害性较低，不将其纳入组织、领导传销活动罪的评价范围体现了刑法的谦抑性。[②]

“团队计酬”式传销，是指传销活动的组织者、领导者通过发展人员，要求传销活动的被发展人员发展其他人员加入，形成上下线关系，并以下线的销售业绩为依据计算和给付上线报酬，牟取非法利益的行为。学术界将“团队计酬”式传销活动定义为经营型传销活动，属于一种违反《禁止传销条例》的行政违法活动，由市场监督管理部门处理，并不构成刑事犯罪，而以发展人员的数量作为计酬或者返利依据的“团队计酬”式传销活动则实质上属于刑法意义上的诈骗型传销。

“团队计酬”式传销与“拉人头”式传销均采用多层次计酬的方式，我国学者认为二者应主要从以下方面进行区分：一是从是否缴纳入门费上看，

① 陈兴良：《组织、领导传销活动罪：性质与界限》，载《政法论坛》2016 年第 2 期。

② 郭斐飞、罗开卷：《组织、领导传销活动罪疑难问题探析》，载《人民检察》2011 年第 10 期。

“团队计酬”的销售人员在获取从业资格时没有被要求缴纳高额入门费，而在“拉人头”传销中不缴纳高额入门费，或者不购买与高额入门费等价的“道具商品”是根本得不到入门资格的；二是从经营对象上看，“团队计酬”式传销的经营对象为产品，商品定价基本合理，而且还有退货保障，而“拉人头”式传销根本没有产品销售，或者只是以价格与价值严重背离的“道具商品”为幌子，且不许退货，主要是以发展下线人数为主要目的；三是从人员的收入来源上看，“团队计酬”式传销的收入主要取决于从业人员的销售业绩和奖金，而“拉人头”式传销的收入主要取决于发展的下线人数多少和新入会成员的高额入门费；四是从组织存在和维系的条件看，“团队计酬”式传销中公司的生存与发展取决于产品销售业绩和利润，而“拉人头”式传销组织的生存与发展则直接取决于是否有新成员以一定倍率不断加入。[①]

（二）本案对于“O24”公司是否属于“团队计酬”模式的争议

1. 被告方提出“O24”公司属于“团队计酬”模式的抗辩

本案被告方从以下几个方面展开论证，来支持自己的观点。

（1）“O24”公司未设置高额入门费

根据“O24”公司的内部规定，任何人都可以通过“O24”的网站免费注册账号，在账号注册后即可成为“O24”公司的会员。如果客户需要购买一单或者数单产品，就会生成一个或数个单号（唯一的、不重复的序号），这个单号也叫会员账号，会员账号与单号一一对应，记载了该单产品、种类、名称、购买者联系方式。购买一单产品需5000元，显然这5000元并非注册会员账号、取得会员资格的费用，而是购买实际产品的费用。

（2）“O24”公司进行了真实的商业销售且商品定价合理

“O24”公司主要销售克通、抗压源、雾霾清、男之源、克糖源、海豹油共六种产品。本案中，只依据“O24”公司收取的加工费用，推导出“产品价值不过两三百元”的结论还是有待商榷的。商品生产销售的基本规律是推断本案时需要考量的一个重要因素。生产的各个环节以及销售阶段都会产生费用，在计算产品价值时需要把产品关键的活性成分成本及研发费用也应考

---

① 黄太云：《〈刑法修正案（七）〉解读》，载《人民检察》2009年第6期。

虑进去。

（3）“O24”公司依据销售业绩计算报酬

“O24”公司销售人员的计酬完全依据销售业绩，与发展人员数量无关。发展人员可能买单，也可能不买单，可能买一份单，也可能买多份单，而销售人员的报酬是根据每半个月内其直接发展人员所购买的单数和其所有下线人员中左右两区对碰的单数决定的。本案中账号不与人员一一对应，而是与商品订单号一一对应。这说明公司制度就没有给那种以发展人员数量作为计酬依据的传统传销模式生存空间，因为“O24”公司计算、发放报酬的直接、唯一的依据仍旧是销售业绩，而非发展人员数量。

起诉书中的数据也可证明，郭某杰等人所获奖金的多寡，与发展的人员数量没有直接因果关系，而是与他们发展的人员（含直接或者间接推荐的人员）所购买的产品单数成正比，因此“O24”公司的返利制度是典型的“团队计酬”模式。

2. 法院最终认定“O24”公司不属于“团队计酬”模式

（1）“O24”公司实质上设立了高额入门费

法院认为，辩护人及各被告人提出的成为“O24”会员无须缴纳入门费的观点只看到了表面，没有看到实质。事实上，虽然任何人都可以免费注册账号，但必须最低缴纳 5000 元购买一单产品后，注册的账号才会被“O24”公司激活，才能真正成为“O24”公司所称的股东，有资格发展新会员，从而获得奖金，否则只是个废号，“O24”公司不承认其股东地位。因此，仅注册不缴费没有任何实质意义，注册只是第一步，缴费才是关键，这是典型的“缴纳费用、购买商品获得加入资格”。

（2）“O24”公司不是单纯地销售商品

本案中，“O24”公司及各被告人主要是用股票来做宣传，绝大多数的购买者真正看中的不是产品，而是把“O24”股票作为一种投资，这与单纯的销售商品有着本质区别。很多会员实际收到的产品比买的产品要少，有的甚至什么都没收到，这实质上是典型的诈骗型传销。

“O24”公司在其网站宣称的是向全球发行原始股，“O24”公司及各被告人通过虚假宣传、虚构投资项目及盈利前景，从参与传销活动人员购买商品的费用中非法获利，根据《传销意见》第 3 条的规定，应当认定为骗取财物。

（3）“O24”公司实质采取人头计酬而非业绩计酬

第一，从“O24”公司的返利制度可以看出，其计酬方式实质上是人头计酬，而非业绩计酬。推荐奖就是典型的人头计酬；对碰奖看似是订单的对碰，但实质上还是人数的对碰，因为会员买的产品不能对外出售，只有不断地发展人员才能最大限度地获利，如果不发展人员，买得越多，亏得越多，这也就意味着该公司实质上是采取人头计酬而非业绩计酬。

第二，业绩计酬的前提是所推销的商品为广大消费者所需，且不能违反诚实信用原则。本案中消费者并非基于商品价值属性而购买“O24”公司的产品，绝大多数消费者是基于“O24”公司产品附带股票和奖金而购买。而且，“O24”公司及各被告人为了让他人购买，不惜采取欺骗手段，将一个根本不存在的股票鼓吹成能收益几十倍的投资项目，不管是该公司产品本身还是其所附带的股票，均不具备商品价值，其本身就缺乏业绩计酬的前提。业绩计酬中的“业绩”，应该是指销售人员直接推销产品的业绩，也就是通常所称的销量计酬或提成，“酬”应来自产品的正常利润。而本案的各被告人获利靠的不是自己直接销售产品，只要下线人员得力，自身即使不销售任何产品，也可获得巨大利益，这与“团队计酬”模式不符。

四、案例意义

《传销意见》第 5 条明确规定，单纯的“团队计酬”式传销活动不作为犯罪处理。形式上采取“团队计酬”方式，但实质上属于“以发展人员的数量作为计酬或者返利依据”的传销活动，以组织、领导传销活动罪定罪处罚。这既是最高人民法院、最高人民检察院和公安部考虑到“团队计酬”模式的社会危害性较低而作出的审慎决定，也符合其他国家和地区允许多层级直销发展的国际背景。但是，司法解释对于单纯的“团队计酬”与形式上的“团队计酬”规定较为简要，实务中法院需要结合各种因素综合判断传销活动是否是真正的“团队计酬”，本案对于“团队计酬”式传销的认定具有一定参考意义。

实务中对单纯的“团队计酬”认定较为严苛，司法机关多以形式上采取“团队计酬”实质上为人数计酬的理由来否定被告方单纯“团队计酬”的抗辩。查阅中国裁判文书网可以发现，《传销意见》出台后还尚无因单纯的“团队计酬”宣告无罪或者撤回起诉的案件，“团队计酬”作为抗辩理由得到采纳的案件只有 2 件，并且也仅作为量刑情节予以考虑。如何对单纯的“团队计酬”的出罪情形进行准确认定还有待司法实践进行探索。

与传销公司有业务往来是否构成组织、领导传销活动罪共犯

——汪某南涉嫌组织、领导传销活动案

一、基本案情

2014 年，汪某南与刘某新（刘某彬代持股份）、孙某（朱某代持股份，系孙某配偶）、陈某（黎某勇代持股份）、周某晓共同设立深圳 A 基金管理公司（本案中简称 A 公司），A 公司章程规定公司的主营业务为受托管理股权投资基金、对未上市企业进行股权投资、开展股权投资和企业上市业务咨询、投资管理。

2015 年，A 公司与泰国的 B 公司签订《上市服务协议》，主要内容为：（1）A 公司为 B 公司在澳大利亚上市提供服务；（2）A 公司为 B 公司在全球发行基金提供服务；（3）B 公司向 A 公司支付 1000 万元服务费用，其中支付前期费用 100 万元。而 A 公司实际并未收到任何费用（前期费用 100 万元由 B 公司委托田某支付，因田某向 A 公司主张 100 万元债权用于抵销，故并未实际支付）。签约时，A 公司网站和微信公众号发布了 A 公司和 B 公司代表刘某宾签订《上市服务协议》的照片。此后，为按协议约定履行《上市服务协议》，汪某南、周某晓等人与律师、会计师以及证券公司工作人员赴泰国对 B 公司进行尽职调查并收集相关公司上市资料，因为 B 公司交付的资料过少且经后期多次催缴亦未交付，该协议一直未履行完毕。在泰国进行尽职调查期间，恰逢 B 公司召开大会，A 公司受邀出席并被安排在嘉宾席。

公诉机关认为，汪某南与同案被告 B 公司以开发某运河融资为名，要求

参与者缴纳费用获得加入资格，并按照一定顺序组成层级，直接以发展人员的数量作为计酬和奖励的依据，引诱参与者不断发展下线人员，骗取他人财物，以组织、领导传销活动罪对汪某南提起公诉。

法院认为，汪某南与同案被告以开发某运河融资为名，要求参与者缴纳费用获得加入资格，并按照一定顺序组成层级，直接以发展人员的数量作为计酬和奖励的依据，引诱参与者不断发展下线人员，骗取他人财物，该行为已构成组织、领导传销活动罪。因汪某南在犯罪活动中起次要、辅助作用，所以在本案中系从犯，应当从轻、减轻处罚或者免除处罚。

二、争议焦点

1. 由汪某南担任法定代表人的 A 公司与 B 公司签订《上市服务协议》的行为如何定性?

2. 汪某南是否构成组织、领导传销活动罪?

三、理论探讨

辩护人认为，对于汪某南不宜认定为构成组织、领导传销活动罪。本案中，汪某南担任法定代表人的 A 公司与 B 公司签订了《上市服务协议》，实施的履行协议行为符合法律规定。根据最高人民检察院、公安部《关于公安机关管辖的刑事案件立案追诉标准的规定（二）》第 70 条的规定，传销活动的组织者、领导者，是指在传销活动中起发起、策划、操纵作用的人员，在传销活动中承担管理、协调等职责的人员，以及在传销活动中承担宣传、培训等职责的人员。所以，辩护人认为汪某南与 B 公司涉嫌开展的传销活动没有关系，建议不认定其构成组织、领导传销活动罪，为了支持其观点，辩护人提出了如下辩护意见。

（一）A 公司与 B 公司签订的《上市服务协议》符合法律规定

根据《公司法》第 12 条第 1 款的规定，公司的经营范围由公司章程规定，并依法登记。A 公司经有关主管部门核准注册的业务为受托管理股权投资基金、对未上市企业进行股权投资、开展股权投资和企业上市业务咨询（不得以任何方式公开募集及发行基金、不得从事公开募集及发行基金管理业务)；投资管理（法律、行政法规、国务院决定禁止的项目除外，限制的项目须取得许可后方可经营)。A 公司为 B 公司提供的服务完全属于有关主管部门核准的业务登记范围，双方的交流也仅限于《上市服务协议》中的内容。

（二）A 公司履行协议义务的行为符合法律规定

经田某引荐，A 公司对 B 公司进行了考察，了解到 B 公司的官方背景以及其开挖运河的计划，并在宣传资料中看到了某领导人考察该集团及泰国军方人士出席集团会议的照片。在此基础上，两家公司达成合作协议。作为一家提供企业上市服务的公司，A 公司与 B 公司签订协议的目的是向公司上市发行基金提供服务。

A 公司与 B 公司签订《上市服务协议》后，汪某南、周某晓等人带领上市中介服务律师、会计师及证券公司工作人员赴泰国进行上市前的尽职调查，并在回国后多次要求 B 公司提供上市申请的资料。以上资料的收集属于公司上市的正常准备工作，完全符合法律规定，A 公司进行尽职调查也恰恰说明 A 公司在依法履行协议义务。

（三）汪某南的所有行为均是为了履行《上市服务协议》，并不是组织、领导传销活动罪中的以骗取财物为目的的行为

组织、领导传销活动罪在主观方面表现为直接故意，并具有非法牟利的目的，即行为人明知自己实施的传销行为为国家法规所禁止，但为达到非法牟利的目的仍实施这种行为，且对危害结果的发生持希望和积极追求的态度。本案中，A 公司与 B 公司签订《上市服务协议》的主观目的是通过提供帮助企业上市的专业服务从而获得服务费用。汪某南没有参与传销组织的行为，也没有通过传销行为骗取财物的意图。

（四）对于 B 公司涉嫌传销的行为汪某南主观上不知情

A 公司与 B 公司的确签订了上市服务协议，然而如果仅因为与涉嫌传销的公司签订《上市服务协议》就认定双方针对传销活动建立了合作关系，构成共犯，那么与 B 公司签署过合同的个人、公司很多，可能涉及办公用品提供商、公司经营场所出租人、运输合同承运人和网络服务商等。因此，侦查

机关仅依据A公司与B公司签订有《上市服务协议》就认定汪某南构成组织、领导传销活动罪，属于追诉主体错误。

此外，A公司实际经营权并非由汪某南控制。汪某南虽然担任A公司的法定代表人，但其并未掌握公司的实际经营权。原因在于A公司的持股比例分散，五位股东均持股20%，汪某南对于公司经营并不享有主导权。此外，汪某南系湖南长沙人，妻儿老小均住在长沙市，其本人也长期在长沙市居住，因地域限制汪某南极少赴深圳市打理公司事宜。目前，A公司的营业执照和公章均由唐某旺持有，除了代表A公司与B公司签订公司《上市服务协议》外，汪某南对于刘某新、孙某、陈某和周某晓的具体经营事项均不知晓。

（五）现有证据没有达到排除合理怀疑的定罪标准

公诉机关据以指控汪某南构成组织、领导传销活动罪的证据材料主要为A公司和B公司签订的《上市服务协议》、A公司网站和公众号发布的A公司和B公司代表刘某宾签订《上市服务协议》时的照片以及汪某南在泰国进行尽职调查时受邀在嘉宾席就座的照片。凭借一份《上市服务协议》和两张照片就认定汪某南有组织、领导传销活动罪的嫌疑有些不妥，缺乏证明效力：(1) A公司和B公司签订《上市服务协议》恰恰说明双方之间的合作为合法的民事行为。A公司运用专业能力向有上市想法的公司提供服务，双方签署的《上市服务协议》并非开展传销活动的合作协议。(2) 汪某南在泰国进行尽职调查期间，恰逢B公司召开大会，A公司受邀出席并被安排在嘉宾席，既未被介绍也未发言，不宜凭此认定其系传销组织领导人和组织人。(3) A公司网站和微信公众号发布的照片仅能说明公司的正常经营活动，不建议因为照片系与涉嫌组织、领导传销活动的B公司共同拍摄即认为成立共犯。如果仅因与犯罪分子共同拍摄过照片就认定为成立共同犯罪的话，可能有些不妥。试想，被查出有问题的“e租宝”曾长期在多家电视台播出广告，《经济观察报》主办的公开活动还对其进行过颁奖。那么，以上曾经为“e租宝”发布过信息的主体是否都应当构成非法集资犯罪的共犯呢？可见，仅依据刊登的几张照片既不能说明汪某南构成组织、领导传销活动罪，也不能说明汪某南有宣传传销组织的嫌疑。

综上，辩护人认为A公司与B公司签订的《上市服务协议》并非传销合作协议，不建议认定汪某南构成组织、领导传销活动罪。

法院认为，本案被告汪某南与同案被告以开发某运河融资为名，要求参与者缴纳费用获得加入资格，并按照一定顺序组成层级，骗取他人财物，该行为构成组织、领导传销活动罪。但是，法院认为汪某南在本案中起次要、辅助作用，为从犯，应当从轻、减轻处罚或者免除处罚。

非法经营案中如何区分抓获到案与自动投案

——阳某奇涉嫌非法经营案

一、基本案情

2021 年 3 月 12 日凌晨 12 时，A 县公安局 B 派出所联合有关主管部门对 A 县某镇内的非法屠宰点进行查处，阳某奇的非法屠宰点即在此次查处对象之列，阳某奇此时正在家中睡觉。办案民警在对阳某奇的非法屠宰点进行现场调查时，通过该屠宰点员工刘某得知该屠宰点的老板系阳某奇，并通过电话通知阳某奇到现场配合调查。凌晨 1 时，阳某奇在接到现场办案民警电话传唤后立即赶往现场配合调查。此后，阳某奇一直处于办案民警控制之下，并在现场调查结束后直接被办案民警以及有关主管部门执法人员带回派出所，于 2021 年 3 月 12 日凌晨 5 时在派出所接受有关主管部门执法人员询问。

法院认为，阳某奇没有屠宰资质而经营屠宰店，其行为已经构成非法经营罪；阳某奇接到现场办案民警电话后，主动赶到现场配合调查，构成自首，依法可以从轻或减轻处罚。法院判处阳某奇有期徒刑 6 个月，并处罚金 1 万元。

二、争议焦点

阳某奇是否成立自首？

三、理论探讨

自动投案的本质特征是投案的主动性和自愿性。主动性，是指犯罪嫌疑人在可以选择的情况下，仍主动将自身置于司法机关的控制下，即“能逃而不逃”，体现的是归案问题上的自主选择性。自愿性，是指犯罪嫌疑人并不反对将自身置于司法机关控制之下，它强调犯罪嫌疑人对主动投案行为所导致后果的意志因素。

根据最高人民法院《关于处理自首和立功具体应用法律若干问题的解释》（本案中简称《自首立功解释》）第 1 条的规定，自动投案是指犯罪事实或者犯罪嫌疑人未被司法机关发觉，或者虽被发觉，但犯罪嫌疑人尚未受到讯问、未被采取强制措施时，主动、直接向公安机关、人民检察院或者人民法院投案。而传唤并非刑事强制措施，被传唤的犯罪嫌疑人仍符合《自首立功解释》规定的“虽被发觉，但犯罪嫌疑人尚未受到讯问、未被采取强制措施”这一自动投案的前提条件。

本案辩护人认为，被告人阳某奇构成自首。其辩护意见如下。

从投案时间上看，根据 A 县公安局出示的《传唤证》可知，被传唤人阳某奇于 2021 年 3 月 12 日 9 时到达，而其第一次被讯问的时间是 3 月 12 日 17 时，其被拘留的时间是 2021 年 3 月 13 日 3 时，从以上事实来看，阳某奇归案时尚未受到讯问或被采取强制措施，符合《自首立功解释》中对于自动投案的时间规定。

从投案主动性上看，投案的实质是将自己置于或最终置于司法机关的合法控制下，接受司法机关的审查与裁判。阳某奇在接到电话传唤后，能逃跑而不逃跑，主动赶往犯罪现场配合执法人员调查并自愿将自己置于执法人员控制之下，充分体现其投案的主动性与自愿性，此时阳某奇已经完成自动投案。

综上，辩护人认为阳某奇经传唤到案时，既未受到讯问，也未被采取强制措施，仅需以一般自首的标准来判断。根据《自首立功解释》第 1 条的规定，属于自动投案，且阳某奇在到案后如实供述了相关犯罪事实，建议认定为自首，可以从轻、减轻处罚。

最终，法院认为被告人阳某奇构成自首。辩护人提出的阳某奇构成自首的观点，得到了法院的采纳。

第三编

侵犯人身权利犯罪

如何区分（间接）故意杀人罪与故意伤害（致人死亡）罪

——廖某来涉嫌故意杀人案

一、基本案情

2015年2月14日上午，被告人廖某来驾驶车辆在某县某镇某加油站附近跑出租，因为争抢一位乘客与同样跑出租的被害人廖某足发生冲突。二人先是指着对方互骂，然后互相推搡并扭打在一起。在扭打过程中，廖某来掏出弹簧刀，朝廖某足连刺数刀，致廖某足倒地不起。廖某来随后驾车离开现场并拨打了“110”报警电话和“120”急救电话。廖某来在前往某县公安局某派出所途中遇到驾车出警的公安民警，主动下车向民警投案，交出凶器，并如实供述了犯罪事实。廖某足被廖某来持弹簧刀多次刺击全身致多处裂创，其中背部遭刺击致左肺破裂、胸主动脉破裂，导致大出血死亡。

公诉机关以故意杀人罪对廖某来向法院提起公诉。

法院经审理后认为，被告人廖某来因小事纠纷持刀杀人，故意非法剥夺他人生命，其行为已构成故意杀人罪。依照《刑法》第55条第1款、第56条第1款、第67条、第232条之规定，判决如下：

被告人廖某来犯故意杀人罪，判处有期徒刑15年，剥夺政治权利5年。

二、争议焦点

1. 司法实践中如何准确对（间接）故意杀人罪与故意伤害（致人死亡）罪的进行界分?

2. 被告人廖某来的行为构成（间接）故意杀人罪还是故意伤害（致人死

亡）罪？

三、理论探讨

（一）（间接）故意杀人罪与故意伤害（致人死亡）罪的界分标准

民间纠纷引发的杀人行为已经成为司法实务领域一种判处故意杀人罪且适用死刑的主要案件类型。最高人民法院印发了《全国法院维护农村稳定刑事审判工作座谈会纪要》（本案中简称《农村稳定纪要》），《农村稳定纪要》对审理这类案件的规定较为笼统，使审判实践中产生了很多争议和问题。在审理这类案件时，应从犯罪的性质入手对民间矛盾的范围进行界定，以客观标准认定被害人的行为是否应当作为对被告人从轻处罚的量刑情节，运用宽严相济刑事政策解决（间接）故意杀人罪和故意伤害（致人死亡）罪的定罪问题，量刑时除了应当考虑罪刑相适应原则以外，还应兼顾刑罚目的的实现。①

认定（间接）故意杀人罪与故意伤害（致人死亡）罪，应当采取从客观到主观的路径，即在已经出现致人死亡的情形下，首先要肯定该行为是杀人行为，进而判断行为人是否具有杀人故意；如果没有杀人故意，再判断行为人是否具有伤害故意。只有坚持罪刑法定与责任主义的原理，综合考虑案件的全部事实，才能正确界分（间接）故意杀人罪与故意伤害（致人死亡）罪。对被告人行为定性的关键在于其对死亡结果所持的态度，具体可从以下几个方面进行分析：（1）对行为人故意内容的认识。间接故意杀人侵害的是他人的生命，是明知自己的行为会造成他人死亡的危害结果，仍然放任这种危害结果的发生。而故意伤害致人死亡，行为人是一种过失的心理状态，即行为人侵害的是他人的身体健康，对此主观上是故意的，但对被害人最终死亡的结果是过失的。（2）对犯罪起因的认识。若双方并无仇恨或素不相识，仅是一时冲动实施了侵害行为，对于这种情况就不宜认定被告人具有杀人的主观故意。（3）对行凶工具、打击部位、打击强度等因素进行判断。这些因素在一定程度上也能证明行为人的犯罪意图。例如，从行凶工具上看，如果

① 王磊：《民间矛盾激化引发的故意杀人罪死刑控制研究》，载《学术探索》2013年第5期。

行为人在犯罪预备阶段就已经准备好枪支、弹药、匕首等管制工具，并用这些工具伤害被害人，从主观上就可大致看出行为人的犯罪意图，即其对被害人的死亡结果是持希望或放任的态度。（4）对案发后行为人的行为、态度进行判断。如果行为人在事后积极抢救被害人、主动投案自首，说明行为人对死亡结果的发生是持反对的态度，认定为故意伤害致死可能更为适宜。反之，若行为人转身离开，对死亡结果采取无所谓的态度，那么可以考虑认定行为人具有故意杀人的主观心态。

综上所述，由于民间矛盾激化而引发的犯罪往往是偶发性、突发性的，相比那些与社会为敌、与社会对抗性质的恶性犯罪，民间矛盾引发犯罪的行为人主观恶性较小、人身危险性较轻。《农村稳定纪要》对于民间矛盾引发的故意杀人案件的一些具体问题的规定体现了我国刑事立法精神和刑事司法政策，司法实务部门在具体应用时要结合刑法理论准确理解并慎重把握这些规定，才能取得较好的社会效果和法律效果。

（二）辩护人认为被告人廖某来的行为客观上不是杀害行为，主观上只有伤害故意，没有非法剥夺被害人廖某足的生命的故意

被告人廖某来的行为系因民间纠纷引起的激愤杀人，对这一行为该如何定性存在以下两种意见：

第一种意见认为：被告人廖某来构成（间接）故意杀人罪。理由是：（1）从被告人使用的作案工具上看，其使用的是随身携带的弹簧刀，属于我国管制刀具的一种，杀伤力极大；（2）从被告人打击部位和打击强度来看，其朝被害人连刺数刀，主要伤及被害人头面部、背部及左手（其中背部刺击致左肺破裂、胸主动脉破裂，为致命伤），导致被害人大出血死亡。根据《刑法》第232条的规定，被告人廖某来作为一名精神正常的成年人，明知自己的行为可能造成被害人死亡，仍毫无节制地对被害人施暴，并放任死亡结果的发生，其行为已然构成（间接）故意杀人罪。

第二种意见认为：被告人的行为构成故意伤害（致人死亡）罪。理由如下：（1）廖某来客观上实施了伤害他人身体健康的行为；（2）廖某来无杀人的动机；（3）从打击的部位来看，廖某来只有伤害的故意；（4）在行为结束后，廖某来主动报警和拨打“120”急救电话印证了其主观上是反对死亡结

果发生的。被告人拿刀刺向对方时，主观上对于自己的行为会造成他人身体伤害是明知的，具有伤害他人的故意，但对于这种伤害造成的死亡结果则是过失的，因此定性为故意伤害更为适宜。

具体到本案中，辩护人建议采取第二种意见，对被告人廖某来定故意伤害（致人死亡）罪，并从以下四个方面进行了详细分析。

1. 从纠纷的起因上看，廖某来无杀人的动机

被告人廖某来与被害人廖某足的纠纷源于案发当日双方拉客源时发生的矛盾，即本案是由一起简单的民事纠纷引发的。且双方此前就认识，一直无矛盾。双方往日无怨，仅因争客源这种普通民事纠纷，在没有任何预谋和准备的情况下激愤互殴。从常理上判断，被告人在主观上不存在杀人的动机。

2. 从打击的部位来看，廖某来只有伤害的故意

尽管被告人廖某来朝被害人廖某足刺了四刀，但真正致命的只有一刀：从廖某足背部刺击致左肺破裂、胸主动脉破裂。据现场目击证人章某某的证言："'包子王'廖某来持刀对着廖某足的背部，持刀先是想扎廖某足的头部，但收了一下手，就对廖某足的背部扎过去。"从认识标准判断，在互殴过程中，除头部之外的地方，一般人很难准确判断哪些是致命打击部位，哪些是非致命打击部位。但是，廖某来放弃打击头部而转向刺其背部，表明其主观上并不想攻击要害部位，并不想出现更加严重的后果（包括死亡），并且这也是廖某来所刺的最后一刀，此前三次刺击均未伤及要害，均未造成严重后果。因此，从本案的打击部位及一般人的认识标准来判断，廖某来主观上并无杀人的故意，只有伤害的故意。

3. 在当时的具体情况下，廖某来对死亡结果的发生难以明知

应当注意的是，当时双方互有殴打行为，也就是说廖某来是在紧急情况下拿刀刺对方，并且还有意避开对方要害，在这种情况下廖某来对自己的行为可能造成对方的死亡难以有明确的认识，而只是一种疏忽的过失心理状态。

4. 廖某来主动报警和拨打"120"急救电话的行为印证了其主观上反对死亡结果发生

廖某来发现被害人倒地没有反抗，并且有死亡可能后，立即上车打电话报警并拨打了"120"急救电话。如果廖某来主观上有杀人的故意，从常理

上判断，其不会立即停止殴打伤害行为，也不会立即报警并拨打急救电话。廖某来的上述行为更加印证了被害人的死亡是出乎其意料的，是其不希望发生的。

综上所述，本案中被告人廖某来拿刀刺对方时，主观上对于自己的行为会造成他人身体的伤害是明知的，具有伤害他人的故意，而对于这种伤害造成对方死亡的结果则是不明知的。所以，辩护人认为将被告人廖某来的行为定性为故意伤害（致人死亡）罪也是有一定合理性的。

最终，法院认为被告人廖某来犯故意杀人罪，对其判处了刑罚。

（三）司法观点参考

在目前的司法实践中，对于类似本案的情况，被告人也可能被认定为故意伤害罪，具体可以参考以下司法观点：

1. “实践中一些致人死亡的犯罪是故意杀人还是故意伤害往往难以区分，在认定时除了要从作案工具、打击的部位、力度等方面进行判断外，也要注意考虑犯罪的起因等因素。对于民间纠纷引发的案件，如果难以区分是故意杀人还是故意伤害时，一般可考虑定故意伤害罪。”①

2. “其一，对于因一时激愤而突发起意行凶的案件，如果在定性上存在较大争议，原则上应以故意伤害（致人死亡）罪论处。其二，对于因民间纠纷激化引发的行凶案件，尤其是被告人也存在过错的案件，如果定性存在较大争议，也应以故意伤害（致人死亡）罪论处。”②

3. “对有些案情复杂，是故意杀人还是故意伤害致死一时难以区分，内部分歧意见很大的，为了慎重起见，可以按照故意伤害（致人死亡）罪论处。”③

---

① 最高人民法院刑事审判第三庭：《在审理故意杀人、伤害及黑社会性质组织犯罪案件中切实贯彻宽严相济刑事政策》，载《人民法院报》2010 年 4 月 14 日，第 6 版。

② 张军：《切实贯彻宽严相济刑事政策　全力促进社会和谐稳定》，载《人民司法》2007 年第 21 期。

③ 周道鸾、张军主编：《刑法罪名精释》，人民法院出版社 2013 年版，第 516 – 517 页。

如何区分故意伤害罪中的主从犯

——王某松涉嫌故意伤害案

一、基本案情

黄某因与任某伟之间存在债务纠纷，一直想找其麻烦。2004 年 9 月 5 日，黄某找到姚某帮忙，要求姚某纠集朋友一起去寻找任某伟，扬言见到任某伟一定要教训他。姚某以催债为由拨打电话纠集王某松、冯某韬、李某等人，与黄某一起去寻找任某伟。黄某一伙在某巷子内发现任某伟，然后黄某一伙便将任某伟堵在该巷子内一私房门口，双方发生争执动起手来，姚某随即准备将携带的刀具分发给众人；黄某用手箍住任某伟的脖子往巷口方向拖行，王某松见状马上拦下一辆刚刚送完客的出租车，并坐在出租车后排准备接应黄某等人逃离现场；黄某强行将任某伟往出租车上拖，任某伟在推搡之中被推入车内，而后掏出猎刀并踹开出租车门挣扎逃出，黄某见状便呼唤同伴，冯某韬首先冲上去持刀朝被害人身上乱砍，任某伟受伤后挣脱逃跑，黄某、冯某韬、李某追上去再次进行砍杀，王某松在看到被害人倒地后呼喊“快走，公安来了”。随后，黄某一伙人迅速分别乘出租车逃离现场。后任某伟被送往医院，经抢救无效死亡。

公诉机关认为，被告人黄某、冯某韬、李某、王某松涉嫌故意伤害（致人死亡）罪，并且各被告人在共同犯罪中均起主要作用，均为主犯，公诉机关以故意伤害（致人死亡）罪对各被告提起公诉。

法院认为，被告人黄某、冯某韬、李某、王某松等人非法故意伤害他人身体并致人死亡，其行为已构成故意伤害（致人死亡）罪。本案系共同犯罪，被告人黄某、冯某韬、李某、王某松均系主动、积极地实施犯罪，在故意伤害行为中均起主要作用，均系主犯。

二、争议焦点

王某松在本案中并未直接实施伤害行为，所起到的作用仅是为其他人拦截车辆以便逃离现场，应当认定为主犯还是从犯？

三、理论探讨

根据《刑法》第26条第1款及第27条之规定：主犯是指组织、领导犯罪集团进行犯罪活动的或者在共同犯罪中起主要作用的人；从犯是指在共同犯罪中起次要或者辅助作用的人。区分二者的关键在于犯罪人在共同犯罪中所起的作用。本案中，辩护人认为王某松的实行行为在共同犯罪中并未起到主要作用，认定为从犯更为适宜，辩护人从以下几个方面分析了这个问题。

第一，本案策划发起者并非王某松。王某松、冯某韬、李某三人是在接到姚某的临时电话后参与此次犯罪活动的，且姚某在电话中未提及将对他人实施殴打行为。三人在接到姚某的电话后赶往案发现场，王某松最初认为姚某安排的活动仅为催债行为，抵达现场后看到姚某等人分发作案工具时才明白将发生斗殴行为。因此，辩护人认为本案中的策划发起人是姚某与黄某，而非王某松。

第二，王某松在本案中仅起到次要或者辅助作用。王某松在本案中并未直接实施伤害行为，所起到的作用仅是为其他人拦截车辆以便逃离现场。王某松三人到达现场后，在姚某准备发放作案工具时，黄某已经将被害人控制并拖到巷子口，王某松顺势拦下出租车并坐入车辆后排准备接应。在黄某等人追砍被害人之后，王某松呼喊同伴逃离现场并一同乘坐出租车离开。

综上所述，辩护人认为：无论是案件的发起原因，还是事件发展所导致的结果都与被告人王某松没有直接关系。被告人王某松是在不知要去砍人的情况下赶往现场，并在知情后以帮忙拦出租车的方式帮助其他共犯实施犯罪，并没有直接参与持刀砍人，在共同犯罪中只起到辅助作用，认定为从犯更为适宜。

最终，法院认为王某松与其他被告一样，都构成本案主犯。由于各位被告人均系积极主动实施犯罪，故而才作出这样的认定。

故意伤害案中被害人特殊体质能否阻断危害行为与危害结果之间的因果关系

——李某贵涉嫌故意伤害案

一、基本案情

2012 年 7 月 18 日 19 时许，在某乡某村 5 组水井旁，被告人李某贵与本村被害人李某己因相邻田埂被李某贵踩塌一事发生争吵，在争吵中被告人李某贵先持扁担朝李某己头部左侧打了一下，李某己被打后冲上去与李某贵扭打在一起。后在李某己的弟弟李某庚的劝解下两人停止了打斗，李某贵从小路回家，李某己被打之后不服气，朝李某贵走的方向追赶欲再次与其打斗。在李某己追到不远处一水塘附近并且李某庚上前劝阻时，李某己突然昏倒在路旁的水塘里，李某庚赶紧将李某己抱上岸，发现李某己已经昏迷不醒，李某己在被送往医院途中死亡。经鉴定，李某己死因符合冠状动脉粥样硬化性心脏病基础上心源性猝死的特点，外伤为其死亡的参与因素之一。

一审判决被告人李某贵犯故意伤害罪，判处有期徒刑 12 年，剥夺政治权利 3 年。原审附带民事诉讼原告人谭某某等人不服，提出上诉，称原审认定李某贵犯故意伤害罪定性错误，应定性为故意杀人罪，二审驳回上诉，维持原判。

二、争议焦点

1. 被害人特殊体质能否阻断危害行为与危害结果之间的因果关系？

2. 本案系邻里纠纷引起的扭打，在此过程中致特殊体质者身亡，被告人的殴打行为与被害人的死亡之间是否具有因果关系？量刑是否合理？

三、理论探讨

（一）被害人特殊体质能否阻断危害行为与危害结果之间的因果关系应当依据查明的客观事实进行“作用力”分析

刑法上的因果关系即危害行为与危害结果之间的因果联系，这种因果关系是在危害结果发生时要求行为人负刑事责任的必要条件。而在有介入因素的场合，就会导致行为人预想结果的引起路径与现实路径存在一定差别，这时是否仍然可以说行为与结果之间具有刑法上的因果关系就值得讨论。也就是说，需要讨论介入因素能否阻断危害行为与危害结果之间的因果关系，即讨论因果关系错误的问题（因果关系错误是为了解决在因果关系上认定过宽，让行为人对一些罕见的偶然结果也要承担既遂责任的问题而存在的概念）。目前在我国学界关于因果关系错误的学说中，条件说几乎无人主张，有影响力的是相当因果关系说、客观归责论和行为危险现实化说。

条件说意图通过因果关系错误在责任层面解决问题，但并没有真正解决问题，而只是将问题延后，因而不具有实质意义。相当因果关系说在判断有无因果关系时引入了一般人的生活经验标准。只有在行为时能够根据社会生活的一般经验预测结果的发生以及发生结果的因果过程时，才能肯定因果关系的存在；反之，若是从生活经验上看是由非常偶然、罕见的原因引起了结果，就应当否定因果关系的存在。[①] 但是，相当因果关系说在进行有无因果关系的判断时，考虑介入因素的标准是一般人的生活经验，这就容易陷入主观归责的陷阱，此时因果关系的判断会随着一般人或者行为人本人认识的不同而发生变化。客观归责论则是超越了因果关系的范畴，是对行为、结果以及两者之间因果关系全面的实质性考察。[②]

行为危险现实化说主张以“行为危险是否在结果中变为了现实”来判断有无因果关系，认为在能够认定实际发生的结果是实行行为危险的现实体现时，即肯定行为与结果之间存在因果关系。[③] 其在克服相当因果关系说判断

---

① 浅田和茂『刑法総論』（成文堂，2007 年）135 頁。

② 孙运梁：《因果关系与客观归责论》，社会科学文献出版社 2021 年版，第 2 页。

③ ［日］山口厚：《刑法总论》，付立庆译，中国人民大学出版社 2018 年版，第 56 页。

基础的局限性（仅限于一般人已经认识或者能够认识的事实以及行为人特别认识的事实）和判断基准的模糊性（以一般人的生活经验法则为准）等方面有独特之处。而根据行为危险现实化说分析有无因果关系时可以分为三种情形：（1）现实发生的危害结果属于行为危险的现实体现；（2）现实结果不是危害行为直接引起的，而是由介入因素引起，但是该介入因素为危害行为所诱发；（3）在现实结果由危害行为与被害人特殊体质因素竞合而引起时，对于现实结果是不是行为危险现实化的体现的问题，需要进行实质判断。

讨论被害人的特殊体质能否阻断危害行为与危害结果之间的因果关系问题，笔者支持行为危险现实化说，认为需要依据行为时确实存在的全部事实并结合科学的鉴定意见，查明被害人的特殊体质这一介入因素在引起危害结果过程中的作用力或者原因力，从而再判断能否阻断因果关系。针对被害人的特殊体质引起严重结果的情形，我国司法机关没有简单地一概肯定或者否定因果关系的存在，而是在尊重科学鉴定的基础上，进行结果责任的分摊。①

（二）辩护人认为被害人的死亡结果与被告人的危害行为有一定诱因关系，但并非其危害行为直接所致，李某贵的危害行为仅与被害人受伤结果具有刑法意义上的因果关系，但与死亡结果之间不具有刑法意义上的因果关系

在司法实践中，类似案件屡见不鲜，各方争议颇多，究其实质在于如何认定轻微暴力致被害人死亡的行为性质。本案属于因轻微暴力致特殊体质被害人死亡的案件，对于本案被告人的危害行为该如何定性存在以下三种意见：②

第一种意见认为，本案属于意外事件，被告人李某贵不构成犯罪。特殊体质是造成被害人死亡的根本原因，单凭一般殴打不可能导致死亡结果的出现，且被告人李某贵对被害人的特殊体质没有注意义务和预见能力，其主观

① 黎宏：《因果关系错误问题及其应对——以行为危险现实化说的再阐释为中心》，载《法学研究》2022年第1期。

② 郑毅、鄢晓实：《轻微暴力致特殊体质被害人死亡的行为定性》，载《中国检察官》2020年第4期。

上对死亡结果的出现既没有故意，也没有过失。

第二种意见认为，本案应定性为过失致人死亡罪。被告人李某贵的危害行为强度较轻，属于一般殴打，不是刑法意义上的故意伤害行为，其在实施一般殴打行为时，没有伤害他人的故意。被告人李某贵作为一名具备一定社会生活经验的成年人，应当能够预见到击打他人头部可能导致死亡的严重后果，但因为疏忽大意没有预见，其主观方面属于疏忽大意的过失。

第三种意见认为，本案应定性为故意伤害（致人死亡）罪。被告人李某贵在被害人李某己毫无防备的情况下击打其头部要害部位，该行为具有致他人受伤甚至死亡的可能性，不是一般殴打，而是故意伤害。死亡结果是在危害行为和特殊体质两个原因共同作用下出现的，两者缺一不可。因此，危害行为与死亡结果之间存在刑法上的因果关系。被告人对其危害行为致被害人死亡在主观上负有注意义务，客观上也具有相应的预见能力，但实际上未能预见，其对死亡结果的出现持过失心态。

辩护人认为，正确处理该类案件，应从轻微暴力的行为性质、轻微暴力与死亡结果之间的因果关系以及被告人在行为时的主观心态等方面入手。按照此观点，辩护人对本案做了如下具体分析：（1）被告人在纠纷中首先持扁担打了被害人左额部，最终导致李某己面部皮肤有挫伤及挫裂伤，左侧第五、六前肋内向性骨折，肢体多处皮肤擦伤（第一个危害行为）。（2）被害人被打之后不服气，朝被告人走的方向追赶欲再次与其打斗，后突然晕倒在路旁的水塘里，并在送去医院途中心脏病发作死亡（介入因素）。（3）被害人自身的特殊体质相对于被告人的殴打而言，是一个异常因素，李某贵对此特殊体质并未有所认识或应当认识，且第一个危害行为通常情况下并不能衍生出该介入因素。综上，辩护人认为，被害人特殊体质这一介入因素可以切断危害行为与死亡结果之间的因果关系，故建议认定被告人的故意伤害行为与被害人的死亡结果之间不存在刑法上的因果关系。

（三）辩护人认为本案属于多因一果，即导致被害人死亡的原因有多种，被告人承担责任宜以其对被害人死亡所产生的作用为限，本案的量刑可以再做探讨

为了支持上述观点，辩护人提出了如下的辩护意见。

1. 李某贵对被害人实施了击打行为，控辩双方均无异议，但对于该“击打”行为对被害人死亡所产生作用的判断以及法律后果的评判争议甚大

辩护人认为，根据以下三份法医学报告，可以确知李某己死于“心源性猝死”，“外伤”等仅为“诱因”或“参与性因素”。

第一，湘南学院附属医院病理科病理解剖诊断报告，证实通过对尸体的解剖诊断，发现死者李某己的主要病症是冠状动脉粥样硬化及冠状动脉粥样硬化性心脏病。其死亡原因是：如排除他杀，可推定为心源性猝死。

第二，（桂）公（法）鉴（尸检）字（2012）032 号鉴定书，证实桂阳县公安局法医黄某智、李某友于 2012 年 7 月 19 日 10 时 20 分至 12 时对李某己的尸体进行了全面检查和解剖且进行了病理检验，于 2012 年 8 月 20 日出具结论：死者李某己系心源性猝死，外伤、情绪激动等为诱因。

第三，湘雅司鉴中心（2012）解鉴定第 132 号鉴定书，证实 2012 年 12 月 30 日，法医常某峰、邹某对李某己遗体进行法医病理学解剖后得出结论：李某己死亡原因符合冠状动脉粥样硬化性心脏病基础上心源性猝死的特点，外伤为其死亡的参与因素之一。

2. 被害人身体外伤并非完全由被告人李某贵“击打”造成，被害人也存在自身过错

第一，李某庚的证言和李某贵的供述证实，李某贵仅用扁担击打李某己头部左侧一下，桂阳县公安局刑事科学技术室的检验证明，“死者李某己面部皮肤有挫伤及挫裂伤”。结合起来分析，李某贵的“击打”只造成“李某己头面部”“挫伤”和“挫裂伤”，而头面部外伤仅是受害人外伤之一，而且是最轻微的一部分“外伤”。

第二，根据现有证据以及查明的事实，可以得出以下结论：（1）李某己与李某贵扭打是李某己外伤成因之一；（2）李某庚劝阻的肢体接触行为是李某己外伤成因之二；（3）李某己摔下水塘是李某己外伤成因之三；（4）李某庚和李某己妻子的简单不规范急救是李某己外伤成因之四；（5）接诊卫生院的急救是李某己外伤成因之五。

综上，辩护人认为，李某贵虽然应当对受害人李某己的死亡承担一定责任，但应以李某贵的行为对“死亡结果”所产生的“作用”为限。本案一审

法院量刑可能有些偏差，量刑问题可以再做探讨。

最终，法院驳回上诉，维持一审判决，即李某贵犯故意伤害罪，判处 12 年有期徒刑。被告人李某贵的“击打”行为与被害人的死亡有一定的诱因关系，但被害人的死亡并非李某贵的行为直接导致。一审判决认定事实清楚，证据确实、充分，二审法院因此维持原判。

如何认定强奸罪中的“违背妇女意志”

——刘某涉嫌强奸案

一、基本案情

刘某、田某玲（男）约刘某梅（田某玲与刘某梅属于男女朋友关系）到某县的一个夜宵摊去吃夜宵。饭后，刘某、刘某梅与田某玲到某宾馆开房睡觉，三人住同一间房。当晚，刘某梅分别与刘某、田某玲发生了性关系，与刘某发生关系时，刘某梅称已经口头拒绝刘某，但刘某仍强行与其发生性关系。随后，刘某梅在田某玲安慰下未发生冲突，刘某梅身体上未见明显外伤。法院审理认为刘某构成强奸罪。

二、争议焦点

在被害人刘某梅没有明显反抗的情况下，刘某与其发生性关系的行为是否应认定为违背了妇女意志？

三、理论探讨

（一）“违背妇女意志”之妇女反抗程度

一直以来，“违背妇女意志”是强奸罪罪与非罪的本质争论。依照传统理论，强奸罪是严重侵犯妇女性自主权利的犯罪，其标准样态是使用暴力、胁迫或者其他手段，违背妇女意志而强行与其发生性关系。违背妇女意志是构成本罪的本质条件，而暴力、胁迫或者其他手段的具体形式及其强度，妇女的反抗及其程度只是判断是否违背妇女意志的重要情节。[①] 这是因为强奸罪的犯罪客体是妇女的性自主权，这一犯罪客体奠定了“违背妇女意志”作为强奸罪本质特征的地位。

正如前所述，妇女反抗的程度与“违背妇女意志”具有逻辑上的关联性，是判断是否“违背妇女意志”的重要依据。然而，被害人“半推半就”的情形一直困扰着司法实践，所以“违背妇女意志”应有一个相对明显的限度。理解这个限度时，首先，要看是否存在反抗的条件、反抗的意识，并考量反抗的行为方式与反抗的力度。其次，还要结合男女双方实力的差距、空间的封闭与否、呼救与呼救后被害的可能性、案件发生的时间点、双方是否认识与熟知及程度等因素进行综合考虑，而且这些考虑因素具有变化性。因此，应在具体个案中根据事实去判断“违背妇女意志”的程度，由于“违背妇女意志”是主观要素，除非拥有直接证据和充分的间接证据形成证据链条，否则大部分情况都要依靠客观事实予以推断，并辅以必要的反驳机制。

从反抗程度上来判断是否违背妇女意志似乎理所当然地成为司法实践的标准，但这无疑是陷入了误区。不能忽视的是，“强奸的关键在于未获得同意，而不论被害人是否有反抗，即使被害人由于害怕假装同意，事实上仍被认定为不同意，除非被害人明确表示同意外”。[②] 不可否认的是，作为犯罪构成要件之一的“违背妇女意志”是否具备依赖于妇女的客观行为来体现。然而，由于个体差异，譬如身体素质、性格特点等，权利人在面对不法侵害时会不自觉或有意识地呈现出不同的行为状态。再者，在具体的侵害环境中，反抗可能会激怒犯罪分子，从而使其采取更为危险的手段，使受害人遭受更大的伤害，甚至是失去生命。这样一来，如若继续将妇女是否反抗作为违背妇女意志的唯一衡量标准，会置被害人于一种残忍而尴尬的困境：反抗可能会丧命，不反抗会使得犯罪分子奸计得逞。因此，反抗只能是妇女面临性侵

① 孙道萃：《“违背妇女意志”的解释学分析》，载《山东科技大学学报（社会科学版）》2015年第5期。

② 杜江：《中英刑法上强奸罪之比较》，载《现代法学》2007年第3期。

害时的一种表现方式，而不是唯一的表现方式。①

那么，要确认行为人是否违背妇女意志，不能仅看妇女是否同意发生性行为，因为犯罪分子实施强奸行为时的客观条件和强制手段不同，受害妇女所表现的反抗状态也会各有所异，有的或因为软弱不敢反抗，有的或因为身体原因不能反抗，有的或因为没意识到危险而不知反抗，因此还必须要考虑行为人在客观上是否使用暴力、胁迫或其他手段，否则判断是否违背妇女意志就失去了客观依据。②

（二）“违背妇女意志”的司法认定

首先，对于这个问题，我们有以下分析。

根据刑事审判参考指导案例第 1061 号的标准，当妇女未反抗或反抗不明显时，可以从以下三个方面审查是否违背了妇女意志：（1）案发时被害妇女的认知能力。判断被害人是否作出意思表示前，先要明确被害人是否具有对发生性行为的控制和认识能力。由《刑法》第 236 条以及有关司法解释可知，奸淫不满 14 周岁的幼女以及明知妇女是精神病患者或者痴呆者（程度严重的）而与其发生性行为的，不管犯罪分子采取什么手段，都应以强奸罪论处。这是因为幼女和完全精神病人的心智不够健全，她们没有办法在这种特殊情况下判断是非对错，对性的认知能力不如一般妇女，而对于一个具备性认知能力的正常人而言，案发时也可能会因为精神状态、身体状况或其他原因无法作出真实意思表示，因此要对案发时被害妇女的认知能力进行综合考量。（2）案发时被害妇女的反抗能力。强奸罪在客观上表现为使用暴力、胁迫或者其他手段，使妇女处于不能反抗、不敢反抗、不知反抗的状态或利用妇女处于不知、无法反抗的状态而趁机实行奸淫的行为。而在司法实践中，由于强奸手段复杂以及被害人自身情况各异，她们在被强制发生性行为的过程中所表现出来的反抗状态也不相同，并没有一个统一的标准。因此，还要结合案件的具体情况做具体分析，不仅要考虑犯罪行为的暴力程度，还要考

① 王艺颖：《“违背妇女意志”的认定——以王某强奸案为例》，西南政法大学 2015 年硕士学位论文，第 10 页。

② 周道鸾、张军主编：《刑法罪名精释——对最高人民法院最高人民检察院关于罪名司法解释的理解和适用》，人民法院出版社 2007 年版，第 424 页。

虑被害人自身特点，即她们在当时情况下的反抗能力。(3) 被害人未作出明确意思表示的客观原因。实践中被害人未作出明确意思表示可能存在两种情况：一种是“半推半就”，即没有明确表示同意，也没有明确表示不同意；另一种是不敢或不能反抗。对于前一种情况，要具体联系案发时间、地点、双方当事人之间的关系、案发后的表现等因素，综合判断行为人的强奸行为是否违背了妇女意志；而针对后一种情况，如有充分证据证明行为人采用了暴力、胁迫或其他强制手段使得被害人无法反抗，一般均可认定行为人违背了妇女意志。

其次，我们来了解一下本案辩护人的观点。

本案中在被害人没有明显反抗的情况下，辩护人对于刘某与被害人刘某梅发生性关系是否违背了被害人意志，也从上述三个方面进行了详细分析：

第一，在被告人刘某把被害人刘某梅内裤脱了之后，刘某梅只是口头拒绝，没有明显反抗行为。刘某梅在能够反抗（刘某并没殴打、捆绑刘某梅)、知道反抗（刘某梅当时意识非常清醒)、敢于反抗（刘某梅没有受到任何威胁）的情况下，并没有明显的拒绝行为，即被害人刘某梅对行为后果是明知的，其对行为后果可能持有的是不拒绝、不排斥的态度。

第二，从性行为发生的地点、环境来分析本案。刘某与被害人刘某梅之间的性行为并非发生在人迹罕至的地方，而是在宾馆里。宾馆并非偏僻地带(而且位于汽车总站出站口后面的繁华地段)，既有其他旅客住宿，又有值班人员执班。此外，在同一间房里除了刘某之外还有田某玲。在这种环境中，刘某梅只要稍微坚持反抗或拒绝，就可以得到田某玲的帮助来阻止刘某所谓的“性侵”，刘某就不敢也不可能强奸刘某梅。可见，刘某梅的这种所谓的“反抗”是不积极的，其在能够反抗刘某的情形下，并没有实施有效的反抗。

第三，从被害人刘某梅当时的处境来看。刘某梅对刘某口头表示反抗，与田某玲在现场可能也有关系。刘某梅与田某玲为男女朋友关系，刘某梅有可能是为了避免在田某玲心中造成不良影响，所以就对刘某表示了口头反抗。刘某梅在手脚自由、声音自由的处境下并没有采取合理的积极的措施进行强烈反抗，所以辩护人认为，刘某梅对与刘某发生性关系的态度还需要进一步查明。

第四，从当事人的情况来看，被告人刘某及被害人刘某梅均没有抓伤、拉伤、扭伤等人身伤害情况存在，可见被害人刘某梅与被告人刘某之间并没有发生肢体冲突。这也进一步说明，本案是否具备“违背妇女意志”这一犯罪构成要件还要进一步探讨。

第五，从事后双方的态度来看，双方态度平和，气氛融洽。在刘某与刘某梅发生性关系后，刘某和刘某梅各自洗了澡，双方并没有发生冲突。在田某玲安慰刘某梅时，刘某梅态度平和，后又同住在宾馆同一房间。各方态度平和，气氛融洽，未发生任何冲突。

综上，辩护人认为这些情况及证据可以证实被害人在心理上对与刘某发生性关系并没有持明确的反抗态度。在本案中，被害人刘某梅持何种主观心态，刘某的行为是否违背其意志，可以再做商榷。

最后，法院认为刘某的行为构成强奸罪。

如何认定奸淫幼女犯罪中的“明知”

——邹某涉嫌强奸案

一、基本案情

2019 年 10 月 1 日晚，被告人邹某与朋友刘某宇、赵某等人在 A 县某夜宵摊吃宵夜时，邹某要刘某宇帮其介绍女孩过来。刘某宇提议让周某名联系女孩，并随后叫来了周某名。周某名经联系后得到被害人周某婕（女，未满 14 周岁，在校学生）的照片，并向邹某告知周某婕的年龄为 17 周岁，邹某看过照片后表示接受。之后邹某和周某名到某时尚酒店 702 房等待。10 月 2 日凌晨 1 时许，周某婕被送到酒店。周某婕当时是酒后状态，上身穿黑白格子外套，下身穿黑色短裙，穿着时尚前卫，穿衣打扮与一般在校的十三四岁女生存在较大区别。当晚，邹某先后两次与周某婕发生了性关系。后某三甲医院出具《医疗认定书》，指出周某婕的身体性征发育状况已经超过 15 周岁。

公诉机关以强奸罪对邹某向法院提起公诉。

法院审理认为，被告人邹某应当知道周某婕是不满 14 周岁的幼女却仍对周某婕实施奸淫，其行为符合强奸罪的构成要件，对邹某以强奸罪定罪处罚。

二、争议焦点

奸淫幼女犯罪中的“明知”应如何认定？

三、理论探讨

（一）奸淫幼女案件是否应以“明知”对方是幼女为前提

奸淫幼女的犯罪中，是否需要“明知”的争论由来已久，大致可以分为两种说法。肯定说认为“明知”对方是幼女是本罪的构成要件，如张明楷教授认为：“行为人主观上必须对对方为幼女有认识，或者明知对方是幼女，或者知道对方可能是幼女，或者不论对方是否为幼女而决意实施奸淫行为。”① 又如陈兴良教授认为：“由于行为人主观上不明知是幼女，因此不具有奸淫幼女的故意，不应以强奸罪论处。”② 否定说认为，《刑法》分则条文中并未明确规定奸淫幼女要求行为人“明知”。③ 实际上，两派争论的问题是奸淫幼女的犯罪行为有无确立严格责任的必要。

笔者认为，对此并无成立严格责任的必要。“明知”对方是幼女应当作为奸淫幼女犯罪的构成要件。奸淫幼女属于强奸罪的特殊类型，需符合两个条件：（1）与不满 14 周岁的幼女性交；（2）具有奸淫的故意，即明知对方是不满 14 周岁的幼女仍与其性交。因为我国《刑法》认定犯罪的基本原则之一就是主客观相统一原则，在此要求下，行为人必须对“幼女”这一构成要件要素有认识。即便当下社会对性侵害未成年人高度关注，也不能违背这一原则性的规定，否则只会盲目扩大犯罪圈并损害刑法的谦抑性。此外，严格责任同时也影响了其他主体的利益。实际上，对于此类案件，刑法已经在一定程度上降低了入罪门槛，扩大了打击范围，这种做法可能并不必要。

2013 年最高人民法院、最高人民检察院、公安部、司法部颁布的《关于依法惩治性侵害未成年人犯罪的意见》第 19 条第 3 款规定：“对于已满十二周岁不满十四周岁的被害人，从其身体发育状况、言谈举止、衣着特征、生活作息规律等观察可能是幼女，而实施奸淫等性侵害行为的，应当认定行为人‘明知’对方是幼女。”这一规定为实务中如何认定行为人“明知”提供了基本遵循。其主要思路是：“对已满 12 周岁的幼女实施奸淫等性侵行为的，如无极其特殊的例外情况，一般应当认定行为人明知被害人是幼女。这里的极其特殊的例外情况，具体从以下三个方面把握：（1）被害人身体发育状况、言谈举止、衣着、生活作息规律等特征确实明显更像已满 14 周岁；

① 张明楷：《刑法学》，法律出版社 2021 年版，第 872 页。

② 陈兴良：《奸淫幼女构成犯罪应以明知为前提——为一个司法解释辩护》，载《法律科学》2003 年第 6 期。

③ 何秉松主编：《刑法教科书》，中国法制出版社 1997 年版，第 312 页。

（2）必须确有证据证明行为人根本不可能知道被害人是幼女；（3）行为人已经足够谨慎行事，仍然对幼女年龄产生了误认，即使其他正常人处在行为人的场合，也难以避免这种错误判断。”① 简言之，在认定案件事实时应该注重实质性判断的标准，避免形式审查后的简单客观归罪。

（二）辩护人认为被告人邹某难以“明知”对方是未满14周岁的幼女

辩护人认为，本案能否成立奸淫幼女型的强奸罪，关键在于邹某有无奸淫幼女的犯罪故意，对于如何判断行为人“明知”对方是幼女，需要进行实质性判断。根据上述理论，结合案件事实和证据，辩护人具体分析如下。

1. 关于被害人周某婕衣着特征、言谈举止方面

辩护人认为，不宜把周某婕的老师和同学关于其平时的穿衣打扮、言行举止等情况的证言作为认定邹某应当知道周某婕是不满14周岁幼女的主要根据，然后便在没有考量周某婕在与邹某相处期间的穿戴打扮和言行举止这些特殊情况的情形下，进而得出邹某应当知道周某婕是不满14周岁幼女的结论。诚然，周某婕的老师和同学关于其穿衣打扮、言行举止等情况的证言确实符合周某婕日常生活和在学校上学时的情况，也能够反映周某婕不满14周岁的年龄特点，但有同案犯的供述以及证人的证言表明，周某婕在陪酒和出台期间的穿戴打扮、言行举止与其日常生活中存在较大不同。事实上，依据周某婕等人10月2日凌晨进入酒店的视频截图以及邹某的供述，其当时是酒后状态，上身穿黑白格子外套，下身穿黑色短裙，穿着很时尚、前卫，其穿衣打扮与一般在校的十三四岁女生存在较大区别。邹某与周某婕相处的时间仅有短短6小时，其间也只是就周某婕是否被强迫卖淫和嫖资问题等进行过简单交流，因而要求邹某认识到周某婕可能是不满14周岁的幼女，有一定的难度。

2. 关于对幼女身体发育状况的医学检查意见

对周某婕的身体发育情况，先后有多份医学检查意见证明周某婕在案发时（2019年10月）已经发育成熟，以一般人的观察认知（包括被告人邹某）

---

① 钱晓芳：《奸淫幼女犯罪审判中的司法推定——对已满十二周岁不满十四周岁幼女年龄的“明知”主观事实分析》，载《人民司法（应用）》2016年第22期。

很难能够做到明知周某婕是不满 14 周岁的幼女。

3. 关于邹某被事先告知周某婕 17 周岁的情况是否足以影响其对周某婕的实际年龄作出正常判断的问题

虽然现有证据充分证实邹某在与周某婕见面前即有人告知其周某婕已年满 17 周岁，但也有观点认为，“虽然向邹某推荐周某婕的人员声称周某婕已 17 周岁，但不足以影响邹某应作出正常判断”。对此，基于以下两点考虑，应该认为邹某事先知道周某婕 17 周岁的情况会影响其对周某婕实际年龄作出正常判断：（1）邹某是不愿与不满 14 周岁的幼女发生性关系的，因为他担心会出事。（2）正是由于邹某被事先告知周某婕已年满 17 周岁，使邹某形成了前见或固定的认识，因而使他在见到周某婕后潜意识里未注意周某婕的年龄问题，这符合一般人的正常心理意识。

被告人邹某在接触被害人周某婕的短短几个小时内，周某婕已经被包装成一个 17 周岁的女性外观，并且不论是事前联系时还是在房间发生性关系前，邹某都特别询问了被害人周某婕的年龄，均被告知是 17 周岁。此外，她的言行举止、衣着、生活作息规律等特征均对邹某判断被害人实际年龄设置了障碍。在这种情况下，邹某不可能产生该女子系“不满 14 周岁幼女”的认知。无论是从外观形态方面还是性征发育状况方面，邹某要作出“周某婕系 14 周岁以下幼女”的判断是很难的，不具有期待可能性。

综上，本案被告人邹某的主观意图仅是实施嫖娼这一行政违法行为，并非想通过介绍人介绍一个未满 14 周岁的幼女进而对其进行奸淫的犯罪行为。客观上，邹某虽与未满 14 周岁的未成年人周某婕发生了性关系，但现有证据能够充分表明周某婕身体性征发育已经超过了 14 周岁。所以，对于被告人邹某是否构成奸淫幼女犯罪，还需要进一步探讨。

法院认为，邹某构成强奸罪。理由是被告人邹某应当知道对方是幼女，却实施了奸淫行为。

第四编

侵犯财产权利犯罪

如何认定侵犯公民个人信息并实施网络诈骗行为的罪数形态

——范某祥涉嫌侵犯公民个人信息、诈骗案

一、基本案情

被告单位G市A信息技术有限公司（本案中简称A公司）主要从事短信发送业务。2017年2月至5月，在负责人范某祥的授意和销售部主管孔某的组织下，销售部业务员田某琴、李某、唐某明、程某信、严某金、黄某飞等人在商谈业务的过程中，向客户允诺免费提供或者出售公民个人信息。范某祥通过邮箱向孔某、田某琴、李某、唐某明、程某信、严某金6人名下客户提供、出售公民个人信息共计460,155条，收取钱款共计4800元。2017年3月底，A公司接手了发送“淘宝刷单兼职”短信的业务，致使被害人高某、王某参与刷单被骗。

公诉机关以涉嫌侵犯公民个人信息罪、诈骗罪对被告人范某祥提起诉讼。

在本案审判阶段中，法院认为，被告单位A公司违反国家有关规定，向他人出售或者提供公民个人信息，情节特别严重；被告人范某祥作为该公司直接负责的主管人员，其行为已构成侵犯公民个人信息罪。被告人范某祥明知他人实施电信网络诈骗犯罪而帮助发送诈骗信息5000条以上，情节严重，其行为已构成诈骗罪。然其系犯罪未遂，依法予以从轻处罚。在侵犯公民个人信息共同犯罪中，被告人范某祥作为原审被告单位法定代表人，决定、批准、授意他人出售、提供公民个人信息，起主要作用，系主犯；在诈骗共同犯罪中，被告人范某祥起次要作用，系从犯，依法予以减轻处罚。被告人范某祥一人犯两罪，依法予以数罪并罚。法院判决范某祥犯侵犯公民个人信息

罪，判处有期徒刑 3 年 3 个月，并处罚金 5000 元；犯诈骗罪，判处有期徒刑 1 年 3 个月，并处罚金 10, 000 元；数罪并罚，决定执行有期徒刑 3 年 9 个月，并处罚金 15, 000 元。

二、争议焦点

1. 被告人范某祥是否构成侵犯公民个人信息罪？

2. 被告人范某祥是否构成诈骗罪？

3. 被告人范某祥若同时构成侵犯公民个人信息罪和诈骗罪，应择一重处还是数罪并罚？

三、理论探讨

（一）被告人范某祥是否构成侵犯公民个人信息罪的分析

本案中，被告人范某祥违反国家有关规定，将在履行职责或者提供服务过程中获得的公民个人信息出售或者提供给他人，符合侵犯公民个人信息罪的构成要件，但辩护人认为涉案个人信息的真实性和具体数量存疑。

在网络时代下，个人信息具有更低的隐私性和更高的公开性，并非所有的个人信息受到侵犯的情形均需纳入刑法规制的范围，只有实质触及刑法所保护的法益的情形才需予以禁止。依据最高人民法院、最高人民检察院《关于办理侵犯公民个人信息刑事案件适用法律若干问题的解释》（本案中简称《个人信息刑事案件解释》）第 3 条第 2 款的规定，未经被收集者同意，将合法收集的公民个人信息向他人提供的，属于《刑法》第 253 条之一规定的“提供公民个人信息”，但是经过处理无法识别特定个人且不能复原的除外。《个人信息刑事案件解释》第 11 条第 3 款规定，对批量公民个人信息的条数，根据查获的数量直接认定，但是有证据证明信息不真实或者重复的除外。通过会见被告人和阅卷，辩护人了解到该案中部分个人信息系 A 公司从网上公开获取，同时范某祥、孔某等人也曾对部分个人信息进行过处理，该部分个人信息已无法识别特定个人，所以辩护人认为该部分信息应从公诉机关的指控中排除。

因本案涉及公民个人信息，无法将完整的数据交由专业机构进行鉴定，但通过对部分信息进行电话抽样核对，发现了大量错误号码、空号和无法接通的情况。辩护人认为，在有证据证明涉案公民个人信息的真实性和数量存疑的情况下，公诉机关用12个人的信息来证明46万余条信息全为真实信息，证明力可能不足，无法达到“犯罪事实清楚，证据确实、充分”的证明标准，本案涉及的公民个人信息的具体数量还要进一步查明。

（二）被告人范某祥是否构成诈骗罪的分析

1. 辩护人认为被告人范某祥不具有诈骗的主观故意

本案辩护人表示，“淘宝刷单”是指淘宝店铺采取虚假销售的手段提高商品销量和店铺评价的行为，这种行为在电商平台中普遍存在。“淘宝刷单”欺骗了消费者、破坏了经营环境的诚信公平，应由《反不正当竞争法》和《消费者权益保护法》予以规制。被告人范某祥仅意识到“淘宝刷单”是一种侵害消费者知情权的违法行为，不知该刷单短信是犯罪分子的诈骗手段，直到2017年3月31日A公司客服部员工陈某被骗取财物后才知道诈骗分子并非真心希望消费者帮忙刷单，而是利用“淘宝刷单”的短信进行诈骗。

根据最高人民法院、最高人民检察院、公安部《关于办理电信网络诈骗等刑事案件适用法律若干问题的意见》（本案中简称《电信网络诈骗意见》）的规定，判断被告人是否“明知他人实施电信网络诈骗犯罪”，应当结合被告人的认知能力，既往经历，行为次数和手段，与他人关系，获利情况，是否曾因电信网络诈骗受过处罚，是否故意规避调查等主客观因素进行综合分析认定。范某祥虽对“淘宝刷单”短信有一定的认识，但辩护人认为这并不构成刑法意义上的“明知他人实施电信网络诈骗犯罪”的故意，其行为动机只是从雇佣者处赚取发送短信的报酬。

2. 辩护人认为被告人范某祥客观上未实施诈骗行为

围绕这个问题，辩护人提出了以下两点辩护意见。

首先，本案的第一位受害人王某系通过微信漂流瓶收到“淘宝刷单”的招聘信息，但A公司除了提供短信发送平台业务之外，没有通过QQ、微信发送信息的业务，查阅案卷证据材料后辩护人也没有发现A公司员工有通过QQ、微信开展发送信息业务的行为。

其次，范某祥在员工陈某被骗后才得知客户是想利用“淘宝刷单”短信进行诈骗。其立即在公司召开员工会议，要求员工以后尽量不接相关业务或者只接不发。陈某将“淘宝刷单兼职”的短信进行修改、审核和代发都并未经范某祥的允许和授意。

综上，辩护人认为范某祥主观上没有通过发送短信进行网络诈骗的犯罪故意，客观上也没有实施诈骗行为，不建议认定范某祥构成诈骗罪。

（三）被告人范某祥若同时构成侵犯个人信息罪和诈骗罪，应当数罪并罚

根据《电信网络诈骗意见》的规定，使用非法获取的公民个人信息，实施电信网络诈骗犯罪行为，构成数罪的，应当依法予以并罚。非法获取公民个人信息后又利用该信息进行电信网络诈骗的，实际上是实施了两个犯罪行为，同时侵犯了公民个人信息权和财产权，两个行为没有形成目的行为与结果行为之间的牵连关系，不属于牵连犯，应数罪并罚。[①]

本案法院最终判决被告人范某祥犯侵犯公民个人信息罪，判处有期徒刑3年3个月，并处罚金5000元；犯诈骗罪，判处有期徒刑1年3个月，并处罚金10,000元；数罪并罚，决定执行有期徒刑3年9个月，并处罚金15,000元。

---

① 黄河、张庆彬、刘涛：《破解打击电信网络诈骗犯罪的五大难题——〈关于办理电信网络诈骗等刑事案件适用法律若干问题的意见〉解读》，载《人民检察》2017年第11期。

如何区分民事欺诈与刑事诈骗

——邹某东涉嫌诈骗案

一、基本案情

2008 年 6 月底至 9 月初，邹某东与何某兴、周某、聂某钦合谋，声称其可以为高中毕业生进行操作，帮助毕业生录入湖北某理工学院 08 级统招指标。前后共向全某华收取了 125,000 元。

在收取了全某华财物后，邹某东、何某兴等人先后联系过湖北某理工学院，但因全某华分数过低，未能使全某华录入湖北某理工学院。后全某华表示愿意转录其他学校，邹某东、何某兴帮助其先后联系了某工学院、某司法警官学校、某大学网络教育学院，上述学校均为全某华颁发了录取通知书，但全某华均反悔不愿就读。全某华的姐姐陈某前往某大学网络教育学院考察并与校方达成协议后，全某华最终同意就读某大学网络教育学院。

2008 年 5 月 18 日，邹某东归还全某华 59,000 元，并取得了全某华的谅解，与全某华达成了“接受赔款，不再追究责任”的协议。

后来邹某东等人被公安机关控制。公安机关以邹某东、何某兴、周某、聂某钦等人涉嫌诈骗罪将本案移送审查起诉。

公诉机关两次将本案退回补充侦查后，认为邹某东存在真实的履约行为，在案证据不足以证明邹某东采取虚构或隐瞒事实的方式非法占有他人财物，对邹某东作出不起诉决定。

二、争议焦点

1. 如何区分民事欺诈与刑事诈骗？
2. 邹某东的行为是否构成诈骗罪？

三、理论探讨

（一）民事欺诈与刑事诈骗的法理区分

民事欺诈表现为虚构事实或隐瞒真相，但其欺诈行为仍在民事法律关系范围内，仍由民事法律来调整。而诈骗罪中的虚构事实或隐瞒真相，已经发生了质的变化，应该由刑法来调整。论及民事欺诈与刑事诈骗之间的区别，应主要从欺骗内容、欺骗程度和非法占有目的这三个方面加以界分。①

1. 欺骗内容

民事欺诈和刑事诈骗，虽然都具有欺骗性，但两种欺骗的内容是有所不同的。可以说，民事欺诈是个别事实或者局部事实的欺骗，而刑事诈骗则是整体事实或者全部事实的欺骗。

以合同欺诈与合同诈骗罪为例。如果是整体事实的欺骗，行为人根本没有履行合同的意愿和行为，只是利用合同骗取他人财物的，应以合同诈骗罪论处；如果只是就合同的个别要素，如主体、担保或者数量、质量等进行欺骗，但行为人还是履行了合同，则属于合同欺诈，其后果是合同无效，承担违约责任。

2. 欺骗程度

欺骗程度，是指行为人采用的欺骗方法，是否达到使他人产生认识错误并处分财物的程度。如果行为人采用的欺骗手段达到了使他人产生认识错误并处分财物的程度，则构成诈骗罪；如果行为人虽然采用欺骗手段，但并没有达到使他人无对价交付财物的程度，则只是民事欺诈，尚不构成诈骗罪。诈骗罪的欺骗达到了控制交易结果的程度，因而被害人是无对价地交付财物；而民事欺诈的欺骗则是在交易真实前提下的欺诈，尽管被害人遭受财产损失，但这是因为被欺诈而造成的财产损失。

3. 非法占有目的

无论是民事欺诈还是刑事诈骗，都会造成他人的财产损失，这是毫无疑问的。因此，存在财产损失并不能就此认定为诈骗罪。在某些情况下，民事

---

① 陈兴良：《民事欺诈和刑事欺诈的界分》，载《法治现代化研究》2019 年第 5 期。

欺诈和刑事诈骗在行为方式上是完全相同的，因此不能从行为方式上区分民事欺诈和刑事诈骗，而是要从行为人的主观方面是否具有非法占有目的予以区分。只有诈骗罪才具有非法占有目的，而民事欺诈包括“刑事化”的民事欺诈都没有非法占有目的，较为典型的是贷款诈骗罪与骗取贷款罪。

（二）本案中邹某东行为的分析

辩护人对本案进行了如下的分析。

结合本案案情，为考生联系学校是真实客观存在的居间项目。最初，邹某东、何某兴等人先后联系湖北某理工学院未果，全某华同意转读其他学校，于是邹某东、何某兴转而联系某工学院，联系妥当并颁发了录取通知书，全某华原本同意就读，其后念头一转，又不肯去就读。于是又转而联系了某司法警官学校，在该校录取了全某华后，全某华又嫌该校太远而不肯去就读，继而联系到某大学网络教育学院，全某华姐姐陈某亲自到该大学网络教育学院了解情况，和相关人员谈妥后，亲自带全某华办理了入学手续。因此，辩护人认为邹某东在客观上具有一定履约能力，且有履约的真实行动。

对于本案的主观方面，辩护人认为邹某东不具有非法占有目的，没有骗取钱款的犯罪故意。一方面，在了解到全某华因为分数相差巨大，不能被湖北某理工学院录取后，邹某东让肖某锋等人将款项退还给全某华的姐姐陈某，但因为肖某锋将钱款挥霍一空，其欺骗邹某东说陈某不愿意退款，让邹某东后续联系其他学校。陈某的询问笔录和证人证言均可以证明被告人邹某东在无法操作湖北某理工学院的录取后，有将款项退还全某华的意思表示。另一方面，被告人邹某东已于2009年5月18日归还全某华59,000元，并取得了谅解，与全某华达成了“接受赔款，不再追究责任”的协议。

综上，辩护人认为：客观上，邹某东实施的是一种提供劳务的居间行为而非诈骗行为，其尽全力履行了相应职责，有履约能力和履约行动；主观上，邹某东不具有非法占有目的，其部分隐瞒、夸大吹嘘的行为属于民事欺诈，不建议认定为诈骗罪。

后来，公诉机关对本案作出了不起诉决定。公诉机关认为，邹某东存在真实的履约行为，在案证据不足以证明邹某东采取虚拟或隐瞒事实的方式非法占有他人财物，遂作出不起诉决定。辩护人提出的邹某东具有真实履约行为的观点，得到了公诉机关的采纳。

如何认定诈骗罪中的主从犯

——艾某林涉嫌诈骗案

一、基本案情

2017 年以来，刘某豪在 S 市卓越时代广场 2506 室经营 A 投资管理有限公司期间，雇用人员，伙同胡某（另案处理）等人使用境外诈骗平台，通过建立微信客户群，以各种投资平台之名诱使微信群中的投资客户在其诈骗平台投资。其间，被告人艾某林认识刘某豪后，知道刘某豪是做某投资平台的，便自 2018 年 8 月以来跟着刘某豪干，主要工作是寻找客户。在选中人员后，艾某林将客户拉到刘某豪准备做直播的群里面，群里有直播老师向客户宣传，让客户在这个平台上面进行交易，艾某林及群里其他业务员开多个“小号”伪装成客户与目标客户进行投资事宜的交流，刘某豪按客户每交易一手的交易手续费的提成给艾某林发佣金。公诉机关指控，被告人艾某林诈骗数额巨大，从中获取利益约 30 万元，应当以诈骗罪追究其刑事责任。一审法院最终判决被告人艾某林犯诈骗罪，判处有期徒刑 2 年 6 个月，并处罚金 1 万元。

二、争议焦点

艾某林在共同诈骗中起何种作用，构成主犯还是从犯？

三、理论探讨

认定主犯、从犯的关键在于犯罪人在共同犯罪中所起的作用，辩护人认为本案中的被告人在共同诈骗中并未起到主要作用，建议认定为从犯，其具体提出了如下的辩护意见。

（一）艾某林是否为诈骗组织核心成员

辩护人认为，根据艾某林在公司中的分工，其仅是诈骗组织的一个普通成员，诈骗组织的核心成员是刘某豪，其本人只是依照公司安排工作，是犯罪团伙普通成员。

（二）艾某林在诈骗活动中起的是主要作用还是辅助、次要作用

辩护人认为，被告人艾某林作为刘某豪（本案主犯）下面的一个代理，只负责拉客户、发链接。艾某林通过微信添加好友，将客户拉到提供直播的微信群，发送直播链接，此后并没有参与到对客户进行宣传引诱其主动投钱的核心诈骗环节，也无法左右客户能否被诈骗的结果。

（三）艾某林分赃占比极少

诈骗罪作为数额型共同犯罪，最后分赃的多少也能反映其在犯罪中的地位和作用。在艾某林共同诈骗过程中，只有当他自己经手的客户投钱时，才能获取少量的手续费，相对于被害人所被骗的巨大金额来看，艾某林所得占比极少，其无法从公司其他业务员所带来的盈利中获利，其本身也并没有参与任何数额巨大的诈骗活动，更无法从其中获得赃款。

综上，辩护人认为艾某林在诈骗团伙中非核心成员，并没有参与进核心诈骗环节，仅获取极少业务提成，认定为从犯更加适当。

最终，法院以诈骗罪判处艾某林有期徒刑 2 年 6 个月。

利用同一犯罪场所各自进行诈骗是否构成诈骗罪的共犯

——王某明涉嫌诈骗案

一、基本案情

2013 年 1 月至 4 月底，被告人王某明纠集“酒托女”至浙江省 H 市“某闻”咖啡店等地方，由王某明负责日常管理、提成发放等，由“阿松”（另案处理）负责组织“键盘手”以女性身份骗取被害人有关信息并提供给“酒托女”，“酒托女”诱骗被害人到该咖啡厅进行非正常高消费，骗取被害人财物 5247 元。同年 4 月 11 日，王某明、邓某伙同吴某月承租某茶餐厅，分别组织、招募各自的“键盘手”、“酒托女”和保安等人员在茶餐厅内进行前述诱骗行为。邓某、王某明、吴某月约定从邓某、王某明组中提取被害人消费金额的 20% 以及从吴某月组中提取被害人消费金额的 30% 作为茶餐厅的成本，剩余部分由邓某、王某明、吴某月按约定比例与同组“键盘手”“酒托女”结账、分赃，并给保安发放固定工资，三组人员共骗取被害人钱款共 150, 573 元。法院最终判决王某明犯诈骗罪，在茶餐厅期间与邓某、吴某月共同犯罪，综合咖啡店处骗取的金额，认定王某明诈骗数额共 155, 820 元，判处有期徒刑 3 年 6 个月，并处罚金 10 万元。

二、争议焦点

利用同一犯罪场所（茶餐厅）实施犯罪，但各自建立诈骗团队进行诈骗，王某明、邓某与吴某月是否构成共同犯罪？

三、理论探讨

依照我国《刑法》第25条第1款之规定，共同犯罪是指2人以上共同故意犯罪。成立共同犯罪，客观上必须有共同的犯罪行为，即各共同犯罪人的行为都是指向同一的目标，彼此联系，互相配合，结成一个有机的犯罪行为整体，每个人都应当对整体的结果承担刑事责任。同时，成立共同犯罪主观上要求各共犯人有共同的犯罪故意（共谋），即要求各共同犯罪人通过意思联络，认识到他们的共同犯罪行为会发生危害社会的结果，并决意参加共同犯罪，希望或放任这种结果发生的心理状态。

本案辩护人认为，王某明、邓某和吴某月三人不构成共同犯罪。辩护人从主客观两个方面，提出了自己的辩护意见。

从本案客观方面来看，邓某、吴某月与王某明虽然一起承包了咖啡店，但各自团队的“键盘手”、“酒托女”和保安等人员都是各自分别组织、独立招募；在团队的管理上，三人各自管理各自的团队，不存在交叉管理、交叉隶属，三组成员之间也不存在业务上的配合与互助；在利润的分配上，除成本外，剩余部分由邓某、王某明、吴某月按各自与组内成员约定的比例进行分配。

从本案主观方面来看，邓某、吴某月、王某明主观上都认为自己是单独带领自己的团队进行诈骗活动的，三人之间没有共谋过具体的诈骗行为，也并没有谋划设计出一个包含各自团队在内的有机犯罪系统。

综上所述，辩护人认为：邓某、吴某月、王某明之间虽然利用了同一犯罪场所（咖啡店）实施犯罪，但他们各自在主观上都认为是自己在单独实施犯罪，对具体的诈骗行为并没有进行共谋。邓某、王某明、吴某月各自团队的具体犯罪行为之间不具备联系，只能认为是不同犯罪团伙所实施的两个以上的单独故意犯罪，而不能认定为一个有机的整体。因此，辩护人建议王某明只应就带领自己组内成员所实施的犯罪行为单独承担刑事责任。

最后，法院认定王某明、邓某和吴某月构成共同犯罪。

第五编

妨害社会管理秩序犯罪

反抗非法执行公务行为能否构成妨害公务罪

——张某云、李某军涉嫌妨害公务案

一、基本案情

C市A区人民法院在审理张某云诉C市原国土资源局A区分局土地行政管理行政强制一案过程中，C市原国土资源局A区分局向A区人民法院提出先予执行申请。A区人民法院于2013年1月5日作出行政裁定，准许先予执行，限张某云在收到裁定书后履行《限期腾地决定书》所确定的义务。

2013年3月21日3时许，A区人民法院非诉执行局在对该房屋先予执行时，张某云伙同李某军采取点燃礼花弹、冲放烟花、抛掷墙砖及自制混合汽油燃烧瓶等手段，阻碍法院工作人员执法，导致司法警察刘某、罗某受伤，警车受损。随后，公诉机关以涉嫌妨害公务罪对张某云、李某军提起公诉。

法院认为，关于本案中法院工作人员的行为是否是依法执行公务的行为：其一，先予执行是我国《民事诉讼法》及有关司法解释赋予法院为解决权利方生活或生产经营的急需，依法裁定义务人预先履行交付财物等措施的诉讼制度。《民事诉讼法》规定的强制迁出房屋或退出土地，是法院执行机构强制搬迁被申请执行人在房屋内或特定土地上的财物、腾出房屋或土地，交给申请执行人的一种执行措施，该执行措施的执行过程是由法院发布公告，责令被执行人在指定期间履行，被执行人逾期不履行的，由执行员强制执行。本案中，A区人民法院在审理原告张某云诉被告C市原国土资源局A区分局土地行政管理行政强制一案过程中，对C市原国土资源局A区分局提出的先予执行申请作出裁定，准许先予执行，后依法向张某云送达先予执行裁定书、进行谈话、发布公告后予以强制执行，A 区人民法院的先予执行行为程序合法，是依照法律运用其合法职权从事的公务活动。其二，对被告人及辩护人提出的先予执行过程中执法人员未向被告人表明身份，不是合法执行公务，经审查认为，在执行公务时表明身份的目的是依法告知对方让其明确知晓系国家工作人员正在依法执行职务，本案中，在实行强制执行前，A 区人民法院向张某云送达先予执行裁定书、进行谈话、张贴了公告，二被告人为抗拒 A 区人民法院强拆实施了安装监控、轮流值夜、囤积烟花等多项准备工作，并供述案发当日听到挖土机声音后看见现场着制服的人员及停放的警车后立即实施抗拒行为，上述客观事实足以体现二被告人明确知道案发当晚系 A 区人民法院的强制执行活动。综上，A 区人民法院对张某云的房屋实施先予执行的行为认定为依法执行职务的行为。被告人张某云、李某军关于拆迁房屋没有合理补偿和安置、拆迁征收违法系对该强制执行房屋存有的民事、行政纠纷的辩解，不能以此认定二被告人实施的暴力抗拒 A 区人民法院执行行为具有合法性。二被告人以暴力方法阻碍国家机关工作人员依法执行职务，其行为已构成妨害公务罪，判处二被告有期徒刑 2 年 6 个月。

二、争议焦点

1. A 区人民法院工作人员的行为是否是依法执行公务的行为？

2. 张某云、李某军是否构成妨害公务罪？

三、理论探讨

（一）妨害公务罪犯罪对象的范围界定

妨害公务行为，是指以暴力、威胁等方式妨碍国家工作人员履行职责、依法从事公务活动，或者故意阻碍国家安全机关、公安机关依法执行国家安全工作任务并造成严重后果的行为。认定妨害公务罪的前提条件之一就是必须厘清妨害公务罪行为的对象范围。解决这个问题首先要从立法本意着手，弄清楚妨害公务罪中“公务”一词的内涵，究竟指的是“公务活动”还是

“公务人员”。[1] 目前，《刑法》第277条以列举的方式对本罪的行为对象进行了一定程度的明示，具体包括国家机关工作人员、全国人民代表大会和地方各级人民代表大会代表、红十字会工作人员和国家安全机关、公安机关的工作人员以及人民警察。其中，国家安全机关、公安机关的工作人员以及人民警察均属于国家机关工作人员。但由于国家及政府职能的不断扩大，公务人员的范围以列举的方式明显无法穷尽。因此，对于公务人员范围的认定，既不可僵硬地适用法条列举的这些类型，认为非法条列举之人员不可成为本罪的犯罪对象，亦不可随意扩张，认为只要是实施公务活动的人员即成为本罪的犯罪对象。

笔者认为，由于妨害公务罪的犯罪对象法律未明文规定，所以在对本罪的犯罪对象进行界定时应重点把握以下几点：（1）有关主体实施的活动必须是公务活动；（2）该主体依法或依规（临时）归属于有权从事公务活动的机构或组织；（3）该机构或组织从事公务的权力来源于法定、授权或委托等合法途径。因此，只有依法依规、经授权或受委托从事公务活动的机构或组织中从事公务活动的人员才可成为本罪的犯罪对象。

（二）辩护人认为本案中国家机关工作人员没有依法执行职务

辩护人认为，妨害公务罪中，妨害的国家机关工作人员必须是在依法执行职务，即国家机关工作人员所进行的管理活动，确实属于其合法职权范围，并且活动的方式、活动的程序符合法律规定的条件。如果国家工作人员超越其职务范围进行活动，或者滥用职权、以权谋私、违法操作、侵犯国家和人民群众利益而受到阻碍则不宜视为妨害公务。

根据《行政强制法》的规定，强制活动不能在夜晚以及休假日进行。本案中法院的执法活动是在夜间进行的，可能有些不妥。而且根据当时实施的最高人民法院《关于执行〈中华人民共和国行政诉讼法〉若干问题的解释》[2] 第94条的规定：“在诉讼过程中，被告或者具体行政行为确定的权利人申请人民法院强制执行被诉具体行政行为，人民法院不予执行，但不及时执行可

---

① 张明楷：《外国刑法纲要》，清华大学出版社1999年版，第749页。

② 该司法解释现已失效。

能给国家利益、公共利益或者他人合法权益造成不可弥补的损失的，人民法院可以先予执行。后者申请强制执行的，应当提供相应的财产担保。”辩护人认为本案被告人的拆迁案尚在诉讼过程中且无必须先予执行的条件，所以不宜适用先予执行。

因此，本案中A区人民法院工作人员的执行活动具有一定的争议性，张某云与李某军是否构成妨害公务罪仍需探讨。

（三）辩护人认为张某云、李某军主观上不具有妨害国家机关工作人员依法执行公务的故意

对于这一问题，辩护人提出了如下的辩护意见。

妨害公务罪要求行为人具有妨害公务的主观故意，即行为人明知国家机关工作人员正在依法执行公务或者履行职责，而有意对其实施暴力、威胁，使之不能或不敢正常执行职务或者履行职责。

本案中冲突发生的直接诱因是拆迁人员的强制执行。案发时现场一片混乱，执行人员没有出示相关证件，也没有喊话，被告人无法确定其是否为国家机关工作人员。此外，被告人一开始并未主动攻击，直到挖掘机试图推倒他和家人所在的房屋时才有所作为。其扔出的汽油瓶也均未点燃，可以佐证被告人当时的反抗行为完全是为了示警和自保，并无恶意伤人和妨害公务的故意。

因此，辩护人认为现有证据、材料不能证明被告人主观上有妨害公务的故意。根据“主客观相统一”原则，张某云、李某军不构成妨害公务罪。

法院认为，张某云、李某军构成妨害公务罪，对其判处了刑罚。法院指出，在对案涉房屋先予执行之前，法院已经将此事告知了张某云，即两位被告是在明知法院将对涉案房屋先予执行的前提下实施抗拒行为的。综上，法院遂认定二被告构成本罪。

如何认定非法控制计算机信息系统罪中非法控制的行为

——张某荣涉嫌非法控制计算机信息系统案

一、基本案情

郑州A计算机科技有限公司（本案中简称A公司）经营范围为计算机技术咨询、计算机软件开发，运营有“比目鱼网咖联盟”、“九五桌面”和“DAP”等项目，其中A公司主要通过“比目鱼网咖联盟”开展网吧增值业务，包括主页广告、游戏弹窗等广告业务和云计算业务（俗称“挖矿”，即通过计算机的CPU或GPU运算获取虚拟币）。

2017年，A公司决定开展云计算业务，并安排公司技术人员在互联网上下载开源的“挖矿”程序，并根据A公司的业务需求对“挖矿”程序进行定制开发和优化，将开发完的“挖矿”程序上传至A公司服务器中并配置程序信息，以供客户开启云计算业务，客户将“挖矿”程序安装在网吧的计算机中后，可以自行选择是否开机运行“挖矿”程序。A公司通过将以“挖矿”的方式获取的虚拟币出售后，再与客户进行分成。

A公司在推广云计算业务的过程中，均会与客户签订《比目鱼网咖联盟电子协议》（本案中简称《电子协议》），《电子协议》中明确约定：(1) 会员客户应对网吧终端享有所有权或经合法授权取得控制权，即能拥有相关网吧操作系统上安装的各项软件和设置的控制权限；(2) “比目鱼网咖联盟”随时有权要求客户提供能够证明其身份及享有相应的所有权或合法授权的书面性文件，若无法提供或拒绝提供，“比目鱼网咖联盟”可以单方面解除协议并停止提供服务；(3) 用户使用自己的会员用户名和密码登录“比目鱼网咖联盟”的后台填写网咖资料，并对增值业务进行设置，然后投放到自己的网咖上；（4）用户承诺完全同意“比目鱼网咖联盟”的产品在运行中会适度占用计算机的资源，或修改计算机原有部分设置以利于比目鱼增值服务软件的正常运行，且用户不认为比目鱼增值服务软件的运行行为是非法控制计算机信息系统的行为。

公诉机关认为，被告单位A公司及被告人张某荣等违反国家规定，非法控制他人的计算机信息系统，情节特别严重，其行为已构成非法控制计算机信息系统罪。

二、争议焦点

1. 如何理解非法控制计算机信息系统罪中的非法控制行为？
2. 张某荣是否涉嫌非法控制计算机信息系统罪？

三、理论探讨

（一）从程序的功能性来分析，看张某荣等人所开发的程序是否是“控制性”程序，这是成立本罪的前提条件

辩护人认为，张某荣等人所开发的程序不是“控制性”程序。对此，辩护人提出了如下辩护意见。

从开发“挖矿”程序的目的来看，张某荣等人开发该程序并不是为了控制计算机信息系统，而是通过“挖矿”获取虚拟币。因此，辩护人认为该程序在开发之初，就不是为了控制计算机信息系统而开发。

一方面，该“挖矿”程序本身没有通过技术手段控制计算机信息系统的功能。从该程序的属性来看，其只是计算机系统中一个普通运行程序，其作用只是“挖矿”，即通过实时运算产生特征代码，而计算机软件的本质就是按照程式代码进行运算不断产生新的代码以实现各种效果。因此，该“挖矿”程序与计算机系统中的其他程序没有差别，客户下载安装的“挖矿”程序没有作为“木马”侵入计算机信息系统或者利用网关欺骗手段控制计算机信息系统的功能，不可能控制计算机信息系统。

另一方面，本案中的“挖矿”程序和其他程序相互独立，各自运行。如

同Word软件与音乐播放软件，该“挖矿”程序是为“挖矿”而开发的，其运行逻辑与其他软件没有区别，运行优先级也没有高于其他软件，不会对其他软件施加影响。

（二）从程序的实际运行过程来分析，看本案是否存在通过技术手段控制计算机信息系统的行为

辩护人认为，本案不存在通过技术手段控制计算机信息系统的行为。构成本罪要求的控制计算机信息系统的行为要通过“侵入”或者“其他技术手段”来实施。没有利用技术手段控制计算机信息系统的，不构成本罪。在“挖矿”程序既不能控制计算机信息系统，也不能对其他软件施加影响的情况下，不宜将运行此程序的行为认定为通过技术手段控制计算机信息系统的行为。对此，辩护人提出了以下辩护意见。

1. 安装“挖矿”程序的行为不宜认定为控制计算机信息系统的行为

控制计算机信息系统的行为表现为侵入或者是利用网关欺骗等手段，也就是在没有控制权的情况下采取技术手段控制计算机信息系统。只有通过技术手段来控制计算机安装软件的行为才属于控制计算机信息系统。对于安装软件的行为而言，绝大多数的安装行为不需要技术手段，不符合本罪的客观要件。辩护人认为，A公司的客户因为工作上的便利，具备对计算机的完整控制权，拥有安装软件的自由，不需要通过其他技术手段控制计算机。实际上A公司也没有通过技术手段控制计算机信息系统进行软件安装，其安装行为不属于控制计算机信息系统的行为。

2. 设置“挖矿”程序自动运行的行为不宜认定为控制计算机信息系统的行为

运行软件的行为如果要评价为控制计算机信息系统，只能是在行为人通过运行程序这个技术手段控制了计算机信息系统或者对其他软件产生实质性影响的情形下。辩护人认为，从“挖矿”程序和计算机信息系统的关系来看，“挖矿”程序没有控制功能，设置“挖矿”程序自动运行的行为对计算机系统没有“控制性”；从“挖矿”程序和其他软件的关系来看，“挖矿”程序和其他软件各自独立运行，也没有通过控制其他软件的方式控制计算机信息系统。

辩护人提出，任何一个软件的运行都会占用内存，都会对计算机的运行速度造成影响，“挖矿”程序也不例外。因此，辩护人不认同将“占用计算机内存、影响计算机运行速度”视为对计算机信息系统的一种控制表现的做法。而且，本案中的“挖矿”程序在开发之初就是为了通过“挖矿”获利，该程序不可能设置成占用网吧计算机的所有运算能力而导致无法正常运行任何其他软件的程序，因为这会导致其获利的目的无法实现。相反，为了避免计算机死机，该“挖矿”程序设置了自动调整“挖矿”程序从而减少计算机卡顿的功能。也就是说，“挖矿”程序在开发时就为避免卡顿而进行了程序优化，辩护人认为其对于计算机信息系统运行速度的影响是很小的。

3. A 公司没有通过服务端实施任何控制行为

辩护人表示，随着互联网的发展，绝大部分软件均存在客户端和服务端，单机版软件非常罕见。从服务端来看，服务端一般具有控制客户端软件的部分权限，但是如果仅具有控制权，而没有实施控制行为，也不能认定为非法控制计算机信息系统的行为。

辩护人提出：本案中，客户端安装成功，后续是否进一步下载“挖矿”程序、如何运行程序，均是由客户端主导，而不是由服务端主导。A 公司的服务端只是统计计算机台数并统计程序安装的时间，并没有对客户端的程序运行有任何的干预、破坏，所有的功能都是由客户予以设置。服务端没有实施任何控制客户端的行为，也没有人员通过服务端控制客户端，服务端并没有对计算机信息系统进行任何控制。因此，辩护人认为不宜认定张某荣等人通过服务端对计算机信息系统进行了控制。

特别值得注意的是，服务端为了统计数据，必须和客户端进行信息交互，微信、支付宝、百度网盘等软件都存在服务端和客户端产生信息交互的情况。这种交互一定要通过获取 MAC 地址、数据传输来实现。如果将服务端和客户端的信息交互认定为控制计算机信息系统，那么所有具有服务端的软件都存在控制计算机信息系统的行为，都可能构成非法控制计算机信息系统罪。

（三）从本罪的客观构成要件来分析，不是所有影响计算机信息系统的行为都构成本罪，本罪所处罚的是达到了控制程度、情节严重的影响行为

辩护人认为，本案被告人张某荣的行为不属于达到了控制程度、情节严

重的影响计算机信息系统的行为。对此，辩护人提出了以下辩护意见。

根据《现代汉语词典》的解释，控制是指“掌握住不使任意活动或越出范围”。根据全国人民代表大会常务委员会法制工作委员会刑法室对本罪的解读，“非法控制”是指通过各种技术手段，使他人计算机信息系统处于其掌控之中。本罪所要求的控制，要么是通过技术手段能够对其他软件施加决定性影响，要么是使计算机信息系统处于其掌控之中。因此，并非所有的对计算机信息系统施加影响的行为均构成本罪，只有达到控制程度，且情节严重的此类行为才可以构成本罪。

根据计算机信息系统的特征，所有安装以及运行软件的行为均会对计算机信息系统有所影响，不论是进程的增加还是负载增大乃至耗电，均可以视为对计算机信息系统的影响。但要达到构成犯罪的程度，则需要这种行为对计算机信息系统本身或者其他软件具有达到控制程度的影响。本案中，网吧运维人员通过安装“挖矿”程序并使之自动运行的行为确实对计算机信息系统造成了影响。但是，辩护人认为这种程度的影响和控制计算机信息系统程度的影响是有区别的，在《刑法》没有将未经同意安装计算机软件的行为规定为犯罪的情况下，不宜将此种行为认定为犯罪。

（四）从本罪的主观构成要件来分析，看张某荣等人是否尽到了充分的告知义务，是否有控制计算机信息系统的故意

辩护人认为，张某荣等人尽到了充分告知的义务，没有控制计算机信息系统的故意。对此，辩护人提出了以下辩护意见。

第一，从开发“挖矿”程序和投入市场的过程来看，张某荣等人开发该程序和投放市场的目的均是“挖矿”，并不是控制计算机信息系统，该程序也没有“控制性”功能，张某荣等人不具有非法控制计算机信息系统的故意。

第二，A 公司在客户下载安装软件时已经尽到了充分的告知义务。辩护人从以下几个方面分析了这个问题：（1）在 A 公司的下载、安装、注册程序中，会员客户必须具有管理权限并掌握密码；（2）会员客户必须签订《电子协议》；（3）要求会员客户补充提交授权委托书或网吧营业执照，以确认下载、安装、注册程序的合法性；（4）在会员客户开启各项业务时，再次弹出

提示框提示。综上，辩护人认为A公司已通过上述几种方式充分履行了告知义务。

第三，互联网业务的性质决定了不可能对每个终端使用者对于终端是否拥有所有权或者使用权进行核查。A公司要求提供授权委托书的行为本就超出了通常互联网公司的告知义务范围。即便没有该授权委托书，A公司也已经在《电子协议》中尽到充分的告知义务，甚至都不存在过失。A公司超出提示义务的范围要求提供授权委托书，也是以签署《电子协议》为前提，即便部分用户没有提供授权，是否能就此认定张某荣等人存在故意也可再行商榷，否则就会出现尽到较低注意义务没有过失、尽到不必要的注意义务反而成立故意的情况。

（五）本案属于超越权限的民事违约或侵权行为，对此类行为的认定应该格外慎重，避免对互联网的正常秩序造成伤害

在本案中，网吧老板和运维人员存在授权关系，故运维人员拥有计算机的管理权限，运维人员超越权限安装软件，属于特定平等民事主体之间的违约或者侵权行为，属于民事法律调整的范畴。未经授权安装、运行软件的行为影响的只是平等主体之间的权利义务关系，侵犯的是特定合同相对人的私权利，不具备任何行政违法属性，更不属于刑事司法管辖的范畴。

在网络世界，程序无处不在无处不有，对于安装、运行软件的行为进行认定时要非常慎重，否则会对互联网的正常秩序造成严重伤害。有很多安装、运行软件的行为并不构成侵权行为，也谈不上成立犯罪。未经许可开通特定功能的情况在网络时代不胜枚举，如百度网盘、迅雷等知名软件均存在在未告知用户的情况下，默认开通上传功能，用于给其他用户传输文件，公司从中获利的情况。如果将类似安装运行软件的行为均作为犯罪处理，网络世界将不复存在。

因此，根据本案的证据和《刑法》的规定，张某荣等人开发的“挖矿”程序并不具备“控制性”功能，其行为不符合非法控制计算机信息系统罪的客观要件和主观要件。综上，辩护人认为不宜认定张某荣等人构成非法控制计算机信息系统罪。

此案公诉机关已起诉至法院。

如何认定组织、领导、参加黑社会性质组织罪中的“组织性特征”和“经济性特征”

——周某涉嫌组织、领导、参加黑社会性质组织案

一、基本案情

被告人周某与被告人曾某朋系某县职中校友，在校时两人交往密切。2014年5月，曾某朋刑满释放后遂与周某取得联系，两人经常一起赌博、唱歌。2015年周某在某县某镇某街开设“打渔店”（赌博场所），曾某朋和无正当职业的被告人韩某华、毛某等人经常在店内赌博、吃喝玩乐，由此形成了一个小团伙。该团伙为逞勇斗狠、称霸一方，与同在这条街开“打渔店”的何某精为首的团伙多次在公共场所斗殴，成为当地颇具恶名的恶势力团伙。2016年8月后，该恶势力团伙发展为以曾某朋、周某为首的恶势力犯罪集团。2016年8月，周某因开设“打渔店”，被某县人民法院以开设赌场罪判处有期徒刑1年，缓刑2年，并处罚金人民币1万元，之后周某为其姐夫罗某在这条街开设的“天龙寄卖行”做事。2017年8月，罗某开设了“大坪天龙寄卖行”（本案中上述两店统一简称为“天龙寄卖行”），由周某负责管理。被告人曾某朋、毛某等人经常在店内玩耍，“天龙寄卖行”自此成为该组织成员吃喝玩乐的消遣地及活动的策划地和组织地。

2017年上半年，以被告人曾某朋、周某为首的团伙成员纷纷在互联网社交平台“快手”上注册，并基本统一冠以“天龙传媒”为开头的昵称。曾某朋等人为扩大影响力、发展组织成员，在“快手”平台上频繁上传该组织打架、扮演“古惑仔”、使用枪支、刀具等器械以及吃、喝、玩、乐的视频，

引诱黄某成等未成年人加入该组织。黄某成通过“快手”网罗了韩某俊、韩某刚等未成年人，自称为“领袖”团伙。与此同时，被告人张某云以同样的方式在“快手”平台纠集了谢某豪、曾某梁等人组建“尊天命”团伙。“尊天命”与“领袖”团伙交往密切，大肆在当地各中学发展成员数十名。这些组织成员经常聚在一起吃喝玩乐，为在校生摆平校园纠纷，涉案成员在交往过程中因与他人发生过口角而进行过斗殴。

公诉机关认为，该组织通过开设赌场、寻衅滋事、聚众斗殴等违法犯罪活动，获取了一定的经济利益，并据此认定被告曾某朋、周某构成组织、领导、参加黑社会性质组织罪，并提起公诉。

法院认为，被告人曾某朋、周某纠集被告人谢某豪、毛某、毛某行、韩某华、江某、张某云、张某贵、李某玖、陈某、陈某荣、孙某伟、温某辉、曾某梁、孙某财等人形成结构较稳定，组织者、领导者明确，骨干成员基本固定的犯罪组织；该犯罪组织通过违法犯罪活动及其他手段获取经济利益，具有一定的经济实力，以支持该组织的活动；通过暴力、威胁等手段，有组织地多次实施违法犯罪活动，为非作恶，欺压、残害群众；通过实施违法犯罪活动称霸一方，在某县A镇街道、学校周边造成了恶劣的社会影响，严重破坏了当地的经济、社会生活秩序。该组织已具备了黑社会性质组织的特征，系黑社会性质组织。该组织为争夺势力范围、打击竞争对手、谋取经济利益、树立非法权威、扩大非法影响，在某县A镇一带实施了聚众斗殴案7起，致1人轻伤，6人轻微伤；寻衅滋事案5起；非法拘禁案1起；非法持有枪支案1起（枪支3支）。该组织在形成之前实施了聚众斗殴案3起，致3人轻伤，2人轻微伤；寻衅滋事案6起，致1人轻微伤；非法拘禁案1起；故意伤害案1起，致1人轻伤；开设赌场案2起；敲诈勒索案1起。该组织成员个人实施了聚众斗殴案1起，致1人轻伤；开设赌场案1起；非法经营案1起。在该黑社会性质组织中，被告人曾某朋、周某为组织、领导者，其行为构成组织、领导、参加黑社会性质组织罪；被告人谢某豪、毛某、毛某行、韩某华、江某、张某云、张某贵在黑社会性质组织犯罪中作用突出，是该组织的骨干成员和积极参加者，其行为均构成参加黑社会性质组织罪。

二、争议焦点

1. 被告曾某朋、周某等人的情况是否符合构成组织、领导、参加黑社会性质组织罪要求的“组织性特征”?

2. 被告曾某朋、周某等人的情况是否符合构成组织、领导、参加黑社会性质组织罪要求的“经济性特征”?

三、理论探讨

(一) 被告曾某朋、周某等人的情况是否有构成组织、领导、参加黑社会性质组织罪要求的“组织性特征”

首先,我们可以先了解一下构成本罪所要求的“组织性特征”。

本案中的黑社会性质组织是我国刑法中的特有概念,我国理论界普遍认为,该组织是介于一般的犯罪集团与典型的黑社会组织之间的特殊类型的涉黑犯罪集团,其不同于国际社会公认的黑社会性质组织。根据《刑法》第294条第5款对黑社会性质组织特征的规定,黑社会性质组织的特征主要可以归纳为“组织性特征”“经济性特征”“行为性特征”“非法控制性特征”四大特征。在实践中,这四大特征也是对这种犯罪组织进行认定的主要标准。

根据《刑法》第294条第5款的规定,“组织性特征”是本罪的第一个法律特征。虽然这一规定看似比较清晰简洁,但是实践中对相关要素的具体评价标准不统一。具体而言,就是对人数较多、组织性严密的具体认定标准不统一,并且2018年最高人民法院、最高人民检察院、公安部、司法部《关于办理黑恶势力犯罪案件若干问题的指导意见》明确指出对黑社会性质组织的存续时间、成员人数问题不宜作出“一刀切”的规定。

第一,“人数较多”的标准侧面表明了黑社会性质组织的影响力和社会危害性,有观点认为组织最低人数是认定黑社会性质组织的客观标准,因而有必要对此加以明确。[①] 在实践中,大部分法院参考《刑法》对于犯罪集团

① 牛晓鹏、任晓燕:《黑社会性质组织的内涵分析》,载《全国商情(理论研究)》2011年第7期。

人数的具体规定，认定黑社会性质组织的人数下限为 3 人。

第二，“形成较稳定的犯罪组织”要求其主观方面以实施“违法犯罪活动”为目的，客观方面“多次进行违法犯罪活动”。从各地司法实践来看，虽然对黑社会性质组织存在的时间没有统一的认定标准，但是各省普遍都将“6 个月以上”作为认定黑社会性质组织“较稳定”的具体标准。比如，浙江省司法机关的相关意见就将黑社会性质组织存续时间规定为 6 个月以上。①

第三，“有明确的组织者、领导者，骨干成员基本固定”，此处法律对本罪“组织性特征”的明确规定表明该组织已经形成明显的层级结构，是此类组织“较稳定”和“人数较多”的具体表现。本罪组织成员从事各类非法活动，经过系统分工、指挥调度、密切配合、分工协作，从而提高违法犯罪能力，其严密的组织层级、严格的组织纪律会对社会形成更大的威胁，这也是本罪应当受到严厉处罚的原因之一，同时也是其与一般犯罪团伙的重要区别。为此，最高人民法院《关于审理黑社会性质组织犯罪的案件具体应用法律若干问题的解释》对组织、领导、参加黑社会性质组织罪的组织纪律方面作出了较为严格的规定。基于此，为更好地贯彻落实司法解释的规定，也为更好地把握“组织性特征”这一要求，各地出台相关文件要求审查黑社会性质组织是否存在各类帮规、纪律规定等，也即司法机关在认定涉案组织的时候会将是否存在“帮规”作为关键的认定要素。

其次，我们再来了解一下本案辩护人的观点。

本案辩护人认为，曾某朋、周某等人的情况可能不具有构成本罪所要求的“组织性特征”。辩护人提出了如下的辩护意见。

本案中，被告人曾某朋、周某等人当庭供述各被告人之间虽有聚会，但次数较少；一般聚会原因是朋友之间的生日、红白喜事，或者偶尔聚在一起打牌、唱歌；每次聚会的人员都不固定；聚会买单一般是谁组织、谁买单。辩护人认为，由这些事实可知周某与其他被告人之间不具有作为犯罪组织的稳固性，而只表现出很大程度的纠合性。

---

① 浙江省高级人民法院、浙江省人民检察院、浙江省公安厅《关于办理黑社会性质组织犯罪案件具体适用法律若干问题的意见（试行）》。

此外，辩护人表示，在该案中也没有发现可以用于证明纪律约束的帮规或者奖惩制度。辩护人从以下几个方面分析了这个问题：（1）曾某朋、周某等人均当庭供述和辩解各被告人在交往过程中根本不存在帮规或者纪律，从未举行过任何入会、入帮仪式。（2）周某与其他人之间不存在层级之分，不存在事前训话和事后汇报。（3）周某并没有奖惩的权力。所以，辩护人认为对于是否可以认定周某与本案其他被告人之间形成稳定团伙、该团伙是否具有黑社会性质组织的稳定性与组织性的问题还可以再做进一步的探讨。

（二）被告曾某朋、周某等人的行为是否有构成组织、领导、参加黑社会性质组织罪所要求的“经济性特征”

首先，我们来了解一下构成本罪所要求的“经济性特征”。

《刑法》第294条第5款对本罪的“经济性特征”作出了规定，对于这一犯罪构成要素，要对其经济利益合法与否、经济利益来源于涉黑犯罪还是普通违法犯罪做出正确区分，以便在严厉打击该类犯罪的同时，更好地保护公民的合法经济利益。对于“经济性特征”的把握与理解，由于立法上对四个特征的规定缺乏内在的逻辑联系，理论上对此莫衷一是，实践中标准也不统一，这就给该类案件的处理带来了很多问题，导致一些合法、正当的经济行为被认定为对犯罪组织的支持，导致在实践中对犯罪组织的“经济性特征”的认定不一，甚至常常将其认定范围扩大化。主要表现为以下几种现象：（1）对经济利益进行简单化认定，容易混淆犯罪组织的合法财产与非法财产，也不能清晰认定经济利益是否来源于涉黑犯罪；（2）实践中对其经济实力进行认定时，将犯罪组织的正常业务活动、人际交往行为认定为黑社会性质行为，导致对于犯罪组织活动的认定具有表面化倾向。因此，对于“经济性特征”的认定，应当紧紧围绕法条中的规定来展开。

所谓经济利益，是指黑社会性质组织及其成员通过各种合法与非法手段获取的各种利益。只要查明行为人将有关经济利益用于支持黑社会性质组织犯罪，该经济利益就应视为司法解释中规定的“财物及其收益”，应当予以追缴或没收。[①] 其获利的范围应认定为：不管是由其首要分子策划实施还是一般参加者为组织利益而参与实施，其目的都是获取非法经济利益。反之，部分成员自行实施的自身逐利行为不能视为“为组织谋取非法利益”，首要分子也无须为这些行为承担相应后果。在获利手段方面的“多样性”主要表现在：组织成员为组织谋取经济利益既可以“有组织地实施违法犯罪活动”，也可以采取“其他手段”。从既有司法实践来看，“其他手段”主要表现为以实施违法犯罪活动为目的来成立公司、企业或者通过“投资”非法活动来获利。实践中，对于“其他手段”的认定存在巨大争议，往往是控辩双方争议的焦点。因此，“经济性特征”应当表述为借助违法活动获得经济利益，支持该组织形成一定范围的非法控制状态，进而实现获得垄断性经济利益目的。

其次，我们来了解一下辩护人的观点。

辩护人认为，本案中周某的行为不符合组织、领导、参加黑社会性质组织罪的“经济性特征”，其不具备黑社会性质组织所应有的经济实力。周某的收入系个人所有，不存在由组织统一管理、分配的情况，同时“天龙寄卖行”亦并非周某所有，也没有输出经济利益用于违法犯罪活动或者维系犯罪组织的生存和发展，也谈不上借助违法活动获得经济利益，支持该组织形成一定范围的非法控制状态，实现获得垄断性经济利益目的。

---

① 陈世伟：《黑社会性质组织基本特征的实践展开》，载《河南大学学报（社会科学版）》2012年第1期。

组织、领导、参加黑社会性质组织罪的构成要件

——李某贵涉嫌组织、领导、参加黑社会性质组织案

一、基本案情

1997 年前后，李某贵在湖南省 C 市一个水果市场旁经营一夜宵店。李某贵为了让自己的店有稳定的客源，以及提高自己在社会上的影响力，主动和来他店里消费的社会闲散人员接触，与他们称兄道弟。

1998 年，徐某军因其妻舅在 C 市 B 区 J 乡打铁被当地人欺负，便叫李某贵和另外一些朋友一共十几人去帮忙。李某贵等人到江口乡后，把对方的人打了一顿，把对方带头的“光亮”“眼子”“老二”带到 C 市某宾馆非法拘禁，并要对方赔偿了 5000 元。事后，李某贵被劳动教养 1 年（监外执行）。

2000 年至 2003 年，李某贵主要都是从事矿产行业，先后和他人合伙在 C 市 S 区 X 镇开采锰矿和在 G 县开采铁矿，赚了 80 余万元。之后，李某贵在社会上的知名度也越来越高。

2005 年前后，李某贵通过李某 1 认识了廖某将，并收廖某将为自己的“小弟”。李某贵为了扶持廖某将，只要有赚钱的事都会带廖某将去做。除了在经济上对廖某将的扶持，在社交圈里李某贵也很帮廖某将。没隔多久，廖某将就在社会上混出了名气。除了以前跟着李某 1 一起做事的李某 2、谢某森、谢某华等人成为廖某将的“小弟”之外，廖某将自己也带了胡某伦、雷某平、张某、曹某利等“小弟”。

2005 年上半年，被告人李某贵、李某 1 与“老五”在 C 市开设赌场，用

“牌九”的方式进行赌博，赌桌台面上每满 1000 元便抽 100 元给赌场。被告人李某贵安排被告人廖某将和黎某（另案处理）在赌场从事管理，其中被告人廖某将负责发牌，工资为每天 200 元。赌场开设一周，除去各项费用，每个股东每天平均分得 4000 余元。赌场开设期间，被告人李某贵非法获利共计 2 万余元。

2008 年，被告人李某贵与雷某合伙开设赌场未果而要求雷某分摊 1500 元费用，并多次找雷某追讨。同年 6 月 19 日 20 时许，被告人李某贵见雷某等人在某市某 KTV 包厢玩，便向雷某索要该款，双方发生冲突，被告人李某贵、胡某伦等人将雷某打成轻伤。

2011 年 5 月，被告人李某贵在 C 市 B 区投资开办某山庄有限公司，为客人提供吃饭、钓鱼等服务。为了获利，被告人李某贵提供包厢容留他人吸食毒品并收取服务费，从中盈利 10 万余元。其中，被告人李某贵负总责，被告人陈某艳负责记账，李某海（另案处理）负责管理和收钱，“香香”（另案处理）负责包厢内服务。

2012 年，被告人李某贵在 C 市 S 区投资开办某山庄，聘请被告人曾某冰为该山庄负责人，负责山庄副业、餐厅、收支管理。聘请李某海负责为在该山庄内吸毒的人员提供服务。山庄开办期间，为他人提供包厢吸毒收入共计 6700 元。

李某贵和他吸收的这些“小弟”平时接触得不多，有事他会直接安排给廖某将、杨某强，再由他们自己去安排其他人。李某贵在与社会人员往来过程中，没有给他吸收的“小弟”定什么成文的规矩，只是告诉他们在社会上混要胆子大、要讲义气；上级要照顾下级，要带下级赚钱；下级在外面混一定要尊重上级、听从上级的指挥，要给上级撑面子；圈子里的人如果被公安机关处罚，要想办法救人，如果救不出来，就要到拘留所或看守所看望、缴纳监票；如果下级因为圈子里的事受伤，上级要负责出医疗费；圈子里的人出狱要接风洗尘等。如果圈子里的人违反了规矩，李某贵就会要其下级疏远他，违反规矩的人也不敢再在李某贵面前出现。

2012 年，公诉机关指控被告人李某贵犯组织、领导、参加黑社会性质组织罪、聚众斗殴罪、敲诈勒索罪、故意伤害罪、容留他人吸毒罪、开设赌场罪、故意毁坏财物罪和寻衅滋事罪。

法院经审理认为，被告人李某贵纠集人员形成结构较稳定，组织者、领导者明确，骨干成员基本固定的犯罪组织，该犯罪组织多次通过暴力、威胁等手段有组织地实施违法犯罪活动，造成了恶劣的社会影响，严重破坏了当地的经济、社会生活秩序。李某贵作为该犯罪组织的领导者，对其应当以组织、领导、参加黑社会性质组织罪判处刑罚。

二、争议焦点

在本案中，被告李某贵的行为是否构成组织、领导、参加黑社会性质组织罪？

三、理论探讨

（一）组织、领导、参加黑社会性质组织罪的构成要件

《刑法》第294条规定的组织、领导、参加黑社会性质组织罪，是指组织、领导或者参加以暴力、威胁或者其他手段，有组织地进行违法犯罪活动，称霸一方，为非作歹，欺压、残害群众，严重破坏经济、社会生活秩序的黑社会性质组织的行为。

本罪为选择罪名，所以此处我们再对其中的一种罪行——参加黑社会性质组织罪进行讨论。参加黑社会性质组织罪的犯罪构成要件包括客体、客观方面、主体和主观方面四个部分，因客体要件与客观方面要件紧密联系，下面将客体要件置于客观方面要件当中一并分析讨论。

1. 客观方面

参加黑社会性质组织罪侵犯的客体是我国的社会公共秩序，客观方面表现为参加黑社会性质组织的行为。参加，顾名思义，是指参与加入某种组织或者活动。根据最高人民法院、最高人民检察院、公安部、司法部2018年1月印发的《关于办理黑恶势力犯罪案件若干问题的指导意见》（本案中简称《黑恶势力犯罪指导意见》）等规范性文件的规定，参加黑社会性质组织罪中的参加行为包括加入和接受领导、管理两个要素，而且这两个要素必须同时具备。加入的方式既可以是举办仪式，也可以是参加违法犯罪活动，还可以

是参加黑社会性质组织开办的公司、企业的经营活动，如担任财务人员等。参加违法犯罪活动是最普遍的方式，通常被称为向黑社会性质组织递交“投名状”。递交“投名状”的方式大多为实施黑社会性质组织安排或认可的违法犯罪活动，也可以是向黑社会性质组织提供资助或有价值的信息，也有少数是以举行仪式的方式加入。接受领导、管理要求行为人在主观上有将自己置于黑社会性质组织管理和控制之下的意愿，客观上有听从黑社会性质组织领导和指挥的具体表现，一般表现为接受具体的组织成员的直接领导、管理，在组织中进入一个具体的层级，并在组织成员领导下实施具体的组织活动。也就是说，在黑社会性质组织中要有固定的领导与被领导的层级隶属关系，成为某个上级成员的“马仔”“小弟”“跟班”等。

2. 主体方面

参加黑社会性质组织罪的犯罪主体通常在黑社会性质组织中都具有一定的特殊身份，其中主要包括以下三种：（1）骨干成员。骨干成员是指在黑社会性质组织中处于较高地位，对于黑社会性质组织的存续或者该组织活动的实施具有重大作用的组织成员。其组织地位表现为受组织者、领导者的直接领导，有自己直接管理、指挥的组织成员，或者独立负责黑社会性质组织的重大事务，具有承上启下的支柱地位；组织作用表现为接受组织者、领导者的安排，组织其他成员实施具体的违法犯罪活动或合法经营活动，在该组织的活动中具有不可或缺的重要作用。（2）积极参加者。积极参加者是指主动参加黑社会性质组织，积极实施该组织的活动或承担重要组织职责的成员，既可以直接受组织者、领导者管理、指挥，也可以受骨干成员管理、指挥。积极参加者在黑社会性质组织中的地位和作用低于骨干成员，高于一般成员，主要包括多次积极参与黑社会性质组织的违法犯罪活动，积极参与较严重的组织犯罪活动且作用突出，以及其他在黑社会性质组织中起重要作用的人员，如主管黑社会性质组织的财务、人员管理等事项的人员。（3）一般参加者。一般参加者是指加入黑社会性质组织并接受黑社会性质组织领导和管理的成员，该成员在主观意识上能够认识到该组织是以实施违法犯罪活动为主的组织，在主观意志上自愿参加，在客观行为上接受该组织的管理、指挥，按照该组织要求参加组织实施的违法犯罪活动或者合法经营活动。相对其他组织成员，在黑社会性质组织中处于最低层级，发挥最小的作用。

3. 主观罪过

参加黑社会性质组织罪的主观罪过是故意，包括直接故意和间接故意，因参加者的组织身份不同而有不同要求。

第一，骨干成员与积极参加者的主观罪过。骨干成员直接听命于黑社会性质组织的领导者，直接组织实施违法犯罪活动，主观上具有直接故意；积极参加者接受黑社会性质组织的领导和管理，多次参加违法犯罪活动，主观上也具有直接故意。虽然有学者认为，接受黑社会性质组织的领导和管理并不是积极参加者的主观意志要素，但是从其多次参加违法犯罪活动或者黑社会性质组织重要事务的客观行为看，其主观上完全能够认识其参加组织的违法性和其实施行为的重要性。因此，即使不具有参加犯罪组织的意志要素，积极参加者也具备对该组织违法性认识的意识要素，主观上仍然是直接故意。

第二，一般参加者的主观罪过。一般参加者的主观故意包括直接故意和间接故意。《黑恶势力犯罪指导意见》对参加者要求“知道或者应当知道”其参加的组织是以实施违法犯罪为基本活动内容的组织。其中，“知道”即刑法意义上的“明知”，是直接故意。关于“应当知道”的理解，有人认为是故意，也有人认为是过失。持过失观点的人认为，“应当知道”是指具有正常智识、生活在特定区域中的人，应当知道其加入的组织的主要活动内容，并可以据此判断出该组织的性质，但是由于自己疏忽大意或者过于自信，没有认识到该组织的性质，而参加该组织并接受他人领导和管理。[①] 参加黑社会性质组织罪是行为犯，行为犯不要求有特定的后果，而过失犯是结果犯，必须造成特定的犯罪后果才成立犯罪，行为犯主观上只能是故意。故参加黑社会性质组织罪的行为人主观罪过包括直接故意和间接故意，但不包括过失。

第三，主观罪过的内容。行为人知道或者应当知道的内容，不包括行为人应当知道自己参加的是黑社会性质组织，只要行为人知道或者应当知道自己参加的是以实施违法犯罪为基本活动内容的组织即可。因为，黑社会性质

① 莫洪宪：《黑社会性质组织认定相关问题探讨》，载《湖北社会科学》2011 年第 1 期。

组织是一种司法认定结果，在没有经过审判认定为黑社会性质组织前，没有人知道或者应当知道案件中的组织是黑社会性质组织。因此，参加者在主观上知道或者应当知道的内容为自己参加的是一个以实施违法犯罪为主要活动内容的组织。

（二）辩护人认为李某贵不构成组织、领导、参加黑社会性质组织罪

本案辩护人做了无罪辩护，认为李某贵不构成此罪。辩护人从以下几个方面展开了论述。

1. 李某贵团伙不具备黑社会性质组织的组织特征

（1）李某贵与廖某将、杨某强及其他人之间并非组织关系

根据全国人民代表大会常务委员会《关于〈中华人民共和国刑法〉第二百九十四条第一款的解释》（本案中简称《刑法第二百九十四条第一款立法解释》）的规定，所谓组织特征是指“形成较稳定的犯罪组织，人数较多，有明确的组织者、领导者，骨干成员基本固定”，即黑社会性质组织犯罪具有稳定性、严密性和人数多的特征。在这个案件里，辩护人发现李某贵与廖某将联系并不密切，只有在需要帮忙时才打电话找廖某将，廖某将如果有事也不会参加。廖某将称李某贵为“贵哥”而非“老大”，且廖某将等人称李某贵为“贵哥”是因为敬重其为人，而并非是指“黑社会性质组织老大”。李某贵看中廖某将等人的调人能力，施以小恩小惠，使之能为其处理一些事情。而廖某将等人也利用李某贵的人际关系，找些业务赚钱。笔者认为，对于两人是否存在组织意义上的上下级关系，李某贵与廖某将、杨某强及其他人之间是否具有组织关系尚可探讨。

（2）李某贵团伙没有严格的内部纪律约束制度

辩护人认为，一方面，李某贵等人之间存在的不成文规矩不属于黑社会性质组织所特有的内部纪律约束规矩，黑社会性质组织对规矩的要求高于一般犯罪团伙。黑社会性质组织内部等级森严，拥有一套完整的组织体系，有明确的内部组织纪律，这是黑社会性质组织存在和发展的基础。另一方面，李某贵等人之间的规矩仅限于单纯的尊敬长辈、互相帮助、团结义气等。所以，该组织是否具有构成黑社会性质组织应具备的严格行为规范和严格组织纪律还可以再深入探讨。

（3）李某贵团伙不具有长远的作案计划和共同目标

本案中，涉案人员实施了聚众斗殴、故意伤害、寻衅滋事等一系列犯罪行为，辩护人认为，李某贵等人是否是为了该组织的长期发展和共同目标而实施这些行为，还可以再做考察。本案中的作案人员纠集到一起参与犯罪活动只是出于谋取钱财的目的，没有加入某某组织的观念，他们一般都是通过同案人介绍聚集一起，从未举行过任何入会、入帮仪式。他们聚集参与犯罪的目的纯粹在于“吃喝玩乐”，从而才实施共同犯罪。因为这些人之间不存在长远的计划和共同目标，也无须遵循任何规矩，来去自由，进退自愿，所以他们是否具有明确的经济目的或政治目的还可以探讨。

2. 李某贵不具备参加黑社会性质组织的经济特征

《刑法第二百九十四条第一款立法解释》第 2 项对黑社会性质组织的经济特征作出了如下规定：有组织地通过违法犯罪活动或者其他手段获取经济利益，具有一定的经济实力，以支持该组织的活动。从上述规定不难看出，黑社会性质组织的经济特征不仅在于其是否具备经济实力，更重要的是经济实力要与其“组织性”联系在一起。

（1）李某贵并非以组织的方式实施犯罪

辩护人认为李某贵没有利用黑社会性质组织势力违法获利。虽然李某贵通过开设赌场、容留他人吸毒等违法行为获得了一定的经济利益，但李某贵开设赌场、容留他人吸毒的活动都是个人投资、个人经营，不存在组织经营、组织犯罪、组织盈利，李某贵从中获得的利益并没有交由黑社会性质组织共同开支。李某贵也从未给其他被告人发放固定工资、生活费、奖金、过年费，本案中被告人的非法收入呈现分散性、随意性、独立性、非组织化的特点。

（2）李某贵非法获取的经济利益并未用于支持组织活动

李某贵虽然通过违法犯罪活动获得了一定经济利益，但这些钱款基本用于个人日常开支、购买设备、租赁场地、支付水电管理费等经营管理开支，并未用于支持涉案组织活动。且李某贵的非法获利并不多，用于个人花销及事业经营后便所剩无几，而长时间维系这个庞大的组织需要巨额经费，李某贵没有经济实力去支持组织活动。

（3）黑社会性质组织的主要经济来源与李某贵无密切的关联性

廖某将等被告人的主要收入来源为：帮人收账、放高利贷、到赌场做事等。例如，廖某将以其因被砍伤所获取的赔偿金作为本钱，在赌场盈利，而这些赌场与李某贵没有关系，他们的经济来源与李某贵无密切的联系，属于自谋生路、各行其道。

3. 李某贵等人之间是否具备参加黑社会性质组织的行为特征

黑社会性质组织的行为特征，一般理解为行为方式的组织化——有组织地进行违法犯罪活动，即：第一，组织者、领导者直接组织、策划、指挥、教唆；第二，犯罪组织成员为组织利益有预谋地共同实施犯罪；第三，犯罪组织成员为组织利益按照该组织一贯的行为实施犯罪。

（1）涉嫌共同犯罪的参与人员带有偶然性，并非组织实施

在有组织的犯罪中，除确定犯罪目标外，另一个重要步骤就是事先组织人员，策划实施方案，实施犯罪行为，体现了本罪的组织性特点。辩护人认为，本案中的聚众斗殴、寻衅滋事犯罪等都是事出有因，或基于个人恩怨，或为个人利益，大多是临时起意，而非有组织地预谋实施。这些违法犯罪活动都有特殊起因，实质上是各自独立的单一违法事件，相互之间也没有联系纽带。

（2）各被告人实施违法犯罪行为均系个人原因，不带有“组织目的性”

所谓有组织的犯罪，一般都具有明确的目的，所追求的犯罪结果是实现犯罪组织的整体利益。而本案的具体犯罪事实均由个人原因引起，或因琐事纠纷处理不当导致事态扩大，或为追求个人经济利益而实施犯罪行为等。李某贵等人的违法犯罪行为都是为了实现个人利益而实施，并非为了某个群体的整体利益。其行为的突发性、偶然性也说明本案的具体违法犯罪行为不具备“组织目的性”。

4. 李某贵是否具备参加黑社会性质组织的危害特征

依照《刑法第二百九十四条第一款立法解释》，黑社会性质组织的危害特征是“通过实施违法犯罪活动，或者利用国家工作人员的包庇或者纵容，称霸一方，在一定区域或者行业内，形成非法控制或者重大影响，严重破坏

经济、社会生活秩序”。[①] 这一特征的外在形态主要表现为通过“称霸一方”实现对一定区域或行业的非法控制。“黑社会性质组织形成自己的势力范围，是黑社会性质组织赖以生存和发展的基础，是任何黑社会性质组织的生命线。”[②] 本案中，李某贵虽然实施了某些危害社会的行为，但在政治、经济、生活上均未形成称霸一方的控制力、垄断地位和重大影响力，以及对一定区域或行业形成非法控制的严重后果。因此，辩护人不建议认定李某贵构成组织、领导、参加黑社会性质组织罪。

法院经审判认为，李某贵纠集人员，形成结构稳定，组织、领导者明确，骨干成员基本规定的犯罪组织。该犯罪组织多次通过暴力、威胁等手段有组织地实施违法犯罪活动，对当地的经济、社会秩序造成了严重的破坏，社会影响恶劣，符合组织、领导、参加黑社会性质组织罪的特征。

---

① 陈世伟：《黑社会性质组织基本特征的实践展开》，载《河南大学学报（社会科学版）》2012年第1期。

② 何秉松：《有组织犯罪研究（第一卷）——中国大陆黑社会（性质）犯罪研究》，北京中国法制出版社2002年版，第270页。

当事人是否应当排除在帮助伪造证据罪的主体范围之外

——周某云涉嫌帮助伪造证据案

一、基本案情

2013 年，周某云以湖南省 C 市 B 区某桥下一块 40 亩商业用地作担保从 A 小额贷款公司（本案中简称 A 公司）贷款 2100 万元，A 公司指定叫某湘负责催收，两人由此成为好友。两年后，A 公司贷款业务经营不善，公司股东之间利益关系复杂，叫某湘作为公司的财务总监（亦为该公司股东），发现其他股东有拿公司集体资金放贷，将收回的本金和利息归入自己私人账户的行为，遂在利益上与其他股东发生矛盾冲突。

股东叫某湘、黄某萍想要保证其在 A 公司的股份完全置于自己控制之下，遂听取律师谢某华的提议，计划将股份从 A 公司套出以保护股权免受损失。叫某湘、黄某萍、周某云三人随后伪造了周某云与叫某志、叫某湘借贷纠纷案以及周某云与黄某萍、倪某借贷纠纷案。该案由湘乡市人民法院审判，以调解的形式确认叫某志欠周某云 770 万元及利息，叫某志和叫某湘对债务和利息承担连带责任；倪某欠周某云 1050 万元及利息，倪某和黄某萍对债务和利息承担连带责任。随后又达成以叫某湘、黄某萍在 A 公司的股份抵偿债务的和解协议。

A 公司于 2015 年 8 月向 X 市人民检察院举报，X 市人民检察院审查后将该举报移送 T 县公安局侦查。当时《刑法修正案（九）》尚未出台，《刑法》还没有虚假诉讼罪的规定，T 县公安局最终在《起诉意见书》中指控周某云涉嫌帮助伪造证据罪。

在本案审查起诉阶段中，X市人民检察院认为，周某云帮助当事人伪造证据，涉嫌帮助伪造证据罪，但因其犯罪情节轻微，依照《刑法》规定不需要判处刑罚或可以免除刑罚，最终对其作出相对不起诉决定。

二、争议焦点

1. 周某云能否成为帮助伪造证据罪的犯罪主体？

2. 如何理解和认定帮助伪造证据罪中的“帮助”行为？

3. 周某云的行为是否构成帮助伪造证据罪？

三、理论探讨

（一）辩护人建议将本案当事人排除在帮助伪造证据罪的主体范围之外

我国《刑法》第307条第2款规定：“帮助当事人毁灭、伪造证据，情节严重的，处三年以下有期徒刑或者拘役。”本罪为简单罪状，其规定较为原则。该条款对本罪的行为主体、适用范围没有作出明确的规定，对行为方式的表述也较为模糊，由此造成了司法机关在适用本罪的过程中存在很多争议之处。

虽然《刑法》条文未对本罪的主体作出限定，但学界普遍认为当事人本人应当排除在本罪的主体范围之外。[①] 一方面，从立法原意上看，本罪罪状指向的是其他人帮助当事人毁灭、伪造证据的行为；[②] 另一方面，当事人为自身利益而采取毁灭、伪造证据的行为也会因为不具有期待可能性而导致可罚性的消灭。因此，辩护人认为周某云作为诉讼一方当事人，不构成帮助伪造证据罪的犯罪主体。

（二）帮助伪造证据罪中“帮助”行为的认定

在理解帮助伪造证据罪中的“帮助”行为之前，需要明确的是这里的“帮助”不同于帮助犯中的帮助。帮助犯是共犯理论中所使用的概念，主要

---

① 张明楷：《论帮助毁灭、伪造证据罪》，载《山东审判》2007年第1期。

② 冯江菊：《帮助当事人毁灭罪证行为的认定——兼论帮助毁灭、伪造证据罪与包庇罪的区分》，载《河南社会科学》2009年第1期。

是为了与正犯相区别。帮助犯的帮助行为是为正犯服务的，它本身不是《刑法》分则规定的构成要件的一部分。帮助犯本身的帮助行为并不会产生符合本罪犯罪构成要件规定的法律后果，没有单独评价的意义。而帮助伪造证据罪中的帮助行为本身便是一种实行行为，其具有以下几个特征。

第一，本罪“帮助”的对象是诉讼活动中的当事人。帮助行为属于从行为，具有从属特点，这是认定帮助伪造证据罪的重要特征之一，没有被帮助人的前行为作为基础而实施的伪造证据的行为不能构成本罪。

第二，行为人实施本罪中的“帮助”行为必须是出于故意，并且一般具有使当事人逃避或减轻法律制裁的目的。如果行为人不知道他人实施了违法犯罪行为，亦不知有关物品会起到证据的作用，而把有关物品毁灭或加工制作，即使客观上妨碍了证据功能的发挥，帮助当事人规避了法律制裁，亦不属于本罪中的“帮助”行为。[①] 而本案中，辩护人认为周某云与叫某湘、黄某萍的股权交易因手续欠缺无法办理，才转而采取诉讼的方式，他们这么做主要是为了达到股权更名的目的，而并不是为了帮助某一方当事人逃避法律制裁，周某云不具有上述的犯罪故意。

第三，“情节严重”是构成本罪的必要条件。所谓“情节严重”，主要是指以下几种情形：（1）因帮助伪造证据而严重干扰了司法机关的诉讼活动，甚至使之无法进行的；（2）帮助当事人伪造证据的手段极其卑劣；（3）造成冤假错案或被害人精神失常等严重后果的；（4）造成恶劣影响的；（5）多次、屡教不改地帮助当事人伪造证据。如果行为人帮助当事人伪造证据情节轻微，危害不大，没有造成严重后果的则不能构成本罪。辩护人认为，本案中周某云的行为并未达到“情节严重”的程度，不建议认定为帮助伪造证据罪。

最终，受理本案的公诉机关作出了不起诉决定。公诉机关认为，周某云的行为涉嫌帮助伪造证据罪，但其情节轻微，依照《刑法》规定，不需要判处刑罚或可以免除刑罚，所以作出不起诉决定。

---

① 陈正沓：《帮助毁灭、伪造证据罪认定中的疑难问题探析》，载《政治与法律》2003 年第 4 期。

四、案例意义

本案发生时《刑法》尚无关于虚假诉讼罪的规定，若周某云等人的行为发生在《刑法修正案（九）》出台以后，公安机关可能会指控其涉嫌虚假诉讼罪而非帮助伪造证据罪。实践中虚假诉讼行为日益频发，直到2015年《刑法修正案（九）》出台才正式对虚假诉讼罪作出相关规定。2018年最高人民法院、最高人民检察院公布了《关于办理虚假诉讼刑事案件适用法律若干问题的解释》，对本罪行为的界定、定罪量刑的标准、数罪竞合的处罚原则进行了细化规定，极大程度上遏制了虚假诉讼的不良风气，弥补了法律漏洞，维护了司法公正。

附条件谅解是否属于妨害作证行为

——谈某林涉嫌妨害作证案

一、基本案情

2009年至2010年，沈某龙与湖南建筑A公司在承包某项工程的过程中产生纠纷，沈某龙伪造湖南建筑A公司印章套出工程保证金后撤出，造成该工程亏损。2010年，谈某林被任命为湖南建筑A公司华东局副局长，全面负责这项工程的善后工作。2011年4月28日，沈某龙因涉嫌伪造公司印章罪被湖南省长沙市天心区公安局立案侦查。2011年11月23日，沈某龙因涉嫌伪造公司印章罪被羁押于长沙市第一看守所。在沈某龙羁押期间，为取得债权人湖南建筑A公司的谅解，创造取保候审的条件，沈某龙的妻子李某娟(2007年结婚，2013年离婚)、妻舅李某主动向湖南建筑A公司涉案项目的负责人即本案被告人谈某林请求，希望得到湖南建筑A公司的谅解。被告人谈某林代表湖南建筑A公司表示，只要沈某龙愿意承担债务，保障湖南建筑A公司的债权实现，那么湖南建筑A公司方面愿意出具谅解书。

2011年12月初，谈某林将事先起草好的模板，让沈某龙的办案民警丁某带进看守所，让沈某龙按照谈某林准备好的模板手写了一份承诺书。后谈某林让李某代表淮北A公司（沈某龙为实际控制人，李某为法定代表人）出具承诺书（本案中简称《承诺书1》)，表示自愿为沈某龙对湖南建筑A公司的债务承担连带清偿责任。谈某林为了使这份材料更具说服力，要求沈某龙及李某把签字时间提前至沈某龙被关押之前的2011年11月17日。

2011年12月8日，谈某林等人在李某的办公室内，以湖南建筑A公司给予谅解并协助沈某龙取保候审为条件，让李某签署了谈某林事先制作的《担保书》，并按谈某林的要求，在担保人处签署淮北A公司的字号，自愿为沈某龙与湖南建筑A公司的债务进行担保，承担连带清偿责任，并加盖了淮北A公司的印章。

同年12月9日，丁某在提审沈某龙之际将第二份承诺书（本案中简称《承诺书2》）交给沈某龙，让沈某龙在其上签字。该承诺书约定，沈某龙给湖南建筑A公司造成的损失暂定为3500万元（后查明实际损失3794.56万元），由沈某龙分期偿付，并约定了由沈某龙个人持股或参股的公司负责偿还等内容。同月，李某娟亦出具承诺书（本案中简称《承诺书3》），愿为沈某龙给湖南建筑A公司造成的亏损承担连带清偿责任。

2012年至2015年湖南建筑A公司以该三份材料对沈某龙、李某、李某娟以及淮北A公司提起民事诉讼。在此过程中，因淮北A公司另一股东淮北B公司涉嫌抽逃出资，被追加为当事人，导致淮北B公司市值4亿元的地块被查封。淮北B公司因此以谈某林涉嫌妨害作证罪向公安机关报案。一审、二审法院认为被告人谈某林帮助他人伪造证据，并将伪造的相关材料提供给他人作为证据对沈某龙、李某等人及淮北A公司提起诉讼，且相关证据被法院作为判决依据采信，情节严重，其行为已构成帮助伪造证据罪，但因被告人谈某林归案后如实供述主要犯罪事实，可以从轻或减轻处罚。再审法院重新审理后改判无罪。

二、争议焦点

1. 附条件谅解是否属于妨害作证罪中的胁迫手段?
2. 如何认定帮助伪造证据罪中的伪造证据?
3. 如何认定帮助伪造证据罪中的帮助行为?

三、理论探讨

（一）附条件谅解是否属于妨害作证罪中的胁迫手段需分类讨论

根据《刑法》第307条第1款的规定，妨害作证罪是指以暴力、威胁、贿买等方法阻止证人作证或者指使他人作伪证，影响国家司法机关的正常诉讼活动的行为。这里的暴力、威胁不仅有质上的要求，同时还需要满足量上的要求。[①] 根据体系解释方法结合《刑法》中有以暴力、胁迫或者其他方法强制作为犯罪构成要件的犯罪及相关司法解释的规定，暴力应达到足以压制被害人，使其不能反抗或无法反抗的程度；胁迫应达到通过精神威逼或恶害预告使其不能反抗或无法反抗的程度。通常在暴力手段方面我们可以作出明确的认定。然而，要求对方实行一定行为以换取和解、谅解等是否属于上述的威胁是一个值得思考的问题。笔者认为，主要可以从以下三个方面进行考察：（1）考察行为人是否采取了精神威逼或恶害预告等不法行为。在附条件的谅解中，条件决定了该行为是否具有正当性。不言自明的是，如果所附条件是行为人自身应得的合法权益，如合法借贷债权、劳动补偿、损害赔偿等，或者是他人本应承担的义务，那么据此要求他人完成行为人提出的条件即使带有一定强迫性质无疑也是合情合理的。如果所附条件是非法的、损害第三人合法利益的，则自然不能得到法律的支持。（2）要考察对方所实行的行为是否出于自身真实意思表示。从刑法教义学角度来说，《刑法》条文的一切解释都要立足于文义解释。根据法条文义，妨害作证罪中“以暴力、威胁、贿买等方法阻止证人作证或者指使他人作伪证”的“行为”与“作证”之间必须存在因果关系，即因为行为人实行了某种“行为”迫使对方不得不违背自身意志不作证或作伪证。其刑事可罚性也是基于行为人的行为迫使他人无法自由表达自己的意思，并且这种无法自由表达自己意思的情况扰乱了国家司法机关的正常诉讼活动，具有双重属性。因此，如果不作证或作伪证原本就是对方的真实意志，与行为人的行为无关，那么就不构成法律条文上的因果关系，自然不构成本罪。（3）要考察该行为是否达到了使对方不能反抗或无法反抗的程度。如果行为人虽然实行了恶害预告等胁迫他人的行为，但是如果该行为不能达到使他人陷入不能反抗或不敢反抗的程度，即胁迫行为没有使他人丧失意思支配性，进而丧失实行行为性，[②] 在他人仍可自由表达自身意志的情况下，也不能认定行为人构成妨害作证罪。

具体到本案中，辩护人认为，被告人谈某林所附条件为沈某龙承担因其

① 陈毅坚：《软暴力刑法性质的教义学展开》，载《中国刑事法杂志》2020 年第 4 期。

② 柏浪涛：《三阶层犯罪论体系下受胁迫行为的体系性分析》，载《政治与法律》2011 年第 2 期。

擅自退出项目所带来的损失并作出担保。辩护人从前文所述的三个要点出发，结合具体案情做了以下分析。

首先，湖南建筑A公司与沈某龙之间因承包合同所产生的债权债务是真实的、合法的、有效的，本案的《承诺书1》《承诺书2》《担保书》要求沈某龙暂按亏损3500万元承担赔偿责任，低于实际损失，按照《项目承包合同》的约定应由沈某龙承担“全部责任和所有风险”。湖南建筑A公司在对沈某龙予以谅解的同时，要求沈某龙主动承担其应承担的债务，并为债务提供担保，是要求义务人履行义务的行为，是合理合法的要求，并非以谅解为要挟提出不正当的条件。同时，达成谅解并且出具谅解书只能为取保候审创造条件，所以被告人谈某林没有，也不可能以取保候审作为要挟。

其次，签订《承诺书1》《承诺书2》《担保书》是否属于真实意思表示？这三份材料中所涉债务是真实的，沈某龙在受到刑事处罚后按照承诺书履行了部分内容。同时在这三份材料签署后直至案发前长达近5年的时间内，沈某龙、李某并没有以受到被告人的要挟或威胁为由向公安机关或其他有关国家机关进行举报或控告，也没有以受到胁迫为由向法院提起撤销之诉，由此可以认定沈某龙接受其应承担的债务，并为债务提供担保是出于真实的意思表示。

最后，即使认为该附条件的谅解具有胁迫的内容，该行为也没有达到使对方不能反抗或无法反抗的程度。本案涉及的“取保候审”是侦查机关对犯罪嫌疑人所采取的一项强制措施，是否采取“取保候审”由侦查机关根据案情需要作出决定。被告人谈某林及其所在单位湖南建筑A公司对“沈某龙能否取保候审”这一事项不具有任何话语权。也就是说，沈某龙能否取保候审与湖南建筑A公司或谈某林没有任何事实上和法律上的因果关系。这是沈某龙及其辩护律师所明知的客观事实，所以谈某林拒绝出具谅解书不能成为要挟沈某龙的内容或手段，更不能造成沈某龙不能反抗或无法反抗的状态。沈某龙等人也不可能受到谈某林自己根本无法实施、无法决定的所谓的“取保候审”所要挟，从而作出违背自己意愿的行为。

（二）如何认定帮助伪造证据罪中的伪造证据

证据是本罪的犯罪对象，行为人的行为对司法机关的正常诉讼活动这一客体的侵害是通过对诉讼证据的破坏来实现。① 本罪的核心行为是帮助伪造证据的行为，要想明确本罪中“证据”的含义，我们首先需要了解证据和证据材料的含义。根据我国《刑事诉讼法》的规定，证据是指用来证明案件真实情况的一切事实。证据是决定诉讼结果的最主要的依据，案件审理的过程便是对证据进行判定并以此定罪量刑的过程。无论是刑事诉讼、民事诉讼还是行政诉讼，所有诉讼活动的进行都要以证据为中心而展开。

辩护人认为，本案中涉嫌伪造证据的三份材料是真实有效的合同，并非虚构或虚假的证据。前述三份材料也不是公诉机关所认定的“虚假承诺和担保”。湖南建筑A公司与沈某龙之间的债权债务是客观存在的，公诉机关所说的虚假承诺和担保就是《承诺书1》《承诺书2》《担保书》这三份材料，它所反映的内容为：（1）湖南建筑A公司与沈某龙之间债权债务的来源和依据；（2）沈某龙对债务的认可及履行计划；（3）淮北B公司承诺对沈某龙债务的“加入”和“保证担保”。三份材料中所确认的沈某龙应承担的债务的来源依据是湖南建筑A公司与沈某龙之间签订的《项目承包合同》、《项目责任承包补充合同》以及沈某龙的自认，所以沈某龙签署的《承诺书1》《承诺书2》《担保书》的真实性毋庸置疑，淮北B公司的担保行为也合情合理。

这三份材料是双方从自己的利益角度出发所达成一致的合同行为。且这三份材料不是证人证言，也不是证词，不属于主观证据，而是民事活动主体在行使民事权利、承担民事义务过程中所形成的“合同”，即书证，系客观证据，而且都成为评价本案的重要依据。所以，这三份材料是合法有效的合同，而非伪造的“证据”。

（三）如何认定帮助伪造证据罪中的帮助行为

辩护人认为，在本案中不存在构成帮助伪造证据罪所需要具备的帮助对象。帮助伪造证据罪中的帮助对象是当事人，本案中根本不存在帮助的对象，谈某林作为湖南建筑A公司涉案工程的负责人，与沈某龙、李某等签订三份材料的行为代表了湖南建筑A公司，谈某林的行为所发生的效力本身就及于湖南建筑A公司，湖南建筑A公司不是被帮助的对象。

---

① 张明楷：《论帮助毁灭、伪造证据罪》，载《山东审判》2007年第1期。

另外，在行为上，本案中谈某林只是在履行职务而非实施帮助伪造证据罪中的帮助行为。作为湖南建筑A公司涉案工程的负责人，谈某林与沈某龙及其家属协商签署《承诺书1》《承诺书2》《担保书》，并将文件交给湖南建筑A公司的法律专员，使湖南建筑A公司通过民事诉讼实现债权是其工作职责，因此谈某林履行的是促进湖南建筑A公司债权实现的职务行为，而非帮助行为。

本案经过一审、二审与再审，最终再审法院改判无罪。

被执行公司虚假增资是否可认定具有执行能力

——方某虎涉嫌拒不执行判决、裁定案

一、基本案情

甲公司为自然人投资控股的有限责任公司，被告人方某虎于2012年8月31日开始任该公司的法定代表人，系公司股东、执行董事兼经理。2007年11月24日，甲公司原经营人库某恒、孙某领等人因公司资金周转问题以公司名义向舒某坚、舒某风两人共同借款200万元，并协议约定1年内偿还本金和利息。但协议到期后，甲公司没有及时履行还款义务。

2011年4月8日，舒某坚、舒某风向A县人民法院起诉。A县人民法院于2012年3月26日一审作出民事判决，判决由被告单位甲公司偿还舒某坚、舒某风的借款本金及利息。甲公司不服提出上诉，B市中级人民法院维持原判。在判决生效以后，舒某坚、舒某风向该院申请执行，该院执行局于2014年5月15日立案，于同年5月16日向被执行人邮寄送达《执行通知书》和《报告财产令》，同年5月19日被执行人的法定代表人方某虎签收法律文书，5月21日被执行人在报告财产时说明，申请执行人舒某风尚欠被执行人272万元管理费用等情况。

2014年7月1日B市中级人民法院执行局查明方某虎和甲公司股东乙电缆公司因在2012年11月20日将认缴资金4900万元分6笔汇至甲公司在柳州银行股份有限公司红光支行的账户中，但在次日由方某虎取出，将该笔资金汇至乙电缆公司工作人员潘某个人账户上，该院执行局为此作出《执行通知书》，通知方某虎在接通知后3日内改正，并执行生效判决，但方某虎一直

未执行。2014 年 10 月 8 日该院终结本次执行。2016 年 6 月 3 日 A 县人民法院恢复本案执行，于当日下达《罚款决定书》。被执行人甲公司及被告人方某虎收到《罚款决定书》后一直仍未执行法院的生效法律文书，致使债权人遭受重大损失。

法院认为，被告单位甲公司明知存在法院作出的已生效的具有执行内容的判决，有能力执行法院判决却拒不执行，情节严重，其行为构成了拒不执行判决、裁定罪，被告人方某虎作为甲公司法定代表人，又是公司股东、执行董事兼经理，属于单位直接负责的主管人员，其拒绝如实报告公司财产情况违反法院《执行通知书》，经采取罚款和纳入失信被执行人名单的强制措施后仍拒不执行，致使债权人遭受重大损失，情节严重，其行为构成了拒不执行判决、裁定罪。

二、争议焦点

1. 4900 万元增资款项是否属于被执行人方某虎?

2. 被告人方某虎是否构成拒不执行判决、裁定罪?

三、理论探讨

关于本案如何认定，一共有如下两种观点：（1）4900 万元增资款属于乙电缆公司，方某虎不构成拒不执行判决、裁定罪；（2）4900 万元增资款为甲公司所有，方某虎构成拒不执行判决、裁定罪。

（一）4900 万元增资款项属于乙电缆公司，方某虎不构成拒不执行判决、裁定罪

1. 方某虎没有拒绝执行法院生效判决、裁定的行为

拒不执行判决、裁定罪的客观方面要求必须具有抗拒执行人民法院生效判决、裁定的行为。这种行为既可以采取积极的作为方式，又可以采取消极的不作为方式，不论拒绝的方式如何，只要犯罪主体有能力执行而拒不执行即可构成本罪。本案中，方某虎系因自身资产不足以偿还欠款迫不得已未能及时履行判决、裁定，存在客观执行不能的情况，并非以积极的作为方式或消极的不作为方式抗拒执行。

2. 方某虎不具有执行能力

拒不执行判决、裁定罪要求执行义务人必须有执行能力而拒不执行。被告人方某虎是否具有执行能力，主要取决于增资款4900万元是否实际属于被执行人甲公司及方某虎。

方某虎称甲公司增资4900万元系虚假增资，该增资款项实际属于乙电缆公司，而乙电缆公司的实际业务就是为其他公司提供虚假增资服务。且方某虎在增资完成后将全部款项均转移至乙电缆公司员工潘某的个人账户，如果该4900万元资金真的属于方某虎，其为何敢将巨额资金转移至他人账户？此外，甲公司虚假增资4900万元的行为发生于2012年，而2013年《公司法》修正后才将公司注册资本实缴制变更为认缴制，且方某虎与乙电缆公司将4900万元转至潘某账户，与双方增资后持股比例吻合，印证其正在进行虚假增资。因此，方某虎的辩解具有合理性。

根据《刑事诉讼法》第55条第2款的规定，证据确实、充分，应当符合以下条件：（1）定罪量刑的事实都有证据证明；（2）据以定案的证据均经法定程序查证属实；（3）综合全案证据，对所认定事实已排除合理怀疑。侦查机关在明确得知资金流向的情况下却没有调查最终资金流入方乙电缆公司及其员工潘某，导致定罪量刑的关键事实——4900万元增资款的实际归属权并未查实，无法排除该资金并非甲公司或方某虎所有的合理怀疑。根据存疑有利于被告人原则，应当认定方某虎不具有执行能力。

3. 方某虎没有拒不执行判决、裁定的主观故意

构成本罪要求行为人具有直接故意，即明知是法院的判决、裁定而故意不执行。本案中，方某虎并不明知生效判决事实的存在。在法院对舒某坚、舒某风借贷纠纷的判决生效期间，方某虎还未成为甲公司法定代表人，更不可能置身于该借贷纠纷中。在方某虎已经继任为甲公司法定代表人之后，原股东及其法定代表人并未告知其生效判决，股东会决议、股东转让协议中也未提及此事，法院也没有任何的送达回证或其他材料，因此方某虎无从知晓法院的判决、裁定，也就不存在行为人明知是法院的判决、裁定而故意不执行的主观故意。

（二）4900 万元增资款为甲公司所有，方某虎构成拒不执行判决、裁定罪

1. 本案中方某虎有拒绝执行法院生效判决、裁定的行为

方某虎将属于公司资产的注册资金转移，致使判决无法及时执行，即属于采取积极的作为方式拒绝执行人民法院生效裁判。本案中，方某虎将 4900 万元增资款项中的 882 万元从其个人账户转至潘某个人账户的行为即属于以积极行为拒不执行法院判决。

2. 方某虎具有执行能力而拒不执行生效判决

方某虎作为甲公司法定代表人，属于单位的直接主管人员，享有较大的执行、支配权能。在法院判决生效后，方某虎为增资遂与乙电缆公司协议出资，将 4900 万元款项转移到潘某的个人账户中（其中有 882 万元款项是方某虎以个人名义出资），后续为掩盖事实将甲公司账户销户，足以表明方某虎有执行能力而拒不执行，因此方某虎应对甲公司拒不执行法院生效判决的行为负责。

3. 方某虎拒绝执行给债权人造成重大损失

构成拒不执行判决、裁定罪以情节严重为前提。根据全国人民代表大会常务委员会《关于〈中华人民共和国刑法〉第三百一十三条的解释》之规定，具有下列情形之一的，属于《刑法》第 313 条规定的“有能力执行而拒不执行，情节严重”的情形：（1）被执行人隐藏、转移、故意毁损财产或者无偿转让财产、以明显不合理的低价转让财产，致使判决、裁定无法执行的；（2）担保人或被执行人隐藏、转移、故意毁损或者转让已向法院提供担保的财产，致使判决、裁定无法执行的；（3）协助执行义务人接到法院《协助执行通知书》后，拒不协助执行，致使判决、裁定无法执行的；（4）被执行人、担保人、协助执行义务人与国家机关工作人员通谋，利用国家机关工作人员的职权妨害执行，致使判决、裁定无法执行的；（5）其他有能力执行而拒不执行，情节严重的情形。本案中，方某虎在法院判决生效后，故意转移公司资产致使判决、裁定无法执行，且在法院执行局发现该情况后，对其作出《执行通知书》，限期要求其改正并执行生效判决时仍不为所动，属于情节严重。

4. 方某虎具备拒不执行生效判决的主观故意

（1）被告人方某虎作为甲公司法定代表人，应当明知其在公司享有相应的权利和承担相应的义务，其在法院下达《执行通知书》和《报告财产令》后，没有如实报告公司上述转账的财产情况，即有故意拖延报告时间最终不执行法院判决的目的。（2）甲公司原经营人孙某领、库某恒为公司资金周转找到舒某风等人借款，借款到期且催收后仍未履行还款义务，而方某虎以其为继任法定代表人对原经营人借款的事实不知情为由不予还款，即有故意掩盖借款事实而拒不执行的目的。

如何认定非法占用农用地单位犯罪中的直接责任人员

——朱某乙涉嫌非法占用农用地案

一、基本案情

被告单位A公司的经理朱某甲为了A公司能获取更大的发展利益，决定承租A公司旁边的基本农田等地块扩建厂区。后朱某甲出面，与某村朱家冲组相关人员协商承租朱家冲组“福眼坡”基本农田10.62亩用于厂区扩建。朱某甲向法定代表人朱某乙汇报厂区扩建计划（并未汇报具体扩建方案）后即代表A公司于2013年8月3日未经相关主管部门批准，擅自与某村朱家冲组签订土地流转合同，并将所承租的基本农田用于A公司的厂区改造，致使承租的10.62亩基本农田全部严重损毁。公诉机关以A公司涉嫌非法占用农用地罪提起公诉，并认为朱某甲、朱某乙作为A公司的管理控制人员应当认定为单位犯罪中的直接责任人员。

法院认为，被告单位A公司违反土地管理法规，非法占用农用地，改变土地用途，数量较大，造成农用地大量毁坏，被告人朱某乙系直接负责的主管人员，被告人朱某甲系直接责任人员，其行为均已构成非法占用农用地罪，应依法惩处。法院判处A公司犯非法占用农用地罪，判处罚金3万元；被告人朱某甲犯非法占用农用地罪，判处有期徒刑9个月，并处罚金2000元；被告人朱某乙犯非法占用农用地罪，判处罚金5000元。

二、争议焦点

朱某乙是否构成非法占用农用地罪？

三、理论探讨

一般来说，单位犯罪是指合法设立、经营的公司、企业、事业单位、机关、团体为本单位谋取非法利益或者以单位名义为本单位全体成员或多数成员谋取非法利益，由单位的决策机构按照单位的决策程序决定，由直接责任人员具体实施，且《刑法》明文规定单位应受刑罚处罚的犯罪。

单位犯罪是由单位的决策机构按照单位决策程序决定，由直接责任人员实施的。单位犯罪虽然是单位本身的犯罪，但具体犯罪行为需要决定者与实施者，因此，对于单位犯罪，只有在决策、实施的过程中起到重要作用的单位内部人员才可以科以刑罚，不知情的主管人员以及在单位犯罪中单纯执行职务行为的人员不应承担该犯罪的刑事责任。单位犯罪是在单位整体意志支配下由直接责任人员具体实施的，因此盗用、冒用单位名义实施犯罪，违法所得由实施犯罪的个人私分的，或者单位内部成员未经单位决策机构批准、同意或者认可而实施犯罪的，或者单位内部成员实施与其职务活动无关的犯罪行为的，都不属于单位犯罪，应当依照《刑法》有关自然人犯罪的规定定罪处罚。

本案辩护人认为朱某乙不构成非法占用农用地罪，其辩护意见有以下这些。

单位犯罪或单位主要成员实施的犯罪行为不宜一概由公司的法定代表人承担刑事责任，否则有违罪刑法定原则，应严格厘清刑法与民法的思维差异。辩护人认为，本案中与一般单位犯罪由单位决策机构依照单位决策程序决定、直接责任人实施的情况不同的是，朱某乙作为A公司法定代表人并未参与上述事项的全部决策及具体执行，非法占用农用地的行为主要是由朱某甲计划、操作的。因此，辩护人表示，在具体适用《刑法》时应当根据朱某乙在犯罪中的地位和作用来区别对待，朱某乙仅对其领导过失承担相应责任，不建议认定其构成非法占用农用地罪。

值得一提的还有挂靠的情形。甲个人挂靠乙单位时，即使甲以乙单位的名义实施犯罪行为（如行贿），即使该行为客观上同样有利于乙单位，但如果该行为不是乙单位决策机构按照其单位的决策程序决定的，就不能认定为乙单位构成犯罪，只能认定甲的行为属于自然人犯罪。丙单位挂靠丁单位时，倘若丙单位决策机构按照其单位的决策程序决定以丁单位的名义实施犯罪行为，也只能认定为丙单位犯罪，而不是认定丁单位犯罪。

第六编
贪污贿赂渎职犯罪

股权溢价款能否成为贪污罪的犯罪对象

——付某涉嫌贪污案

一、基本案情

2007年2月，被告人付某开始担任湖南A发展股份有限公司（本案中简称A公司，为国有公司）董事长并兼任湖南B投资有限责任公司（本案中简称B公司）董事长。付某见B公司投资的C工业气体有限公司（本案中简称C公司）效益可观，但其没有股份，便想让A公司新任高管人员入股C公司，付某得知A公司原高管人员投资的北京D公司（本案中简称D公司）在E公司入股了5%，而在C公司没有入股的情况后，便指使时任B公司财务总监许某红伪造了B公司代D公司持有5%C公司股权的协议，A公司高管会议将入股之事提出后，由付某最终拍板决定。

2007年11月，付某、袁某生、许某红等18位A公司董事、经理等人员共同出资注册成立了湖南F工业气体咨询有限公司（本案中简称F公司），法定代表人为许某红，出资7万元，占股2.97%；付某出资22万元，占股9.32%。同年12月20日，B公司召开股东大会，付某代表A公司与B公司名义股东李某签署《股东大会决议》，在未对股权价值进行评估的情况下，决议B公司将其持有的C公司股权的5%以原始出资价222万元转让给F公司。12月22日，付某、许某红根据上述决议分别代表B公司和F公司签署了《股权转让协议》。后F公司向B公司支付222万元股权转让款，并由C公司办理了工商变更登记手续。经评估，涉案的这5%股权在2007年12月31日的市场价值为739.03万元，溢价517.03万元。

公诉机关指控被告人付某犯贪污罪。

一审法院经审理认为，股权属于财产，采用各种非法手段侵吞，占有他人依法享有的股权，构成犯罪的，适用《刑法》有关非法侵犯他人财产的犯罪规定。经评估，涉案的这5%的股权在2007年12月31日的市场价值为739.03万元，溢价517.03万元，付某所占股权实际溢价约48.19万元。综上，被告人付某身为国家工作人员，利用职务便利，未经评估等程序而以原始低价转让国有股权给本人及高管入股的私营公司，被告人付某实际获取利益约合48.19万元。被告人付某利用职务便利，侵吞公共财产价值约28.43万元，以上共计价值近77万元，数额巨大，其行为已构成贪污罪，判处有期徒刑3年，并处罚金20万元。

二审法院认为，一审判决认定的事实清楚，证据确实、充分，审判程序合法，但适用法律和确认的贪污数额错误，导致对贪污罪量刑不当。根据上诉不加刑的原则，准许付某撤回上诉。

二、争议焦点

1. 股权溢价款是否能成为贪污罪的犯罪对象？

2. 付某是否具有非法占有的目的？

三、理论探讨

（一）对股权溢价款性质的认定

股权溢价，是指股票收益率大于无风险资产收益率的现象。由于股票的风险较大，市场上大量投资者要求以高收益补偿持有股票所带来的高风险，因此股权溢价是一种正常的市场现象，属于商业风险。如果按照文义解释的解释方法来解释股权，则难以与《刑法》第382条的“财物”等同起来，但可通过扩大解释的方法将其解释成一种财产性权利，虽然无法随时兑现，但可通过市场流通来体现其价值，且股权持有者可通过分红来取得收益。全国人民代表大会常务委员会法制工作委员会《对关于公司人员利用职务上的便利采取欺骗等手段非法占有股东股权的行为如何定性处理的批复的意见》对此也予以明确：“据刑法第九十二条的规定，股份属于财产。采用各种非法手段侵吞、占有他人依法享有的股份，构成犯罪的，适用刑法有关非法侵犯他人财产的犯罪规定。”根据这一规定，对于非国家工作人员实施的侵占、窃取、骗取公私财物的行为通常以《刑法》分则第五章的侵占罪、盗窃罪或诈骗罪论处，而国家工作人员实施的以上述手段或其他非法手段取得国有公司股权的行为则可能被认定为贪污罪。

（二）非法占有目的的认定

非法占有目的是区分贪污罪与他罪的关键，而对于贪污罪中行为人是否需要具备“以非法占有为目的”，学界的讨论意见不一。有学者认为：“从有利于维护财产秩序的实质出发，可以认为无须将非法占有意思作为主观要件要素。”① 笔者认为，实施侵吞、骗取、窃取的行为必然是出于非法占有的目的，其作为贪污罪的主观构成要件必不可少的一部分，应当对其在贪污罪的构成要件中的地位予以肯定，且该构成要件具有区分取得型财产犯罪和挪用型财产犯罪的功能，保留该要件仍是我国刑事司法活动处理贪污犯罪以及财产犯罪的必然要求。

1.《刑法》中的“非法占有”有别于民法领域的“非法占有”

《刑法》中“非法占有”的主观层面只能是故意，即行为人明知自己是非法占有且有意而为之，并且行为人对于财物的占有不仅表现在对财物产生了事实上的控制或支配，还表现在行为人积极追求财物所有权的内心状态。理论界对于非法占有目的具体内涵的理解存在不同学说。第一种为非法占有目的说，即行为人内心明知其行为非法并有意而为之，且其行为客观上也反映了其违法性。例如，《刑法》第382条第1款明确规定：“国家工作人员利用职务上的便利，侵吞、窃取、骗取或者以其他手段非法占有公共财物的，是贪污罪。”笔者认为，该条文还具有这样一层意思：侵吞、窃取、骗取的手段本身就具有违法性，行为人实施上述行为即可推定其具有非法占有的目的，“其他手段”则是与前述行为相当的行为。随着社会经济不断发展，行为人非法占有公共财物的手段也在不断演变，且较上述行为更具有隐秘性，揭开行为人的“合法”外衣，我们可以发现其本质上是以合法行为掩盖其非法目的。第二种为排除意思说和利用意思说，即不仅要求行为人主观上具有对公共财物形成排他性控制的意思，还要求行为人对公共财物具有使用、收

---

① ［日］木村龟二主编：《刑法学词典》，顾肖荣等译，上海翻译出版公司1991年版。

益、处分的意思，这也反映了行为人实施贪污行为的内在动力。该学说不要求财物的所有权产生实际转移，只需要原单位因此遭到损失，且行为人以此获利即可。第三种为不法获利说，即要求行为人具有以为自己谋取非法利益为出发点的主观目的，且贯穿于犯罪行为始终。如市人民政府领导班子想要修建学校教学楼但却资金不足，于是通过窃取的方式将用作他用的公款用于修建教学楼，行为人虽然排除了政府对于该笔款项的使用权，但是行为人并不是为自己谋利，而是为了其他公共利益，此时不宜以贪污罪论处。笔者赞同第三种学说，将公款挪作己用谋取私利的情形无论是社会危害性还是行为人主观恶性都要远远大于上述情形，目前我国《刑法》分则中设有挪用公款罪，对上述情形进行了合理的评价，机械地理解“非法占有目的”或将导致量刑上的畸重以及其他罪名被架空。

2. 对于行为人非法占有目的的认定是司法实务中的难题

非法占有目的作为一个主观要件，隐秘地存在于人的内心，只有行为人自己清楚心里的真实意图，而在进入刑事诉讼程序后，行为人往往为了避重就轻而否定自己非法占有的意图。此时，司法机关只能通过其行为来判断行为人有无非法占有的目的，这也叫作推定的认定。对于典型的侵占、骗取、窃取行为的推定，通常需要考虑以下因素：

第一，手段方式。即通过行为人挪用公款的方式、手段来推定其在主观上是否具有侵占的意思。目前我国司法解释对“非法占有目的”暂时仍未形成一个抽象的、归纳性的判定方法，而是采用列举的方式来予以规定。

第二，挪用用途。行为人挪用财物后如何处分财物也是认定是否具有非法占有目的的因素之一。行为人如若具有肆意挥霍财物，或者挪用财物数额巨大，远超过其归还能力，或者用于赌博等高风险违法犯罪活动的行为，此时我们就可以认为行为人本就没有归还的打算，可以推定其主观上意图侵占财物而不是暂时挪用。

第三，归还能力。行为人具有归还能力是认定行为人暂时挪用财物的前提。行为人在具有归还能力的前提下，挪用公共财物用于实施与其承受能力相当的经营活动，并且在一定时间内归还财物的，主观上才可认定为暂时挪用公款，而不具有非法占有公款的目的。

（三）具体到本案，分析付某是否有非法占有股权转让溢价款的目的

对于这个问题，辩护人认为付某没有非法占有股权转让溢价款的目的。辩护人主要从以下几个方面提出了辩护意见。

1. 转让股权是遵守合同契约精神的体现

《民法典》明确规定，当事人应当按照约定全面履行自己的义务。

A 公司的高管在任时曾经签订《合作框架协议》和《补充协议》，要求“B 公司和其实际控制人的高层管理人员和相关核心管理人员持有双方合作项目 10% ~15% 的股权”。但当时 B 公司高管所成立的 D 公司仅持有 5% 的股权，付某上任后，支持转让 5% 的股权是为了维护 B 公司和 A 公司的利益，也是遵守合同约定的体现。

2. 转让股权的行为得到了行政机关的批复

根据《企业国有资产法》第 13 条的规定：“履行出资人职责的机构委派的股东代表参加国有资本控股公司、国有资本参股公司召开的股东会会议、股东大会会议，应当按照委派机构的指示提出提案、发表意见、行使表决权，并将其履行职责的情况和结果及时报告委派机构。”此外，根据《企业国有资产监督管理暂行条例》第 21 条第 1 款的规定，重要的国有独资企业、国有独资公司分立、合并、破产、解散的，应当由国有资产监督管理机构审核后，报本级人民政府批准。付某将《合作框架协议》中高管持股一事报告给市国有资产监督管理委员会，并得到了市国有资产监督管理委员会的明确批复。市审计局在 2012 年对 A 公司董事、监事、高管人员出资注册的七家公司投资 A 公司子公司的情况进行审计时发现了问题，但是市审计局却没有对其提出具体的整改意见，致使 A 公司认为自己的行为得到了市审计局的默认，同时也在市委常委会上进行了充分的论证和讨论，得到了市委常委会的认可。由此可见，股权仍处于行政机关的监督和控制之下，其公有性质并未改变。此外，付某在新设立的 F 公司中占股比例仅有 9.32%，我国《公司法》规定，只有代表 1/10 以上表决权的股东可以在董事会和监事会不召集股东会议的情形下自行召集和主持，付某对新设立的 F 公司的控制权尚未达到这一标准。因此，股权并未脱离原国有公司的控制。

3. 付某身为董事长尽到了谨慎注意义务

付某曾经就股权转让问题询问过专业人士，已经尽到了作为一个高管应有的谨慎注意义务，这也能从一定程度上说明付某没有贪污股权的主观故意。且《股权转让协议》也是由专职律师起草，《股权转让协议》中约定了对股权转让不进行评估，即使是违反了法律的规定，付某作为 A 公司的董事长，主要负责公司的管理事项，不应在股权转让的具体法律规定方面对其有超出职务认知范围的期待可能性，因此付某对于股权溢价款的“非法占有”不具有主观故意。

4. 股权转让是经过集体决策的

根据 B 公司章程，B 公司股权转让的决定权在董事会，董事长无权决定公司的重大事项，而 B 公司的董事会成员除付某以外还有其他成员，因此股权转让一事是集体决策的结果，应由集体负责。

综上，辩护人认为付某没有非法占有的目的，不符合贪污罪的主观要件，付某是否构成贪污罪有待再做商榷。

本案经历了一审和二审，两审法院均认为付某构成贪污罪。一审法院认为，付某利用其作为国家工作人员的职务便利，未经评估等程序而以原始低价将国有股权转让至本人及高管入股的私营公司，获取了实际的经济利益。此外，付某还通过职务便利，侵吞公共财产。这两项行为均构成贪污罪，判处有期徒刑 3 年，并处罚金 20 万元。

二审法院同意一审法院的定罪，但是认为一审法院量刑不当，根据上诉不加刑的原则，准许付某撤回上诉。

如何认定挪用公款罪中的“公款”
——米某碧涉嫌挪用公款案

一、基本案情

1996年12月，湖南省原A县交通局经省市两级交通部门批准立项后以其下属汽修厂的名义筹建集体所有制企业A县汽车综合性能检测站（本案中简称检测站），并于1997年9月20日向市交通部门申请到借期2年的贴息贷款20万元，连同职工集资款用作启动资金。后因资金链断裂停工。为避免贴息贷款和集资款无法归还，原A县交通局通过招商于1998年12月以原A县交通局交通运输管理所名义和郑某新签订合同书，约定双方各占50%股份合伙筹建经营。其后数次转让50%股权均未果。为达到减少实际出资之目的，商定由米某碧通过党委会决定更改转让条件，对原A县交通局已投入检测站且到期已由原A县交通局代为偿还的20万元贴息贷款及职工集资款不要求受让人立即缴纳，可分期归还。1999年11月24日和12月15日，米某碧先后两次主持召开党委会，决定改变公开转让的条件为20万元贴息贷款分5年归还，集资款分批归还，贴息贷款20万元已于2004年1月13日前按合同约定分期还清。法院审理认为，米某碧利用职务便利，伙同他人挪用公款20万元供个人使用，进行营利活动，其行为已构成挪用公款罪，属于数额巨大。

二、争议焦点

贴息贷款是否为挪用公款罪中的“公款”？

三、理论探讨

（一）学理上对挪用公款罪中“公款”的认定

挪用公款罪的犯罪对象是“公款”，构成“公款”需要具备两个要素：（1）“公”，是指货币形式的公共资金。（2）“款”，是指公共财产中呈货币或者有价证券形态的部分。就“公”这一要素而言，公款属于公共财产的一种类型，因而《刑法》分则中的“公款”之公共属性需要根据“公共财产”之公共属性来解释。按照《刑法》第 91 条的规定，所谓公共财产是指下列财产：（1）国有财产；（2）劳动群众集体所有的财产；（3）用于扶贫和其他公益事业的社会捐助或者专项基金的财产。此外，在国家机关、国有公司、企业、集体企业和人民团体管理、使用或者运输中的私人财产，以公共财产论。据此，“公款”应当被解释为：国有钱款、劳动群众集体所有的钱款、用于扶贫和其他公益事业的社会捐助或者专项基金的钱款，在国家机关、国有公司、企业、集体企业和人民团体管理、使用或者运输中的私人钱款，以公款论。所以，认定有关财物是否为“公款”，必须考察有关款项是否为“国有单位（集体单位）实际所有或者基于一定职权占有（包括管理、使用、运输）该款项”。①

（二）挪用公款罪中对“公款”的认定

本案中，原 A 县交通局代偿的 20 万元贴息贷款是否为公款是本案的关键。实际上，20 万元的贴息贷款早已投入检测站的建设之中，原 A 县交通局拥有的是该笔贷款的债权而不是实际占有或者基于一定职权占有的资金。根据原 A 县交通局交通运输管理所与申某文的股权转让合同，米某碧、申某文等人在受让股权的同时分 5 年偿还 20 万元贴息贷款，这实际上是对 20 万元贴息贷款债务的承受，股权受让方承担的是 20 万元贴息贷款的还款义务，而非 20 万元贷款资金的使用权。因此，辩护人不建议将本案所涉款项认定为“公款”，行为人米某碧是否构成挪用公款罪还有待商榷。

① 刘艳红、冀洋：《实质解释何以出罪——以一起挪用“公款”案件为视角的探讨》，载《法学论坛》2016 年第 6 期。

对于这个问题，法院认为原A县交通局代偿的20万元贴息贷款应该被认定为公款。法院指出，20万元贴息贷款是由原A县交通局从市交通部门借来的，已于1999年9月20日到期，市交通部门已从下拨原A县交通局的经费中扣除，当然属于原A县交通局的公款。

（三）行为人米某碧是否有挪用公款的主观故意

辩护人认为，米某碧没有挪用公款的主观故意。辩护人提出了以下辩护意见。

即便承认行为存在客观不法，也要对被告人是否对“规范的构成要件要素”存在明知进行特别考查。按照有罪论，客观上的违法构成要件要素“国家工作人员”、犯罪对象“公款”都已具备，被告人在前述要素满足之后实施了延期还款的行为，构成挪用公款罪。可见，有罪论在得出存在客观不法之后，没有对犯罪构成的主观有责性要件进行任何独立判断就直接肯定了犯罪故意，继而肯定了犯罪成立。但是，《刑法》第384条中的“公款”不是“记述的构成要件要素”，而是典型的“规范的构成要件要素”，对于后者并非只需要认识到单纯事实即可，“钱款”在规范上的性质是需要进一步认知的。只不过，要求行为人认识到这些规范要素在法律上的准确含义事实上是不可能的，所以只要行为人主观上对这些概念“具有一般人的判断，就可以认为他认识到这些要素的含义”。①

本案中，即便承认20万元的贴息贷款债权是“公款”，也不能得出被告人对该贴息贷款债权是“公款”有认知的结论。在米某碧、申某文等人决定受让原A县交通局50%股份之前，原A县交通局就已经发布了招商公告，明确了将该贴息贷款作为股权受让的条件。并且20万元的贴息贷款并不是因米某碧、申某文等人受让股权原A县交通局才决定的，该贴息贷款一并转让在原A县交通局于1999年1月3日原签订的合同中就已经存在并经过了原A县交通局党委确认。这也难以让行为人认识到自己实施的是挪用公款的行为而不是股权受让行为。综上，辩护人认为行为人米某碧主观上没有挪用公款的故意。

---

① ［日］松宫孝明：《刑法总论讲义》，钱叶六译，中国人民大学出版社2013年版。

对于这个问题，法院认为米某碧主观上有挪用公款的故意。法院指出，米某碧明知这20万元的贴息贷款是公款而伙同他人转作自己的股本金，其目的是非法取得上述公款的使用权，主观方面具有挪用公款的共同故意。

（四）行为人米某碧的贴息贷款行为是如何决定的

辩护人认为，行为人米某碧的贴息贷款行为是由单位集体决定的。对此，辩护人提出了如下辩护意见。

本案中，将20万元贴息贷款给股权受让方使用是经原A县交通局集体研究决定的。根据《全国法院审理经济犯罪案件工作座谈会纪要》的规定，对于经单位领导集体研究决定将公款给个人使用，或者单位负责人为了单位利益，决定将公款给个人使用的，不以挪用公款罪定罪处罚。可见，单位领导集体研究决定或者为了单位利益将公款给个人使用的，均不构成挪用公款罪。因此，辩护人认为对于本案是否构成挪用公款罪的问题，还可以做进一步的商榷。

如何区分借贷型受贿与民间借贷
——段某明涉嫌受贿案

一、基本案情

被告人段某明与戴某系大学同学。被告人段某明自 2012 年至 2018 年担任 C 市 A 医院院长一职，该院为公立医院，属事业单位。戴某从 1993 年开始兼职从事药品销售代理工作。2011 年，戴某以通过被告人段某明向 A 医院药剂科负责人打招呼和直接审批的方式同意戴某在 A 医院代理销售药品。同时，被告人段某明为戴某在药品结算和付款等方面提供帮助。

2008 年年初，被告人段某明与戴某商定以合伙关系各出资 100 万元共同经营 B 医药有限公司新药部（2012 年 4 月改为借贷关系，由段某明向戴某提供借款 200 万元，月利率 2%）。至 2014 年 4 月，段某明采取将获取的利息又转为借款本金的方式，将借款金额提升为 300 万元。2014 年 5 月，段某明以自己帮助戴某经销药品获取了利润为由，要求戴某支付高于正常借贷利率的利息。自 2016 年 8 月至 6 月，戴某以月息 3%、4% 不等的标准向段某明共支付利息 210 万元，超出月息 2% 的部分为 72 万元。

一审法院认为，被告人段某明在明知戴某有请托事项的情况下，要戴某支付高于正常借款利率的利息，双方之间存在明显的权钱交易和利益输送，对该 72 万元依法应认定为贿赂款。

二、争议焦点

段某明的行为属于正常民间借贷还是以借贷之名收受贿赂？

三、理论探讨

随着国家打击腐败力度加大，受贿的手段和方式层出不穷，许多新型受贿案件呈现与传统受贿犯罪不同的行为特征。其往往借助合法形式，与民事活动或正常的社会交往混同在一起，通过增加行为的隐蔽性、伪装性来改变“传统”的、被刑法规定尽相囊括的行为方式，达到逃避刑罚惩罚的目的。眼下，借贷合同逐渐成为行贿人和受贿人的惯用手段，犯罪人企图用民间借贷这一合法的“外衣”来掩盖其违法的本质。本案就是一起典型的公职人员涉及借贷合同的受贿案，就如何认定段某明的行为性质存在两种意见：第一种意见认为，段某明的行为构成受贿罪，系借贷型受贿。根据《刑法》第385条的规定，本案中，被告人段某明明知戴某有请托事项，仍提出要戴某支付高于正常借款利率的利息，双方之间存在明显的权钱交易和利益输送关系，其行为已然构成受贿罪。第二种意见认为，段某明的行为系民间借贷行为，不应认定为受贿罪。两种意见的争议焦点在于段某明的行为到底是正常的民事活动还是利用借贷合同掩盖受贿事实。

（一）学理上对借贷型受贿与正常民间借贷的区分

借贷型受贿，是指国家工作人员向请托人放款并收取高息，是一种新型受贿方式，以借贷为名，行受贿之实。受贿罪的核心在于利用职权谋取利益。学理上认为借贷合同是否真实有效，是否属于权力依附型腐败，是区分借贷型受贿和正常的民间借贷活动的关键，其中应当注意以下几点：

1. 主体身份的认定

受贿罪的本质在于国家工作人员出卖其公共职务为己谋私，所以侵害公职行为的不可收买性以及借贷双方之间地位便是认定借贷型受贿的重要因素。在民间借贷中，借贷双方处于平等地位，借款人希望从贷款人处获得融资，贷款人希望从借款人处获得利息收益，借贷关系与贷款人职务并无依赖关系。而在借贷型受贿中，一方当事人为国家工作人员，正是基于这一身份为另一方谋取利益提供了可能性，非国家工作人员一方通常需要国家工作人员一方当事人的公共职权为其自身谋取其他利益。

2. 主观方面的认定

在正常民间借贷中，双方由于资金融通的需要，对借贷合同内容平等协商并达成一致，体现了双方的意思自主性。而在借贷型受贿中，非国家工作人员一方对于国家工作人员一方手中的公权力存在期许或者对其职务行为存在依赖，为了获得国家工作人员的“帮助”，非国家工作人员一方会在资金充足的情况下接受国家工作人员提供的借款，或者在约定极低利率的情况下甚至不约定利率的情况下向国家工作人员提供贷款，因此非国家工作人员一方往往具有受迫性或非自愿性。

3. 客观方面的认定

客观方面的审查主要应该注意以下几点：（1）借贷合同的成立基础是否真实存在。即借贷双方是否确实出于资金融通的需要，如果双方虚构需要融资的事实，那么其行为动机则存在疑问。（2）风险是否对等。在正常民间借贷中，借贷双方均有风险，而在借贷型受贿中，国家工作人员一方往往具有优势地位，在订立借贷合同时就会规避其可能面临的风险。（3）借贷收益是否合理。在正常民间借贷中，借款人往往会考虑贷款成本和预期收益，若预期收益不足以支付利息时就会亏损，因此并不会和贷款人约定很高的利息，而在借贷型受贿中，借贷双方为了实现自身非法目的，通常会约定过高的利率。

（二）实务中对借贷型受贿的认定标准

目前规制以借贷方式实施的受贿行为的法律规范还比较欠缺，对于这方面有专门规定的法律文件只有2003年11月13日最高人民法院发布的《全国法院审理经济犯罪案件工作座谈会纪要》（本案中简称《经济犯罪案件纪要》）。《经济犯罪案件纪要》中规定：国家工作人员利用职务上的便利，以借为名向他人索取财物，或者非法收受财物为他人谋取利益的，应当认定为受贿。具体认定时，不能仅看是否有书面借款手续，还应当根据以下因素综合判定：（1）有无正当、合理的借款事由；（2）款项的去向；（3）双方平时关系如何、有无经济往来；（4）出借方是否要求国家工作人员利用职务上的便利为其谋取利益；（5）借款后是否有归还的意思表示及行为；（6）是否有归还的能力；（7）未归还的原因。上述因素可归纳为三种类型：（1）借贷约定方面的要素。包括借贷手续、借贷事由、资金去向、借贷利息、还款日期等。对于民间借贷而言，借贷手续的正式程度往往能够反映借贷双方的亲密程度，以及借款人的信用程度。借贷双方关系越亲近，信用越高，借贷手续越简单，借贷内容越模糊；关系越疏远，信用越低，则借贷手续越详细，借贷内容越具体。（2）借贷背景方面的要素。包括借贷双方的平时的人际关系，有无经济往来，借贷双方的经济状况，出借方是否要求国家工作人员利用职务上的便利为其谋取利益等。行贿、受贿双方有无其他经济上的往来、是否存在借贷关系等是讯（询）问人员必问的项目，讯（询）问这些事情是为了防止被讯（询）问人事后反悔翻供，以双方常有经济往来为由进行抗辩。《经济犯罪案件纪要》中将“双方平时关系如何、有无经济往来”列为综合判定要素之一，也是出于这一考虑，即如果双方平时关系好，经常有经济往来，那么双方的借贷行为就不一定属于贿赂犯罪。（3）还款履行方面的要素。包括资金用途、归还意思、归还能力、未归还的原因等因素。

（三）本案中，段某明收受药品经销商戴某给予的72万元是构成犯罪，还是正常的民间借贷关系

辩护人认为，段某明收受药品经销商戴某给予的72万元不构成犯罪，两人之间为正常的民间借贷关系。对此，辩护人提出了如下辩护意见。

1. 段某明与戴某之间是民间借贷关系

辩护人认为，在戴某具有向被告人段某明贷款的正当理由，段某明通过向戴某出借资金以获取利息，且双方借款有借条为证的情况下，不应当排除双方存在民间借贷关系的可能性，段某明与戴某之间的借贷合同存在现实的成立基础。

2. 若存在借贷高额利息，本案中高额利息数额的认定也与实际情况不符

辩护人认为，根据案发时适用的最高人民法院《关于审理民间借贷案件适用法律若干问题的规定》①（本案中简称《民间借贷规定》）第26条第2款的规定：借贷双方约定的利率超过年利率36%，超过部分的利息约定无效。借款人请求出借人返还已支付的超过年利率36%部分利息的，人民法院应予支持。段某明向戴某提供借款300万元，明显超出借款年利率36%（即月利

---

① 本案案发时适用的是该司法解释2015年的版本，该司法解释在2020年进行了修正，修正后的有关民间借贷利率的规定为第25条。该条规定：“出借人请求借款人按照合同约定利率支付利息的，人民法院应予支持，但是双方约定的利率超过合同成立时一年期贷款市场报价利率四倍的除外。前款所称‘一年期贷款市场报价利率’，是指中国人民银行授权全国银行间同业拆借中心自2019年8月20日起每月发布的一年期贷款市场报价利率。”

率超过 3%）应得的收益部分是在 2018 年 3 月至 6 月，每月支付的利息为 10 万元，每月超过 3% 的利息为 1 万元，因此这 3 个月内收取的高额利息只有 3 万元。其他时间都是符合案发时适用的《民间借贷规定》的规定，故高额利息为 3 万元。

3. 不能仅以戴某给予被告人段某明的利息高于其他人即认定该行为属于借贷型受贿

辩护人认为，根据案发时适用的《民间借贷规定》第 31 条的规定可知，超过约定的利率自愿支付利息或违约金，且没有损害国家、集体和第三人利益是法律所允许的。清华大学法学院张明楷教授在其著作《刑法学》中称："在区分受贿与借贷时，不能仅看有无书面借款手续，而应当综合考察以下因素并作出合理判断：有无正当、合理的借款事由，款项的去向，双方平时关系如何、有无经济往来。" 在本案中，辩护人认为应当综合考虑被告人段某明与戴某的经济往来是否符合正常的民间借贷关系的特征，双方地位的平等性，主观上的自愿性，风险上的对称性，回报比例的合理性，都是正常民间借贷关系的特征。当被告人段某明与戴某之间仅是单纯的借贷关系时，不宜从刑事司法的角度去过度解读。

4. 受贿罪的本质是权力寻租和权钱交易，本案没有超出民间借贷的范畴，没有以职权为筹码进行权钱交易

辩护人认为，戴某向段某明支付利息时没有向其提出具体的请托事项，段某明也没有对其作出任何承诺。戴某支付利息的行为与其在 A 医院的项目没有因果关系。当段某明提供借款有正当理由，且未利用职务之便承诺或实际为出借人谋利时，段某明主观上没有非法收受他人财物的故意。综上，辩护人认为段某明与戴某之间本为民间借贷关系，不宜认定为受贿。

对于这个问题，一审法院认为被告人段某明收受戴某的 72 万元是贿赂款。一审法院指出，被告人段某明明知戴某有请托事项，而提出要戴某支付高于正常借款利率的利息，双方之间存在明显的权钱交易和利益输送，对该 72 万元依法应认定为贿赂款。

如何区分正常的人情往来与受贿

——吴某金涉嫌受贿案

一、基本案情

2009年起，被告人吴某金任A市G县原国土资源局副局长。

伍某宪为G县建设工程监理B公司某部负责人，该公司负责承包G县E村土地综合整治项目、城郊乡F村某一项目、H乡J村土地开发项目等工程监理工作。2010年春节前和2011年春节前，伍某宪在吴某金办公室分别送给吴某金2000元红包，共计4000元；邓某桂为G县建设工程监理C公司某部负责人，该公司负责承包G县Y镇村土地开发工程监理项目，2011年和2012年春节前，邓某桂在吴某金的办公室分别送给吴某金红包2000元和1000元，共计3000元。

刘某华与吴某金系朋友关系，2010年端午节前的一天，在两人打牌过程中刘某华借给吴某金5000元，直到吴某金被提起公诉时均未予归还。

刘某清为湖南省某规划中心副主任，负责G县某高速公路占补平衡项目的规划设计，2010年春节前刘某清送给吴某金红包2000元。

以上款项均被吴某金用于其个人日常开支。

法院经审理认为，被告人吴某金身为国家工作人员，利用职务之便多次收受他人财物，其行为已构成受贿罪。根据在案证据，发现本案中吴某金收受伍某宪4000元、邓某桂3000元现金并非人情往来，而应认定为受贿；刘某华为感谢吴某金对G县L乡某土地综合整治项目工程的关照，借打牌之际向吴某行贿5000元现金，该情形符合受贿犯罪的构成要件。法院依法判处被告人吴某金犯受贿罪，判处有期徒刑3年，缓刑3年。

二、争议焦点

1. 吴某金收受伍某宪和邓某桂春节前送的7000元红包是否应认定为礼金？

2. 吴某金打牌过程中向刘某华借的5000元应当认定为借款还是贿赂款？

3. 刘某清给吴某金2000元的行为是否为贿赂行为？

三、理论探讨

(一)“人情往来”与受贿行为的区分

受贿罪，是指国家工作人员利用职务上的便利，索取他人财物，或者非法收受他人财物为他人谋取利益的犯罪行为，责任形式为故意。在主观方面要求：首先，要求行为人主观上具有索取或者接受贿赂的意思，即具有将对方提供的财物作为自己的所有物的意思。其次，要求行为人认识到自己索取、收受的是职务行为的不正当报酬，认识到自己的行为会侵害职务行为的不可收买性。最后，要求行为人对上述结果持希望或者放任态度。

近年来，“人情往来”一词经常出现在媒体披露官员贪污受贿的新闻中，多数国家工作人员以“人情往来”之名接受馈赠，实则是将其作为权钱交易的渠道。之所以这么做的缘由就是在此种受贿方式中，职务行为与财物的对价关系更加模糊，使行为人的受贿行为更加难以认定。正常的“人情往来”的合理性在于人类作为社会关系的主体，有权对基于人身对等性存在合理的社交规范和往来预期。由于我国的一些实际情况，亲友之间互赠礼物、联络情谊是传统礼节和风俗的一部分，人们已习以为常。“人情往来”与“感情投资”形式的收受贿赂行为具有本质上的不同。亲友之间的正常馈赠是基于情感，以礼物寄托情谊，双方互有往来。2016年，包括苗有水法官在内的多位权威人士发表的《〈关于办理贪污贿赂刑事案件适用法律若干问题的解释〉的理解与适用》中指出：对于与行为人职务行为有着具体关联的所谓的“感情投资”，由于双方在职务活动中日常而紧密的关系，谋利事项要么已经通过具体的职务行为得以实现，要么可以推断出给付金钱者有对对方职务行为施加影响的意图，这种情况下只要能够排除正常人情往来的，同样应认定为受贿。此种观点将“人情往来”排除在受贿罪的范围之外，并指出只有当“人情往来”与行为人职务密切联系，且双方意图通过职务行为谋利时，才能被认定为受贿。

所谓“人情往来”就是有来有往，需要双方在财物上要有互相往来。如甲送给国家工作人员乙财物，乙也送给甲数额相当的财物或者为甲从事价值大致相当的劳务或其他与职权无关的帮助，如果甲乙之间的对价关系与乙的职务行为并无关系，那么这就可以认定为“人情往来”。并且如果甲乙在事实上已经完成了一个完整的“人情往来”关系，即使乙事后为甲行使了一定的职务行为，通常也不宜认定为受贿罪。

“感情投资”则是“投资者”基于对特定利益的长远打算，对拥有特定职务的国家工作人员所进行的长期且单向的“投资”行为，即使出现双方互有往来的情形，也必然存在双方所赠财物价值严重失衡的事实。这种单向“投资”的起始与双方之间利益关系的消长紧密相连，始于对方具有为自己谋利的身份，也会随着对方身份的消失或者贿赂目的的达成而终结。[①] 2016年最高人民法院、最高人民检察院《关于办理贪污贿赂刑事案件适用法律若干问题的解释》（本案中简称《贪污贿赂解释》）第13条第2款对于国家机关体制内的人情往来型受贿犯罪作出了规定：“国家工作人员索取、收受具有上下级关系的下属或者具有行政管理关系的被管理人员的财物价值三万元以上，可能影响职权行使的，视为承诺为他人谋取利益。”只要不满足《贪污贿赂解释》的规定，那么所谓“感情投资”就是正常的“人情往来”，不构成行贿罪和受贿罪。

综上所述，区分正常“人情往来”与“感情投资”的贿赂的关键在于：（1）接受方与提供方是否存在亲友关系；（2）提供方是否有求于接受方的职务行为；（3）接受方是否许诺为提供方谋利；（4）所接受的财物是否超出了一般馈赠的数量和价值。

---

① 李琳：《论“感情投资”型受贿犯罪的司法认定——兼论受贿罪“为他人谋取利益”要件之取消》，载《法学论坛》2015年第5期。

（二）案件分析

1. 吴某金收受伍某宪和邓某桂的7000元红包是否是礼金

对于这个问题，辩护人认为，吴某金收受伍某宪和邓某桂的7000元红包应该认定为礼金。我国有关司法解释明确规定应对逢年过节时所收受的礼金与贿赂款进行区分。本案中，法院将案涉款项认定为贿赂款的主要原因是认为伍某宪和邓某桂为了感谢吴某金将G县E村土地综合整治项目、城郊乡F村改善农业条件项目、H乡J村土地开发项目等工程监理工作，以及G县Y镇村土地开发等工程监理项目分别交给他们做，同时考虑到他们在G县搞的项目吴某金都在管理，跟吴某金搞好关系可能会有利于以后的工作。但是，根据证据材料，当年G县所有项目的原监理公司早已由A市原国土资源局确定，G县原国土资源局对此无选择权。二人所承包的项目合同也只是G县原国土资源局根据A市原国土资源局的通知指示进行签订，通知中还规定A市各区县对招标代理公司及项目监理公司无自主选择权，无权给公司安排项目，吴某金无权亦无机会安排监理工程给伍某宪、邓某桂做，而是否利用职务便利为他人谋取利益是礼金与贿赂款的一个重要区分点。本案中，吴某金并未利用职务之便为伍某宪与邓某桂谋取任何利益。同时，伍某宪、邓某桂于逢年过节之时送给吴某金的礼金均不超过2000元，其数目较小，尚在正常的礼金范围之内，不排除吴某金接受这些钱的原因是认为这是朋友之间正常的人情往来的可能。

对于这个问题，法院认为被告人吴某金收受伍某宪和邓某桂的7000元红包应当认定为贿赂款。法院指出，吴某金收受伍某宪、邓某桂7000元的事实，有伍某宪、邓某桂的证人证言证实，且还有吴某金在办案机关多次一致的供述相印证。综上，法院认为吴某金收受伍某宪和邓某桂的7000元红包为贿赂款。

2. 刘某华向吴某金出借的5000元是否是贿赂款

对于这个问题，辩护人认为，刘某华向吴某金出借的5000元应当认定为借款。根据最高人民法院、最高人民检察院《关于办理赌博刑事案件具体应用法律若干问题的解释》第7条的规定，通过赌博或者为国家工作人员提供赌博资金的形式实施行贿、受贿行为，构成犯罪的，依照《刑法》关于贿赂犯罪的规定处罚。实践中应注意区分贿赂与赌博活动、娱乐活动的界限。具体认定时，主要应当结合以下因素进行判断：（1）赌博的背景、场合、时间、次数；（2）赌资来源；（3）其他赌博参与者有无事先通谋；（4）输赢钱物的具体情况和金额大小。本案中，吴某金和刘某华等人在宾馆打牌时，吴某金由于身上钱不够向刘某华借款5000元，该笔钱是在打牌缺资时的借款，实质上不是打牌前的受贿行为，而是打牌过程中的借用行为。虽然吴某金在被起诉时未予偿还刘某华此5000元借款，但这并不能改变借款的性质，仅因其尚未归还而将该行为认定为贿赂还有待商榷。

对于这个问题，法院认为被告人吴某金收受刘某华的5000元应当认定为贿赂款。法院指出，刘某华为感谢吴某金对G县L乡某土地综合整治项目工程的关照，借打牌之际向吴某金行贿，该情形符合受贿犯罪的形式要件和构成要件，故而作出此认定。

3. 刘某清于春节前送吴某金的2000元是否是贿赂款

一审法院认为，刘某清为感谢吴某金将G县某高速公路占补平衡项目的规划设计交给自己做，于2010年春节前的一天，送给吴某金2000元，对此应当认定为贿赂款，二审法院持相同观点。辩护人认为，G县某高速公路占补平衡项目的规划设计合同签订的时间虽是2009年11月，但是这是事后签的合同。合同中规定湖南省某规划中心应于2009年2月10日前向甲方（原A市G县国土资源局）提交项目科研、规划设计及预算编制成果资料（送审稿），文本资料5套，表明某高速公路占补平衡项目的规划设计于2009年2月就已经完成了。而吴某金是2009年4月之后才任职副局长，分管此项事务。在2009年2月，吴某金根本就不可能参与该项目承包公司的选定，更无可能将此项目安排给刘某清做。既然无职权可以利用，更不可能以此职权安排项目给刘某清，并因此事收受刘某华2000元。辩护人认为，既然双方不存在事前或事后的权钱交易行为，且该笔数目较小，在正常的礼金范围之内，那么其是否是贿赂行为还有待商榷。

最终，法院以受贿罪判处被告人吴某金有期徒刑3年，缓刑3年。

受贿罪中的若干细节认定问题

——申某林涉嫌受贿案、钱某涉嫌受贿案、陈某森涉嫌受贿案

一、基本案情

（一）申某林涉嫌受贿案

2001 年至 2016 年，被告人申某林先后担任 D 市中医医院院长和 D 市中心医院院长，D 市中医医院和 D 市中心医院皆为公立医院，属于事业单位。在此期间，被告人申某林利用其职务之便，在工程承揽、项目招标等方面为相关单位和个人提供帮助，为他人谋取利益，单独或默许其子女非法收受他人财物共计数额 221.9518 万元，具体如下：

被告人申某林利用其担任 D 市中医医院院长和 D 市中心医院院长的职务便利，在工程承揽、工程结算等方面为唐某 1 谋取利益，并默许其儿子申某 1 收受唐某 1 所送财物共计 126.3763 万元。

被告人申某林利用其担任 D 市中心医院院长的职务便利，多次为佘某谋取利益，通过其女儿申某 2 单独非法收受佘某 30 万元购房款、默许其儿子申某 1 非法收受佘某已支付 65.5755 万元的长沙双湾国际小区房产一套。

法院经审理认为，被告人申某林身为国家工作人员，利用职务上的便利，为他人谋取利益，通过其女儿申某 2 收受他人财物，默许其儿子申某 1 收受他人财物，在知情后没有退还或上交，数额巨大，其行为已构成受贿罪。法院判决被告人申某林犯受贿罪，判处有期徒刑 6 年，并处罚金 40 万元。

（二）钱某涉嫌受贿案

2011 年 1 月至 2014 年 5 月，被告人钱某利用其担任 B 市供销社主任，

负责B市委、B市人民政府交办给B市供销社招商引资工作的职务便利，为湖南A地产有限公司在C县开发“锦绣乾城”房地产项目提供帮助，接受湖南A地产有限公司出资为其父母位于B市石桥苑小区的房屋进行装修房屋，装修费用约为172,000万元。

一审法院认为被告人钱某犯受贿罪，判处免予刑事处罚；犯罪所得172,000元予以没收，上缴国库。公诉机关认为对其免予刑事处罚属于适用法律错误，直接导致量刑畸轻，向上级法院提出抗诉，二审法院经过审理认为原审判决认定事实清楚，证据确实、充分，定罪准确，量刑适当，审判程序合法，依法应当予以维持判决，裁定驳回抗诉，维持原判。

（三）陈某森涉嫌受贿案

2008年1月至2016年1月，在被告人陈某森担任A市城市建设投资有限公司（本案中简称城建投公司）法定代表人、董事长、党组书记期间，接受A国信置业有限公司法定代表人、董事长厉某（另案处理）等人的请托，在A国信置业有限公司投资A市城市基础设施建设开发项目及项目投资回报地招拍挂、土地出让金缴纳过程中，利用职务上的便利，为厉某等人及其公司谋取利益，多次收受厉某等人所送现金共计人民币199万元、美元2.2万元。

公诉机关以受贿罪对被告人陈某森提起公诉，经过法院审理，最终判决被告人陈某森犯受贿罪，判处有期徒刑4年6个月，并处罚金40万元。

二、争议焦点

1. 申某林的行为是否属于利用职务上的便利为他人谋取利益？
2. 受贿罪是否要求行为人本人收受财物？
3. 陈某森是否符合受贿罪的主体条件？

三、理论探讨

（一）受贿罪的构成要件要素分析

1. 受贿罪的犯罪客体

法益作为犯罪构成要件的一部分，在犯罪构成要件体系中处于核心地位。

其不仅具有判断行为是否违法的评价机能，还具有解释规制机能。职务行为的廉洁性虽然是我国关于受贿罪所侵害法益的通说，但是该学说具有循环论证之嫌，且所谓“廉洁性”的具体内涵是什么，其到底基于何种立场，该学说的回答模糊不清。对于职务行为的廉洁性的具体含义为何，学界存在不同的观点：公正性说认为，职务行为的廉洁性本质上就是职务行为的公正性，受贿罪对职务行为廉洁性的侵害本质上就是对国家意志的阻挠和篡改。该学说的缺陷在于无法区分受贿犯罪和贪污犯罪以及渎职犯罪的区别，且无法对行为人因自己正当履职的行为收受贿赂的情形作出合理解释。信赖说认为，对职务行为廉洁性的侵害本质上导致国民对于职务行为的可信赖性产生了怀疑，从而降低公权力的威信。该学说的缺陷同上一种学说一样，无法区分受贿罪与其他职务犯罪的区别，并且国民的信赖本身是一个相当模糊的概念，将其作为保护法益大大降低了刑罚的发动门槛，有违刑法的谦抑性原则。职务行为的不可收买性说认为，国家工作人员在从事公务时除国家支付的固定报酬以外不得获得其他任何形式的对价，否则职务行为便不是无偿的。在现代国家公法体系下，公权力具有去人身化和非财产性的特点，职务行为具有公共性，不应将其作为私有财产看待，不应将其随意处分。此种学说准确地指出了受贿犯罪与其他职务犯罪的本质区别，即职务行为与财物之间是否形成对价关系，且合理地将事后收受财物以及行为人以其正当履职行为为对价而收受财物的行为纳入受贿罪的打击范围之内。因此，该学说在我国得到大多数学者的支持。

2. 受贿罪的犯罪主体

受贿罪作为身份犯，构成此罪需要以行为人具有国家工作人员的身份为构成要件，我国《刑法》关于“国家工作人员”的概念规定于第 93 条：“本法所称国家工作人员，是指国家机关中从事公务的人员。国有公司、企业、事业单位、人民团体中从事公务的人员和国家机关、国有公司、企业、事业单位委派到非国有公司、企业、事业单位、社会团体从事公务的人员，以及其他依照法律从事公务的人员，以国家工作人员论。”我国希望通过以《刑法》总则对“国家工作人员”形成一个总括性的规定来对《刑法》分则各相关罪名提供一个共通的适用法则。而晚近以来，学界逐渐开始提倡对于“国家工作人员”的认定不应当拘泥于《刑法》总则的规定，应当结合具体各罪的保护法益来对其进行个别化的解释。就受贿罪而言，职务行为的不可收买性应当是针对公共职位的不可对价性而设置的，这一点与贪污罪不同，贪污罪的法益是围绕公共财产展开，旨在保护公共财产的安全性。

学界对于受贿罪中“国家工作人员”的认定存在两种学说上的分歧，即“身份说”和“公务说”。前者是指通过形式意义上的要素，比如是否具有国家工作人员的身份或者编制来进行认定，后者是指通过行为人是否具有实质意义上的从事公务的属性来进行认定。我国《刑法》第93条的规定以及历年来颁布的众多司法解释，都对这个问题进行了规定［2003年《全国法院审理经济犯罪案件工作座谈会纪要》（本案中简称《经济犯罪案件纪要》）规定：根据有关立法解释的规定，在依照法律、法规规定行使国家行政管理职权的组织中从事公务的人员，或者在受国家机关委托代表国家行使职权的组织中从事公务的人员，或者虽未列入国家机关人员编制但在国家机关中从事公务的人员，视为国家机关工作人员。2004年最高人民检察院法律政策研究室《关于国家机关、国有公司、企业委派到非国有公司、企业从事公务但尚未依照规定程序获取该单位职务的人员是否适用刑法第九十三条第二款问题的答复》规定：对于国家机关、国有公司、企业委派到非国有公司、企业从事公务但尚未依照规定程序获取该单位职务的人员，涉嫌职务犯罪的，可以依照《刑法》第93条第2款关于“国家机关、国有公司、企业委派到非国有公司、企业、事业单位、社会团体从事公务的人员”，“以国家工作人员论”的规定追究刑事责任。2010年最高人民法院、最高人民检察院《关于办理国家出资企业中职务犯罪案件具体应用法律若干问题的意见》规定：经国家机关、国有公司、企业、事业单位提名、推荐、任命、批准等，在国有控股、参股公司及其分支机构中从事公务的人员，应当认定为国家工作人员］。通过上述规定，可以看出我国刑法对于“从事公务”这一实质要件的强调，因此可以说“公务说”才是我国通说。而对于“从事公务”这一概念应当如何理解，《经济犯罪案件纪要》规定：从事公务，是指代表国家机关、国有公司、企业、事业单位、人民团体等履行组织、领导、监督、管理等职责。公务主要表现为与职权相联系的公共事务以及监督、管理国有财产的职务活动。如国家机关工作人员依法履行职责，国有公司的董事、经理、监事、会计、出纳人员等管理、监督国有财产等活动，属于从事公务。那些不具备职权内容的劳务活动、技术服务工作，如售货员、售票员等所从事的工作，一般不认为是公务。概括来说主要包括以下两点：（1）代表性，即国家工作人员执行公务代表了国家意志和国家利益。例如，国家机关、国有公司、企业、事业单位通过委派的方式对非国有公司、企业、事业单位、社会团体派遣国家工作人员，被派遣者则是代表了国家机关、国有公司、企业、事业单位的意志。（2）公务性，即是指国家工作人员的工作内容应当限于公权力行使的事项范围内，对国家公共事务进行处理。

3. 利用职务上的便利

“利用职务上的便利”是职务关联性要件，立足于职务行为的不可收买性，受贿罪的成立要求行为人的收受财物行为与其职务行为之间存在必然的关联性。对于“利用职务上的便利”的理解同样应当结合各罪的法益进行分析。贪污罪的设置不仅针对职务行为的廉洁性，同时还涉及公共财产保护，因此贪污罪中的“利用职务上的便利”主要是指基于职务而建立起对公共财产的合法占有关系或行为人对公共财产享有的债权请求权。而在受贿罪之中，行为人的职务行为与收受财物行为之间并不存在引起与被引起的条件关系，两者只是形成了一种对价关系，因此受贿罪中的行为人利用职务的行为范围更加宽泛，包括直接利用行为人本人的职权或职务行为，或者利用本人与他人之间存在的制约关系中所处的优势地位。此种制约关系不仅包括纵向的制约关系，即同一机关系统内上下级之间存在的隶属、管理关系，还包括横向的制约关系，即同级机关之间或部门之间存在的监管或者其他制约关系。

此外，职务与职权是两个不同的概念。所谓“职权”，是指国家公职人员依法管理国家公共事务的资格，其内容通常具有法律、法规和规章的明文规定，因此具有法定性。而“职务”通常是从国家工作人员个人角度出发，说明其所在的岗位以及所拥有的权限，因此“职务”的外延相较于“职权”更加宽泛，职权是职务地位的衍生，职务地位所包含的权力不限于职权本身。“利用职务上的便利”中的“职务”指的是职务地位，而不仅是指向职权；立法机关在《刑法》第385条中采用的是“职务”的表述，区别于第388条和第388条之一关于斡旋受贿以及利用影响力受贿的规定所采用的“职权”的表述。所以有必要认为，两者的指代范围存在相应的差异，不然采用相同概念会更有利于条文表述的前后统一。因此，以“职务”为立足点来界定职务要件更为合理。

至于如何判定“利用职务上的便利”，主要存在以下几个方面的标准：（1）当代政府组织权限日益复杂，我们难以期待民众甚至公职人员本身对公共机构的职能分工有完整的认识。因此，构成本罪只要求行为人利用基于其职位本身所产生的支配性，不要求利用其法定职权范围之内的权力。（2）所谓“职务”并不要求具有特定性，即不要求财物的取得必须以特定职务为前提，两者之间仅存在对价关系。（3）不要求行为人的职务行为对请托事项造成了实际影响，但其职务行为规范上对请托事项具有支配力。即便行为人答应接受请托并收受财物，但实际上并未完成请托事项，这种情形下也不影响受贿罪的成立，但请托事项应当在其职务的管辖范围内，足以使行为人动用其职权，否则只能视为单纯利用工作之便。

4. 为他人谋取利益

《刑法》第385条第1款将受贿罪分为两种类型。第一种类型为“索贿型”，此种类型的受贿罪不要求行为人以“为他人谋取利益”为要件。而第二种类型“收受型”则需要以“为他人谋取利益”为要件，此要件的适用存在三种学说：（1）旧客观要件说，即要求行为人客观上有为他人谋取利益的行为，并不要求行为人实际上为他人取得了利益；（2）主观要素说，即要求行为人主观上有为他人谋取利益的意图即可，无须客观上有为他人谋利的实际行为；（3）新客观要件说，即我国的通说，该学说认为认定“为他人谋取利益”要件的最低要求是行为人承诺为他人谋取利益即可，包括明示的承诺、暗示的承诺，包括直接或间接的承诺，还包括真实的和虚假的承诺。《经济犯罪案件纪要》规定：“为他人谋取利益包括承诺、实施和实现三个阶段的行为。只要具有其中一个阶段的行为，如国家工作人员收受他人财物时，根据他人提出的具体请托事项，承诺为他人谋取利益的，就具备了为他人谋取利益的要件。明知他人有具体请托事项而收受其财物的，视为承诺为他人谋取利益。”此外，2016年最高人民法院、最高人民检察院《关于办理贪污贿赂刑事案件适用法律若干问题的解释》（本案中简称《贪污贿赂解释》）第13条第1款规定："具有下列情形之一的，应当认定为'为他人谋取利益'，构成犯罪的，应当依照刑法关于受贿犯罪的规定定罪处罚：（一）实际或者承诺为他人谋取利益的；（二）明知他人有具体请托事项的；（三）履职时未被请托，但事后基于该履职事由收受他人财物的。"这条规定也说明了为他人谋取利益的承诺为认定该要件的最低标准。此外《贪污贿赂解释》第13条还对"为他人谋取利益"的推定认定以及行为人事后受财的情形作出了规定，为司法实践提供了明确的指导。

5. 收受他人财物

虽然受贿罪是取得财物的犯罪，但其本质是将公权力私有化而为自己谋利的犯罪，有别于通过非法手段侵占或转移财物的财产犯罪，如贪污罪，因此受贿罪并不属于财产犯罪，而是广义上的职务犯罪。根据受贿罪侵犯的法益可以作出这样的推导：受贿罪的行为人违反的是职务行为不可收买的禁令，而取得财物的行为则揭示了行为人谋取私利的目的，因此受贿罪的成立不要求职务行为与财物之间形成对价关系，只要行为人以自身职权谋私即可。

6. "财物"概念的扩张

随着现代经济的发展，受贿方式也变得越来越多种多样，由于现行《刑法》仍然明确将行为人的受贿对象限定于财物，而虚拟财产以及非财产性利益被排除在文义范围之外。此种方式与国际上的常见做法还不太一样。很多国家认为，受贿的对象不仅包括财产性利益，还包括足以满足人的生理性或心理性需求的一切利益，如吃喝玩乐、提供担保、性贿赂或给予对方特殊的资格（俱乐部高级会员）等。基于刑法解释的合目的性考虑，我国有必要在不违背罪刑法定原则的前提下对"财物"概念做扩张解释，在做扩张解释时，主要应当注意以下几点：

（1）受贿罪中的"财物"应当扩张解释为财产，既包括普通有形财物，也包括无形的、具有实际经济价值的其他利益。2007年最高人民法院、最高人民检察院《关于办理受贿刑事案件适用法律若干问题的意见》中明确将收受干股、以开办公司等合作投资名义获取好处的行为以受贿罪论处；2008年最高人民法院、最高人民检察院《关于办理商业贿赂刑事案件适用法律若干问题的意见》更是明确规定："商业贿赂中的财物，既包括金钱和实物，也包括可以用金钱计算数额的财产性利益，如提供房屋装修、含有金额的会员卡、代币卡（券）、旅游费用等。具体数额以实际支付的资费为准。"（2）"财物"不要求一定具有客观的市场价值，只需具有客观价值或主观价值的其中之一即可。即使行为人所收受的财物在当时的市场行情下一文不值，但只要行为人在收受该财物时主观上认为其具有一定的价值，那么也属于"收受他人财物"的范畴。（3）收受财物不要求行为人具有将财物收为自己所有的意思，行为人可以自己亲自取得财物，也可以授意他人为自己取得，还可以抱有为他人所有的意思授意他人取得财物。这并不违背受贿罪的法益——职务行为的不可收买性的内在要求。与行为人的职务行为形成对价的财物既可以最终归属于行为人本人，也可以归属于行为人以外的其他人，且其最终会以何种形式使行为人获利并不重要，只要行为人主观上认为是在谋私即可。

（二）案情分析

1. 申某林符合受贿罪的主体要件，且利用职务上的便利为他人谋取利益，构成受贿罪

在申某林案中，被告人申某林先后担任D市中医医院院长和D市中心医院院长的职务。在我国医院分为两类，即公立医院和私立医院，公立医院则属于刑法领域中的国有事业单位范畴，经查D市中医医院和D市中心医院皆为公立医院，即国有事业单位。根据我国《刑法》第93条的规定："本法所称国家工作人员，是指国家机关中从事公务的人员。国有公司、企业、事业单位、人民团体中从事公务的人员和国家机关、国有公司、企业、事业单位委派到非国有公司、企业、事业单位、社会团体从事公务的人员，以及其他依照法律从事公务的人员，以国家工作人员论。"因此，对于被告人主体身份的认定关键在于被告人在单位中是否"从事公务"，即是否符合代表性和公务性两点要求。经被告人申某林的任职文件、身份资料、事业单位法人证书、D市人民政府文件、D市委关于申某林的职务任免通知等证据证明，被告人申某林在单位中的职务由国家机关任免，代表了国家意志，且任职期间管理作为事业单位的公立医院的运营，且对国有资产负有监督管理的职责，因此符合受贿罪的主体要件。申某林在任职期间，D市中心医院的基建工程

项目、医疗设备等是由其他公司招投标代理，由申某林负责。认定行为人是否利用职务上的便利，无须基于其法定职权进行考量，而是应当从现实情况出发来进行认定。申某林的职务对工程承揽、项目招标等事务具有制约关系。在我国，工程承揽和招标活动应当由招标单位从投标单位中择优选择，选择标准应当参考工期长短、工程造价、工程质量、承建单位的信誉等因素。可见，即使投标单位已经达到了该工程招标的客观条件，也并不代表其一定能取得该工程的建设资格，还需综合考量其他因素再做决定。因此，应当认定为申某林在工程承揽、结算等方面为康某1谋取利益的行为应当认定为利用职务上的便利为他人谋取利益。综上，笔者认为申某林构成受贿罪。

2. 钱某的行为应当认定为非法收受他人财物

钱某案中，钱某担任B市供销社主任一职，县级以上供销社属于人民政府直属事业单位，其职责主要是承办市委、市人民政府和上级交办的事项，并且根据2009年国务院《关于加快供销合作社改革发展的若干意见》的要求可以推知，县级以上供销社的工作人员参照公务员管理。经查证，被告人钱某是B市委、B市人民政府交办的招商引资工作的供销社的责任人，根据代表性和公务性两点将其认定为国家工作人员并无不妥。本案的争议焦点主要在于成立受贿罪是否要求行为人本人收受财物。在钱某案中，钱某接受湖南A地产有限公司出资为其父母位于B市石桥苑小区的房屋进行装修，装修费用约为20万元。根据前述分析，一方面，钱某存在利用职务之便为他人谋取不正当利益的行为，根据不可收买性说的观点，收受财物不要求行为人具有将财物据为自己所有的意思，行为人为他人谋取财物的行为同样侵害了受贿罪的法益——职务行为的不可收买性；另一方面，受贿罪中财物的收受并不仅限于行为人本人的收受财物行为，即与行为人的职务行为形成对价的财物既可以最终归属于行为人本人也可以归属于行为人以外的其他人，更何况本案中实际收受财物者是行为人钱某的父母，与钱某本人收受财物具有相同性质，所以钱某应构成受贿罪。

3. 陈某森符合受贿罪的主体条件，构成受贿罪

被告人陈某森在城建投公司担任法定代表人、董事长、党组书记职务，城市建设投资公司在我国是全国许多市一级人民政府的投融资平台，属于事

业单位或国有独资公司，是带有公有性质的特殊市场主体。经查，城建投公司董事会成员系按照国有独资公司的相关规定，由市人民政府任命，且被告人陈某森在此期间负责 A 市的投资开发事项，应当认定为“从事公务”。因此，被告人陈某森符合受贿罪的主体要件无疑，且其在 A 国信置业有限公司等公司投资 A 市城市基础设施建设开发项目及项目投资回报地招拍挂、土地出让金缴纳过程中，为厉某等人及其公司谋取利益的行为对其职务具有依赖性，《刑法》第 385 条规定的受贿罪并不要求行为人为他人所谋取的利益为非法利益，因此应当认定被告人陈某森利用职务上的便利为他人谋取利益。综上，笔者认为陈某森构成受贿罪。

如何认定行贿罪中的谋取“不正当利益”

——范某涉嫌行贿案

一、基本案情

被告人范某为A县某建筑工程公司负责人，2012年至2013年，范某多次送给时任A县有关主管部门负责人李某军好处费共计17万元。具体分述如下：

2012年、2013年春节期间，被告人范某为在承揽A县水利工程项目时得到李某军的关照，两次到李某军的办公室，送给李某军好处费共计2万元。

2013年年中，被告人范某为尽快结算A县G镇至县城风雨桥防洪治理工程某标工程款，到李某军的办公室，送给李某军好处费现金5万元。

2013年9月，被告人范某为承揽A县G镇某防洪治理工程、G镇砖瓦厂河道整治工程Ⅰ标段工程项目，请求李某军帮忙，到李某军的办公室，送给李某军好处费现金10万元。

公诉机关以行贿罪对范某向法院提起公诉。

法院认为，被告人范某为谋取不正当利益，给予国家工作人员以财物，其行为确已构成行贿罪，应当依法惩处。公诉机关的指控成立。被告人范某归案后，如实交代了其行贿的犯罪事实，且当庭自愿认罪，依法可以从轻处罚。

其中辩护人对公诉机关指控被告人范某犯行贿罪无异议，但对于起诉书认定被告人范某犯行贿的数额提出异议，认为其中的5万元不是以谋取不正当利益为目的，不属于行贿。法院则认为辩护人提出的辩护意见与本案事实不符，不予采纳。最终，判决被告人范某犯行贿罪，判处有期徒刑3年，缓刑4年。

二、争议焦点

如何认定行贿罪中的谋取“不正当利益”?

三、理论探讨

(一)“不正当利益”要件的法理分析

1985 年最高人民法院、最高人民检察院《关于当前办理经济犯罪案件中具体应用法律的若干问题的解答(试行)》[①] 中,“为谋取非法利益”作为行贿罪的构成要件首次出现;1988 年全国人民代表大会常务委员会《关于惩治贪污罪贿赂罪的补充规定》明确将“为谋取不正当利益”规定在行贿罪的构成要件之中;1997 年《刑法》正式将“谋取不正当利益”融入行贿罪的构成要件之中。而“谋取不正当利益”要件的认定一直是刑法理论和实务界的疑难问题,学界关于“不正当利益”的存废问题一直争论不休。从比较法层面看,大部分国外的法律规定中都没有类似“不正当利益”的规定,对此刑法学者和实务人士一直在努力明确“不正当利益”的含义。

对“不正当利益”的含义目前学界存在以下几种学说:(1)非法利益说。该学说认为“不正当利益”的违法性在于其本身属于法律、法规以及其他规范性文件禁止得到的范围,该学说的缺陷在于对“不正当利益”的界定过于狭隘,削弱了刑法的打击力度。(2)手段违法说。该学说认为“不正当利益”的违法性不仅在于其性质本身违法,还将获取利益的手段是否正当也作为考虑因素,认为以非法手段获取的利益亦属于“不正当利益”,这与最高人民法院、最高人民检察院《关于办理行贿刑事案件具体应用法律若干问题的解释》(本案中简称《行贿案件解释》)第 12 条第 1 款中对“不正当利益”的解释相一致,即“行贿犯罪中的‘谋取不正当利益’,是指行贿人谋取的利益违反法律、法规、规章、政策规定,或者要求国家工作人员违反法律、法规、规章、政策、行业规范的规定,为自己提供帮助或者方便条件”。此种学说虽然相较实质违法说有一定进步,但其打击力度仍然有限。(3)不

① 该司法解释现已失效。

确定利益说。该说认为“不正当利益”包括一切请托人寄希望于国家工作人员通过不正当履职行为获得的归属尚未确定的利益，因为以行贿的方式取得不确定利益在某种意义上侵害了其他竞争者的公平竞争权。这一学说在《行贿案件解释》第12条第2款中得以体现：“违背公平、公正原则，在经济、组织人事管理等活动中，谋取竞争优势的，应当认定为‘谋取不正当利益’。”该条规定将办理商业贿赂案件时采用的“不正当利益”标准推广到了全部的行贿犯罪，还将“谋取竞争优势”的适用范围从“招标投标、政府采购等商业活动”扩宽到了“经济、组织人事管理等活动”，这一学说目前也是我国的通说。

此外，近年来主张废除“不正当利益”要件的学说兴起，主张这一学说的学者认为“不正当利益”要件与行贿罪所侵害的法益无关，不论行贿人所追求的利益正当与否，只要给付国家工作人员以财物，就会侵害行贿罪所保护的法益，行贿人所追求的利益正当与否只能反映行贿人的主观恶性，而不应该作为定罪入刑的要件；另外，我国法律对于“不正当利益”始终没有一个明确的定义，导致在司法实践中法庭很少对行贿人所追求利益的正当性进行认定，这不仅不符合“以法律为准绳”的办案原则，也增加了法官不必要的论证负担。因此，应当删除“不正当利益”要件中的“不正当”的限制条件，但该种学说目前仍未得到实务界的广泛认可。

（二）范某被指控的三起行贿事实是否都是为了谋取“不正当利益”

根据《刑法》的规定，行贿罪必须以“谋取不正当利益”作为构成条件，其用意在于将那些谋取正当利益而向国家工作人员交付财物的行为从行贿罪的打击范围中排除出去，从而缩小打击面。[①]《行贿案件解释》第12条第1款规定，“行贿犯罪中的‘谋取不正当利益’，是指行贿人谋取的利益违反法律、法规、规章、政策规定，或者要求国家工作人员违反法律、法规、规章、政策、行业规范的规定，为自己提供帮助或者方便条件”；该条第2款规定，“违背公平、公正原则，在经济、组织人事管理等活动中，谋取竞争

① 王作富、陈兴良：《受贿罪构成新探》，载《政法论坛》1991年第1期。

优势的，应当认定为‘谋取不正当利益’”。[①]

对于范某在2013年年中送给李某军的5万元是否是为了谋取不正当利益的问题，辩护人认为，范某这样做并不是为了谋取不正当利益。辩护人表示，由于范某在2013年年中送给李某军5万元时，谋取的是正当的合同利益，是否属于上述规定中所说的“不正当利益”，还可以再行商榷。辩护人提出了以下两个方面的辩护意见：（1）双方并没有关于李某军在工程款支付方面给范某帮助、范某给李某军回扣或手续费的约定。（2）范某是在工程款支付之前将5万元给的李某军，给钱的目的是希望李某军能尽快帮忙签字支付工程款。综上，这5万元不具有回扣的性质，并且这5万元也不属于工程款结算的手续费。可见，范某送5万元给李某军的目的是希望李某军能在工程计量报告上签字，以便及时拿到工程款。李某军在计量报告上签字是正常的工程价款结算程序，没有违反法律、法规、规章、政策、行业规范的规定。并且，该5万元也不属于经济往来中的回扣或手续费。因此，工程款是正当的合同利益，取得手段也正当，也并非不确定利益，应属于工程施工完成后施工团队所应得的劳务对价。根据我国通说不确定利益说，这笔工程款不宜被认定为“不正当利益”。

而范某被指控的另外两起事实系为了取得建设工程项目的施工资格而向有关人员行贿。在我国，建设工程项目应当以招标投标的方式取得，由招标单位从投标单位中择优选择，选择时应当参考工期长短、工程造价、工程质量、承建单位的信誉等因素。即使行为人所在的施工单位已经达到了执行该工程所要满足的客观条件，但也无法说明其一定能取得该工程的建设资格，从某种意义上来说侵犯了其他竞争者的公平竞争权，因此属“不正当利益”。

---

① 参见车浩：《行贿罪之“谋取不正当利益”的法理内涵》，载《法学研究》2017年第2期。

如何认定巨额财产来源不明罪中的数额
——王某生涉嫌巨额财产来源不明案

一、基本案情

2010年年初至2013年7月，王某生先后利用担任A市委副书记、书记的职务便利，接受张某兰等人的请托，在医疗器械采购、工程项目承揽、建设工程项目规划审批、工程款拨付、招商引资项目用地挂牌、党政干部职务调整、提拔等方面为他人谋取利益，先后收受张某兰等人财物约合94.6228万元。在除去30多年的基本工资52.6614万元、2010年至2013年任A市委书记期间的礼金收入（红包、烟酒）等后，王某生尚有418.537488万元的财产不能说明来源。

法院经审理认为，王某生的财产、支出明显超出其合法收入，差额巨大，本人不能说明来源，构成巨额财产来源不明罪。

二、争议焦点

王某生是否构成巨额财产来源不明罪？

三、理论探讨

（一）学界对于巨额财产来源不明罪认定的争议

巨额财产来源不明罪，是指国家工作人员的财产、支出明显超过合法收入，差额巨大，不能说明来源的行为。[①] 其两个基本要素是：（1）行为人家庭财产或支出明显超过合法收入；（2）行为人不能说明其来源。这是研究巨

① 张明楷：《刑法学》，法律出版社2021年版，第1577页。

额财产来源不明罪的两个重要抓手，学界对于此罪实行行为讨论的观点多集中于此。

关于本罪的实行行为，刑法理论上存在四种观点：无客观行为说、持有说、复合行为说与不作为说。无客观行为说认为，“财产、支出明显超过合法收入，差额巨大”是一种禁止的事实状态，并不是本罪的实行行为，只是构成巨额财产来源不明罪的前提和基础。“不能说明来源”包括拒绝说明和虚假说明，但这是被告人对司法机关说明来源后的具体评价结果，是司法机关需要证明的对象，而不是行为人的行为。因此，本罪是一种立法推定型犯罪，说明来源成为阻却犯罪的正当化事由。[①] 不作为说同样认为“财产、支出明显超过合法收入，差额巨大”只是一种状态或者前提，但是本罪的实行行为是“不能说明来源”的不作为。[②] 持有说认为国家工作人员非法持有来源不明的巨额财产是本罪的实行行为。但是，单纯的持有说基本已经被抛弃，原因在于单纯的持有说将持有本身视为一种犯罪的实行行为，忽略了一个重要的事实，即巨额财产来源不明罪是作为贪污罪等犯罪的兜底罪名，倘若国家机关工作人员没有被责令说明其来源的，则不符合巨额财产来源不明罪的犯罪构成要件，那么持有说显然是片面地将国家工作人员持有巨额财产这一行为本身视作不法，明显扩大了本罪的打击范围。复合行为说正是看到持有说的这一致命缺陷，进而认为本罪是持有与不作为的结合，即国家工作人员“非法持有来源不明的巨额财产以及不能说明来源”的不作为是本罪的实行行为。

笔者赞成不作为说。无客观行为说显然有悖于无行为则无犯罪这一刑法理论中的重要原则。《刑法》第 13 条明确规定犯罪是依照法律应受刑罚的严重危害社会的行为；即便“不能说明来源”是司法机关的具体评价结果，其评价对象仍然是被告人的某种行为，故否认本罪的客观行为显然是站不住脚的。持有说的缺陷在于：（1）提前了本罪的着手。国家工作人员虽然持有来源不明的巨额财产，但如果能够说明其来源的，不可能成立本罪，那么持有

---

① 于冲：《关于巨额财产来源不明罪客观要件的反思与重构》，载《法学论坛》2013 年第 3 期。
② 张明楷：《论巨额财产来源不明罪的实行行为》，载《人民检察》2016 年第 7 期。

巨额财产本身不应是实行行为。(2) 持有型犯罪只限于行为人所持有的是违禁品之类物品的情形，而本罪中国家工作人员所持有的并不是违禁品之类的物品。持有类犯罪的犯罪对象皆为本身不法的违禁之物，而在巨额财产来源不明罪中，其犯罪对象是不能说明其来源与行为人合理收入不符的部分，其获取这些财物的行为是不法的，但是就财物本身而言，难以认定该财物是违禁之物。而像非法持有毒品罪、持有假币罪、非法持有枪支罪等典型的持有型犯罪，作为这些罪名之犯罪对象的毒品、假币、枪支，均是违禁之物，巨额财产来源不明罪中的货币显然不在此列，并不具有可比性。换言之，仅依据他人持有巨额财物而认定该行为不法，是有些不妥的。(3) 承认持有巨额财产是实行行为无法解释“不能说明来源”的性质。复合行为说试图解决持有说的第三点缺陷，但是仍然不能弥补前两点缺陷。值得注意的是，在不作为说看来，作为义务的来源并不是财产申报制度，而是在国家工作人员的财产、支出明显超过合法收入、差额巨大时，国民便对国家工作人员的廉洁性产生怀疑，国家工作人员廉洁性就存在受侵害的危险。要防止这种危险的现实化，就需要有关国家机关责令其说明来源。如果国家工作人员说明了来源，巨额财产来源不明罪的危险便被消除。究其实质，说明财产来源是法益面临危险时国家工作人员负有的作为义务。

综上，讨论巨额财产来源不明罪成立与否的基本思路是：(1) 成立本罪的基本前提是家庭财产或支出明显超过合法收入；(2) 在符合前提条件的情况下，行为人有拒不如实说明来源的不作为。

(二) 本案中王某生拥有财产、支出明显超过合法收入的情况应该如何认定

家庭财产或支出明显超过合法收入不是成立本罪的实行行为，而是前提条件。认定其数额的意义在于如若行为人拥有的财产、支出尚在合理合法的范围之内，则无讨论本罪的必要；如若行为人拥有的财产、支出明显超过合法收入，则超出的财产数额多寡是法官量刑的主要依据。

认定家庭财产或支出明显超过合法收入且差额巨大的关键在于厘清行为人及其共同生活的家庭成员的合法与非法收入。辩护人认为，在本案涉案财产的认定上还有以下一些问题没有解决。

其一，本案仅调查了王某生的基本工资和部分补贴，没有全面调查王某生在任职期间参与相关部门及其下属各部门组织的各项活动、项目时所获得的加班费、奖金、补贴及各部门每年完成目标任务的目标管理奖等；没有调查其在各种项目建设指挥部兼职时所获得的各种补贴、奖励等。

其二，认定王某生1982年至2013年30多年的全部工资仅为52.6614万元也与客观事实存在出入。

其三，没有调查、提供王某生及与其共同生活的家庭成员红白喜事、子女升学获奖时所收取的各种人情礼金。

其四，仅调查了王某生2010年至2013年任A市委书记期间的礼金收入（红包、烟酒），而对2010年之前的礼金收入却未进行调查。

（三）如实说明不等同于证明：巨额财产来源不明罪中差额部分的举证责任仍应由司法机关承担

巨额财产来源不明罪中，被告人所承担的仅是对巨额财产来源的如实说明义务，但说明并不等同于证明。前者是指在刑事证据理论中能使法官确信某一个案件事实，后者对这些案件事实（程序性事由）只要求一定程度的可信性。至于这种可信性的程度如何，正如我国学者所言，“说明义务”要求行为人不仅要在行为上说，而且还要求结果上的“明”，只提出证据线索疑点并不能等同于“说明”。2008年颁布的《人民法院统一证据规定（司法解释建议稿）》规定，被公诉机关指控犯有巨额财产来源不明罪的被告人，对其财产差额巨大的部分负有证明其来源合法的责任。而证明则意味着被告人需要在法庭上证明其财产的具体来源，并达到排除合理怀疑的程度。在巨额财产来源不明罪中，由被告人承担优势证据或者较大可能性的证明标准较为可行，该标准类似于一些国家和地区民事诉讼的证明标准，即要证明几种可能性中最大的可能性，这种说明义务的证明标准在“排除合理怀疑”的刑事证明标准之下，介于“合理疑点”与“排除合理怀疑之间”，大致与民事证明标准一致。因此，采取“不能说明来源”而非“不能证明来源”仍然表明由公诉机关承担刑事举证证明责任。简言之，在巨额财产来源不明罪的诉讼中，主导者应系行使公权力的国家司法机关，被追诉人只需要达到上述程度的“说明义务”即可，无须提出确实、充分的证据，对该说辞的调查取证工作则由侦查、公诉机关承担，并且上述机关应当承担对该说法真实抑或虚假的证明责任，这是禁止强迫自证其罪原则的基本要求。

在巨额财产来源不明的案件中，如果被告人已多次就其家庭财产、支出与收入状况做了说明并提供了相应证据，侦查机关应当对这些情况做进一步的调查取证核实，不可仅依据其在立案前取得的证据就作出有罪认定。正如上文所言，本罪的说明不等于“证明”，只要行为人说明财产的来源就可以。辩护人认为，本案中王某生对其家庭财产、支出与收入状况做了说明并提供了相应证据，侦查机关应当进一步调查取证核实，若没有调查核实或者核实不清的，应当作出有利于被告人的解释。

法院经审理认为，被告人王某生犯巨额财产来源不明罪。

申报中央奖励资金时的不当行使初审权行为是否构成滥用职权

——秦某涉嫌滥用职权案

一、基本案情

2011 年 5 月，A 县 B 造纸厂的法定代表人屈某的妻舅陈某，在得知可以利用 B 造纸厂的名义申报淘汰落后产能中央奖励资金的事情后，找到 A 县有关主管部门负责淘汰落后产能工作的副书记秦某，希望秦某把 B 造纸厂列入淘汰落后产能的目标任务及企业名单中，承诺事后会给秦某个人好处费，并给 A 县有关主管部门一笔办公经费。秦某在明知 B 造纸厂不符合申报条件的情况下，运用担任副书记的职位所带来的便利，同意将 B 造纸厂列入淘汰落后产能的目标任务及企业名单中，并向上级部门进行申报。同年 12 月 9 日，B 造纸厂所申报的 130 万元淘汰落后产能中央奖励资金被拨付到 A 县财政局，后 A 县财政局分三次将 130 万元补偿款下发到陈某以屈某名义开设的账户。法院审理认为，秦某身为国家工作人员滥用职权，致使公共财产遭受重大损失，其行为构成滥用职权罪。

二、争议焦点

申报资金需要层层报批，秦某并不负责最终的审核工作，其行为是否构成滥用职权罪？

三、理论探讨

（一）滥用职权罪的客体及客观构成要件

通说认为，滥用职权罪保护的法益是国家机关的正常管理活动。[①] 除此之外，职务行为公正说亦有较多支持者，该说认为滥用职权罪保护的法益是国家机关公务的合法、公正、有效执行，以及国民对此的信赖。[②] 笔者认为，两说在本质上具有共同之处，官员的权力来源于人民，故而应该公正地履行自己的职权，官员若不公正履行自己的职权，势必影响甚至破坏国家机关正常的管理活动。但是，正常管理活动说（通说）在实际操作时并不像公正说那样易于把握。

一般认为，滥用职权罪有三个客观构成要件：（1）行为人实施了滥用职权的行为，主要包括逾越职权的行为以及不正当使用职权的行为。（2）行为人的滥用职权行为造成了法定的严重后果。（3）行为人的滥用职权行为与法定危害结果之间具有刑法上的因果关系。[③] 此三者是滥用职权罪客观方面的构成要件，缺一不可。

（二）客观行为与危害结果之间的因果关系认定

我国传统理论认为，因果关系是危害行为与危害结果之间一种引起与被引起的关系，认定刑法上的因果关系时仅确定危害行为在具体条件下包含着危害结果发生的现实可能性是不够的。在此之外，还必须确定危害行为合乎规律地导致危害结果的发生，即危害行为与危害结果之间有一种直接、必然的联系，若危害行为并没有合乎规律地产生危害结果，也就谈不上刑法上的因果关系了。[④]

辩护人认为，秦某的客观行为与本案的危害结果之间没有刑法意义上的因果关系。辩护人提出了以下辩护意见。

在本案中，秦某在整个申报淘汰落后产能中央奖励资金的过程中仅享有

---

① 高铭暄、马克昌主编：《刑法学》，北京大学出版社、高等教育出版社2017年版，第649页。
② 张明楷：《刑法学》，法律出版社2021年版，1247页。
③ 储槐植、杨书文：《滥用职权罪的行为结构》，载《法学杂志》1999年第3期。
④ 周光权：《行为无价值论与客观归责理论》，载《清华法学》2015年第1期。

有限的初审权，并不享有全面的终审权，秦某在工作上的不当行为与国家被B造纸厂骗取130万元的经济损失之间难以谈得上是一种直接、必然的联系。因为淘汰落后产能中央奖励资金从组织申报、审核材料到最后的资金发放，需要经过县、市、省乃至中央各级部门全过程审核和把关，只要任何一个环节、任何一个部门提出异议，B造纸厂都无法骗取到这笔奖励资金。整个流程中，秦某仅负责企业申报资料形式上的初审以及配合现场核实，能否申请到淘汰落后产能中央奖励资金最终由省核查组现场核查后决定，并且奖励资金的发放及监管是由A县财政局在负责，秦某在本案中既无权单独作出任何决定又无权发放奖励资金，故本案中秦某的行为与危害结果之间无法形成刑法意义上的因果关系，秦某的不当工作行为与国家财产的损失之间没有直接、必然的联系。反过来看，如果秦某的行为构成滥用职权罪，那么对国家奖励资金的申报负有审核责任的其他各级部门工作人员尤其是省核查组成员对这件事情可能也负有一定的责任。所以，辩护人认为不宜认定秦某的客观行为与本案的危害结果之间存在因果关系。

对于这个问题，法院认为，秦某对于本案的危害后果负有责任。法院指出，虽然申报淘汰落后产能中央奖励资金的审核等相关工作需由前述的A县有关主管部门等多个部门共同参与负责，但秦某作为A县有关主管部门主要负责淘汰落后产能工作的分管领导，在B造纸厂申报淘汰落后产能中央财政奖励资金过程中，在明知B造纸厂不符合奖励条件的情况下，仍违规将其上报，对淘汰落后产能中央财政奖励资金130万元被骗取负有责任，应以滥用职权罪追究其刑事责任。最终，法院以滥用职权罪对秦某判处了刑罚。

第七编

刑事诉讼法

如何把握性侵未成年人案件的证明标准

——李某鹏涉嫌强奸案

一、基本案情

周某（另案处理）在2016年至2017年长期从事卖淫活动。2017年至2019年，周某开始介绍他人卖淫。

2019年4月中旬的一天，周某通过丁某云（未满14周岁）联系上被害人毛某晶（案发时13周岁）。2019年4月19日17时许，毛某晶被周某带到Y酒店8010号房与嫖客发生性关系。

2019年4月底，周某通过丁某云联系上被害人蒋某甜（案发时13周岁）。2019年4月28日晚，蒋某甜被周某带到Y酒店1808号房与嫖客发生性关系。

2020年5月28日，周某因涉嫌介绍卖淫罪被侦查机关刑事拘留，同年6月11日被逮捕。周某在被调查时指证与上述两名幼女发生性关系的嫖客即为被告人李某鹏，但无法提供任何客观证据。

2020年6月29日，被告人李某鹏接到Y县派出所电话后主动到派出所接受调查，同年6月30日被侦查机关刑事拘留，同年7月13日被公诉机关批准逮捕。

因案发时间久远，侦查机关没有提取到犯罪嫌疑人的体液、毛发等生物检材，也没有提取到案发时Y酒店的监控录像资料。被害人毛某晶、蒋某甜对案发现场的环境、交易细节、犯罪嫌疑人外貌的描述均模糊不清且存在较多前后矛盾之处。被害人蒋某甜在第一次辨认李某鹏时，因无法分辨被辨认对象中的4号与10号，所以未能成功辨认被告人李某鹏。在第二次辨认程序中，在原被辨认对象10号被移出辨认列表的情况下，蒋某甜辨认出被告人李某鹏。

2021 年 1 月 29 日，公诉机关以涉嫌强奸罪对被告人李某鹏因提起公诉。

一审法院认为：本案两起强奸的犯罪事实发生在 2019 年 4 月，侦查机关立案在 2020 年年中，相隔时间较长。除了该客观情况，侦查机关在调查取证时也未能在被害人体内、衣裤上或者现场提取到李某鹏的精液等生物检材，以及未能调取相关的监控视频等证据也符合该案的现实状况。这些因客观原因而缺失的证据未能调取，并不必然导致无法认定李某鹏系该强奸案的行为人，本案证据已形成证据链，达到足以排除合理怀疑的标准，足以认定本案犯罪事实。

虽然毛某晶、蒋某甜、周某等人的言词证据中的一些陈述可能存在细微的差异或者矛盾，但这是基于作案时间与取证时间相隔 1 年之久的实际情况而产生的，这种差异也符合正常人的记忆规律，不能因她们的言词证据之间有细微且不影响案件事实认定的矛盾之处就否定其陈述的真实性、关联性。

关于蒋某甜的辨认笔录。在蒋某甜第二次辨认程序中，公安民警至 C 市看守所召集 7 名男性人员，对 7 人进行录像并且一起拍照，然后还逐个拍照。后在 C 市某派出所，民警将在看守所拍摄的视频及照片交由蒋某甜再次辨认，这可以视为是对“犯罪嫌疑人”的辨认，要求是不少于 7 人，本案的辨认对象为 7 人符合辨认的数量规定，本案的辨认程序未违反最高人民法院《关于适用〈中华人民共和国刑事诉讼法〉的解释》（本案中简称《刑事诉讼法解释》）第 105 条对辨认笔录不得作为定案依据有关情形的规定。综上，本案两名被害人的辨认笔录客观真实，辨认程序并无不当，均可作为本案的定案依据。

二、争议焦点

1. 本案以被害人陈述作为核心证据构建的证据体系是否确实、充分，是否达到足以排除李某鹏并非强奸者的合理怀疑的刑事诉讼证明标准？

2. 本案蒋某甜的辨认程序是否违法？

三、理论探讨

（一）本案是否有直接客观证据证明被告人与毛某晶、蒋某甜发生了性关系

辩护人认为，本案无直接客观证据证明被告人与毛某晶、蒋某甜发生了性关系。对此，辩护人提出了以下几点辩护意见。

1. 在案证据中缺乏强奸案件中最为重要的生物学证据

根据最高人民法院、最高人民检察院、公安部、司法部《关于依法惩治性侵害未成年人犯罪的意见》（本案中简称《性侵害未成年人意见》）的规定："公安机关侦查未成年人被性侵害案件，应当依照法定程序，及时、全面收集固定证据。及时对性侵害犯罪现场进行勘查，对未成年被害人、犯罪嫌疑人进行人身检查，提取体液、毛发、被害人和犯罪嫌疑人指甲内的残留物等生物样本，指纹、足迹、鞋印等痕迹，衣物、纽扣等物品；及时提取住宿登记表等书证，现场监控录像等视听资料；及时收集被害人陈述、证人证言和犯罪嫌疑人供述等证据。"

结合本案全部证据材料，辩护人发现目前的在案证据中没有能够证实犯罪嫌疑人实施了强奸行为的直接证据：既未在被害人体内提取到犯罪嫌疑人的精液，也未在被害人的内衣裤上或犯罪现场收集到可能附着或遗留的犯罪嫌疑人的体液、体毛、体屑等在调查强奸案件时必备的生物检材，辩护人认为无法直接证明强奸事实的存在。

2. 病例、照片、门诊收费收据与本案不存在直接关联性，不能证明该结果系李某鹏导致

辩护人认为，毛某晶与蒋某甜的医学检查结果表明两人存在阴道陈旧性撕裂，但毛某晶的检查时间为 2020 年 5 月 28 日，蒋某甜的检查时间为 2020 年 10 月 28 日，距离公安机关查证的案发时间已经过去一年有余，二者之间缺乏关联性。在接受医学检查时，两人都是早已辍学在家的社会闲散人员，不能排除在其他时间段内由其他异性造成该结果的可能性。

3. 本案缺乏相关视听资料，无法证实犯罪嫌疑人李某鹏存在与强奸相关的任何行为

（1）公诉人未能提供案发时间段 Y 酒店附近的监控录像以证明犯罪嫌疑

人曾在案发时间出现在案发地点；（2）廖某伟与周某的聊天记录并不能证明该房间与犯罪嫌疑人李某鹏有关，周某本就专门从事介绍卖淫行为，其结交的人员成分复杂，不宜主观猜测该房间系周某为李某鹏而开的。

综上，辩护人认为本案无任何直接证据证明犯罪嫌疑人与毛某晶、蒋某甜发生过性关系，所依据的证据尚不符合《性侵害未成年人意见》所提出的“及时、全面收集固定证据”的要求，无法形成闭合的证据锁链，无法充分证明奸淫幼女事实的存在。

（二）毛某晶、蒋某甜、周某的证言

辩护人认为，毛某晶、蒋某甜、周某的证言均存在前后矛盾之处，且无法相互印证，客观性存疑。辩护人从以下几个方面提出了辩护意见。

1. 被害人毛某晶的供述前后矛盾，后来毛某晶也承认自己记忆模糊，反映出其陈述缺乏客观性，以此为依据而制作的现场勘验笔录的客观性可能也存疑，不宜作为证据使用

毛某晶在第一次询问笔录中表示因为这是她第一次性生活，所以对房间印象深刻。称案发地点在Y酒店10楼“出电梯向右，在通到左手边的第一间。浴室在进门左手边，进门床对面墙上镶嵌有一台电视，电视下方是桌子，在床往里的地方摆放了一张深色电动按摩椅，再往里是窗户，窗户旁边放着圆桌，为双人间”。但在根据毛某晶证言制作的第一次现场勘验笔录中可以发现Y酒店1001号房的浴室在进门右手处，不符合毛某晶对案发现场“浴室在进门左手边”的描述。

此后，毛某晶在第三次询问笔录中又改口称宾馆房间里边“没有摆放深色的电动按摩椅”。在根据毛某晶的证言制作的第二次现场勘验笔录中侦查机关对Y酒店1010号、1012号房进行了勘验，根据现场照片可见两房间内床头的摆放方位不同，不应难以区分，且不管是1010号房还是1012号房在房间里侧均有深色电动按摩椅，与毛某晶在第三次询问笔录中所说的“没有深色电动按摩椅”的描述相冲突。

毛某晶在第五次询问笔录中，称其“清楚地记得”“确定是10楼”，应该是10楼的1012号房或1010号房。但从侦查机关提交的新证据来看，当天所开房号是8010，该房间位于Y酒店8楼，与毛某晶反复提到的10楼房间

相矛盾。因此，辩护人认为毛某晶本人供述前后矛盾，反复无常，真实性存疑，侦查机关以此为依据而得出的现场勘验笔录也欠缺客观性，是否可以作为证据使用还有待考察。

2. 被害人蒋某甜的证言无法与毛某晶、周某的证言相互印证，也未直接证明“李某鹏是行为人”，在没有其他客观证据佐证的情况下，不宜以蒋某甜的证言为依据认定被告人有罪

在行为人是谁的问题上，在蒋某甜的第一次、第四次询问笔录中均提到，该的男子“有点秃头”，这与李某鹏当时的外观并不一致。在价格问题上，蒋某甜在其第一次、第五次询问笔录中提到，“价格实际上是13,000元，周某分给其4000元，其事后再分给丁某云2000元”。而与此矛盾的是，周某在其第二次、第三次、第五次讯问笔录中均称此次卖淫行为价格为10,000元，周某与蒋某甜各分得5000元。因此，辩护人认为蒋某甜陈述的真实性需要有其他证据来印证并需要进行综合审查判断。

3. 周某与李某鹏存在利害关系，且其供述存在多处前后矛盾，其作为证人所提供的证言客观性存疑，不宜作为证据使用

首先，周某长期从事介绍卖淫与卖淫行为，被告人李某鹏前期每次与周某见面都出手大方，周某遂把李某鹏当作自己的提款机，向其索要的钱财越来越多，但李某鹏也并非每次都能满足周某的要求，周某在被拒绝几次后就越发对被告人心怀不满。李某鹏在其第一次讯问笔录中也提到了“我认为是她以前问我要钱我没给她，她对我不满就怀恨在心”。因此，辩护人认为周某证言的客观性存疑。

其次，周某在第一次、第三次、第五次讯问笔录中承认两次卖淫行为的房间均是由李某鹏预先开好的。但在第二次询问笔录中，却改口承认两次卖淫行为的房间是由自己通过联系Y酒店前台工作人员廖某伟代开的。其证言明显存在前后矛盾，且与本案其他当事人的证言无法互相印证，欠缺基本的客观性，不应作为证据使用。

4. 证据的真实性、关联性在刑事诉讼中十分重要，审判时应严守证明标准

首先，由于本案作案时间与取证时间相隔久远，本案有关证言的真实性

有所欠缺，这类言词证据法院不宜采用。

其次，毛某晶、蒋某甜、周某等人的证言并非“细微”矛盾，毛某晶对于案发地点的陈述存在多个前后不一、自我矛盾之处，蒋某甜对李某鹏的外貌描述显然不符合客观事实，且毛某晶、蒋某甜、周某对于交易金额的陈述均存在互相矛盾之处。而上述案发地点、犯罪嫌疑人外貌描述、交易金额与方式均系本案定罪量刑的关键事实，结合蒋某甜在第一次辨认笔录中无法辨认李某鹏的事实，辩护人认为既有证据无法充分证明李某鹏系强奸者。

（三）毛某晶、蒋某甜的辨认笔录是否能证明奸淫幼女的行为人系李某鹏

辩护人认为，毛某晶、蒋某甜的辨认笔录均不能证明奸淫幼女的行为人系李某鹏。辩护人从以下几个方面提出了自己的辩护意见。

1. 毛某晶的辨认笔录仅能证明其曾经见过李某鹏，但并不足以证明奸淫幼女的行为人系李某鹏

周某长期从事介绍卖淫的工作，其通过手机给顾客发送照片或带领性工作者去饭店、酒店房间现场的方式进行介绍卖淫，毛某晶作为卖淫一方，或许在某个场合下见过李某鹏，但李某鹏只对周某感兴趣，对周某带来的性工作者完全不感兴趣，并且每次都只与周某发生性关系，自然也不会对其他人有深刻的印象。为此，我们可以合理怀疑，因时间久远，毛某晶早已记不清嫖客的相貌，当侦查人员将李某鹏的照片混杂在其他毛某晶完全不认识的人的照片之中要求其辨认加害人时，毛某晶当然会因为对李某鹏有些印象而辨认其为加害人，但却不能以此断定李某鹏即为与毛某晶发生性关系之人。

2. 蒋某甜的辨认笔录不能作为证据使用，更不能证明奸淫幼女的人系李某鹏

蒋某甜在第一次辨认中无法区分 4 号与 10 号，没有能够辨别出李某鹏，不能证明奸淫幼女的行为人系李某鹏。而在第二次辨认中，办案人员却将 10 号排除在辨认列表之外，这种取证方式似有不妥，对于该辨认笔录辩护人不建议作为证据使用。蒋某甜陈述称其曾与李某鹏过夜，从常理来说，蒋某甜应该对李某鹏的印象十分深刻，但其却无法辨认出李某鹏，甚至错误地描述了李某鹏的外观特征，让人怀疑实施奸淫幼女行为者另有其人，而非李某鹏。

此外，辩护人认为，蒋某甜一直以来都是社会上的闲散人员，与卖淫中介周某关系密切，其在周某的带领下必然会参加许多社交场合，也存在其在某一次饭局中见过李某鹏因而对其有些印象的可能。因此，蒋某甜能辨认出李某鹏并不违背常理，但很难仅以此断定李某鹏即为与蒋某甜发生性关系之人。

（四）在我国刑事诉讼领域“印证证明”的诉讼证明模式下，本案针对未成年被害人陈述所收集的补强证据是否能够排除李某鹏非强奸者的合理怀疑

在性侵未成年人案件中，往往以被害人陈述作为核心证据构建证据体系，但会面临以下两个问题：（1）被害人陈述作为独立关键的直接言词证据虽然在一定程度上能够证明性侵害事实，但被害人与案件的处理有实际上的利害关系，基于报复心理、掩盖心理或假被害人心理，被害人有作出不实供述的可能。（2）该类案件中往往会出现被害人陈述与被告人辩解两大言词证据都主张自身真实可信的“一对一”证据状态。

为此，在我国刑事诉讼领域“印证证明”的诉讼证明模式下，未成年被害人陈述没有完全证明案件事实的证明力，不能单独作为认定案件某一事实或某些事实的证据，需要收集其他证据用以佐证未成年被害人陈述，提升被害人陈述的证明力，从而达到证据确实充分的标准。

由于未成年被害人陈述属于言词证据，其客观性受被害人主观意志影响较大，因此应补充收集相应的客观证据对其进行补强。辩护人认为，本案针对未成年被害人陈述所收集的补强证据尚不足以排除李某鹏非强奸者的合理怀疑。对此，辩护人提出了以下辩护意见：本案中，侦查机关针对被害人陈述所收集的补强客观证据有被害人的体检报告、案发现场勘验笔录、Y 酒店开房记录、证人周某的微信聊天记录、被害人所坐车辆行动轨迹等。上述证据均只能佐证存在性侵事实，但却无法证明实施性侵者系李某鹏，在 Y 酒店视频监控缺失的情况下，甚至不能证明李某鹏案发当晚在案发现场，况且如果李某鹏系强奸者，那么为何周某的微信中却没有案发当晚与李某鹏的聊天记录或通话记录？

综上，辩护人认为，本案依据被害人陈述所构建的证据体系只能补强证

明被害人曾遭受性侵，在由何人实施性侵这一定罪量刑事实上则没有客观证据予以补强，还没有达到证据确实、充分的标准，在李某鹏一直坚称自己没有实施强奸行为的情况下，本案证据显然无法排除李某鹏并非强奸者的合理怀疑。

（五）蒋某甜的辨认程序是否存在问题

《刑事诉讼法解释》第105条规定："辨认笔录具有下列情形之一的，不得作为定案的根据：……（四）辨认对象没有混杂在具有类似特征的其他对象中，或者供辨认的对象数量不符合规定的……"

辩护人认为，本案辨认程序与有关规定不符。辩护人提出了如下的辩护意见。

在蒋某甜的第一次辨认中，其认为4号与10号照片中的两人长相相似，无法准确辨认出哪位是李某鹏。而在第二次辨认过程中，侦查人员却将第一次辨认中的10号照片移出辨认列表外，这种做法与相关规定不符。且本案辨认程序是通过犯罪嫌疑人的照片进行辨认，辨认过程所使用的照片只有7张，没有落实《公安机关办理刑事案件程序规定》中"对犯罪嫌疑人照片进行辨认的，不得少于十人的照片"的规定。综上，辩护人认为该辨认笔录属于非法证据，建议予以排除。

对于辨认程序是否系对"犯罪嫌疑人"的辨认且是否违反《刑事诉讼法解释》第105条规定的问题，辩护人从以下几个方面进行了分析：（1）该辨认程序并非对"犯罪嫌疑人"的辨认，而是对"犯罪嫌疑人"照片的辨认。（2）侦查人员在第二次辨认过程中移除具有类似特征的10号照片的行为与《刑事诉讼法解释》第105条的规定不相符。蒋某甜在第一次辨认时无法辨认4号与10号本就属于敏感关键事项，理应在接下来的辨认程序中进一步区分，以排除李某鹏并非强奸者的合理怀疑，但侦查人员却反而将具有类似特征的10号移出辨认列表，显然属于该条规定中"辨认对象没有混杂在具有类似特征的其他对象中，或者供辨认的对象数量不符合规定的"的情形，所以辩护人建议将该辨认笔录排除。

四、案例意义

近年来，在加强对未成年人司法保护、严惩侵害未成年人犯罪的司法政策背景下，部分侵害未成年人案件过分强调保护未成年人，对司法的程序正义重视不足，就导致该类案件中的证据证明问题存在一些漏洞，没有完全落实《刑事诉讼法》的要求，容易对司法审判的质量产生影响。《刑事诉讼法》第 55 条第 2 款所规定的证明标准，应普遍适用于所有刑事案件。

如何认定是否达到证据确实、充分的定罪标准

——车某龙涉嫌贩卖毒品案

一、基本案情

被告人车某龙于2015年1月初，预谋从广东毒贩陈某清处购买甲基苯丙胺2000克用于贩卖谋利。同年1月4日20时30分许，车某龙通过烟台市某区建设银行幸福路分理处ATM，将95,000元存入陈某清提供的被告人刘某明及林某和（另案处理）的银行账户。同年1月7日，刘某明受陈某清指使，与被告人吴某军乘坐长途客车，将该宗毒品从广东省广州市经由河南省商丘市、山东省威海市等地运输至山东省烟台市。同年1月8日5时许，刘某明、吴某军听从车某龙指挥，在烟台市某假日大酒店门前，乘坐车某龙租用的由孙某平驾驶的无证照出租车，跟随车某龙乘坐由张某驾驶的无证照出租车，行至烟台市某区停车，准备进行毒品交易时，刘某明、吴某军被公安机关当场抓获，车某龙逃脱。公安机关从该无证照出租车后座上当场缴获刘某明、吴某军所携带的甲基苯丙胺1998.27克。被告人车某龙于2014年夏季，在烟台市某区，分两次向其同学刘某贩卖甲基苯丙胺共计0.5克，收取毒资250元。

被告人车某龙于2015年1月26日在烟台市某区通世新城租房内被公安机关抓获归案。

法院认为，关于车某龙的辩护人提出的“认定车某龙贩卖毒品证据不足，应认定无罪”的辩护意见，经查，车某龙涉嫌贩卖毒品的事实，其相关证据有车某龙、刘某明、吴某军在侦查机关的供述，且三被告人的供述与陈

某清的供述相互吻合，并有相关物证、书证等证据予以佐证，足以证实该起犯罪事实，对于车某龙的辩护人的相关辩护意见不予采纳。被告人车某龙实施贩卖毒品的行为，数量大，其行为构成贩卖毒品罪；公诉机关指控被告人车某龙构成贩卖毒品罪的罪名成立，应予以惩处。鉴于车某龙从陈某清处购买的毒品被当场查获，未流入社会，可酌情对车某龙从轻处罚。判决被告人车某龙犯贩卖毒品罪，判处有期徒刑15年，并处没收个人财产10万元。

二、争议焦点

本案中，认定车某龙构成贩卖毒品罪这一罪名的证据是否确实、充分，是否存在非法证据未排除的情况？

三、理论探讨

（一）本案证据是否确实充分，是否能形成完整的证据链，取证方式是否合法，是否能达到排除合理怀疑的定罪标准

根据《刑事诉讼法》第55条第2款的规定，证据确实、充分，应当符合以下条件：（1）定罪量刑的事实都有证据证明；（2）据以定案的证据均经法定程序查证属实；（3）综合全案证据，对所认定事实已排除合理怀疑。

对照上述规定，具体联系本案，辩护人认为公诉机关指控被告人车某龙犯贩卖毒品罪的证据不足，辩护意见如下：

1. 车某龙前后供述相互矛盾，不能达到排除合理怀疑的定罪标准

车某龙在前八次讯问过程中承认自己进行了毒品买卖活动，但是在第九、十次讯问和一审庭审过程中推翻了之前的有罪供述。辩护人认为，根据存疑有利于被告人的原则，不能轻易采信用以证明车某龙贩卖毒品的证据。

2. 相关实物证据、书证及证人证言没有互相印证，不能形成指控车某龙实施涉案罪名完整的证据链

辩护人认为，本案对毒品的指认证据缺失、汇款金额和款项来源不能相互印证、谁是实际收款人无证据证明、给林某和汇款的4.5万元无从查证等情况说明尚未形成指控车某龙贩卖毒品的完整证据链。

3. 被告人讯问笔录同步录音录像不完整，目前证据建议排除

最高人民法院、最高人民检察院、公安部、国家安全部、司法部《关于办理刑事案件严格排除非法证据若干问题的规定》第10条第1款规定：侦查人员在讯问犯罪嫌疑人的时候，可以对讯问过程进行录音录像；对于可能判处无期徒刑、死刑的案件或者其他重大犯罪案件，应当对讯问过程进行录音录像。根据《人民法院办理刑事案件排除非法证据规程（试行）》第26条的规定，应当对讯问过程录音录像的案件没有提供讯问录音录像，或者讯问录音录像存在选择性录制、剪接、删改等情形，现有证据不能排除以非法方法收集证据的，对有关证据应当予以排除。根据已有的卷宗资料，被告人车某龙一共经历了10次讯问，但是现有的视频资料只有2次讯问的录音录像。

4. 被告人的有罪供述涉嫌受到威胁等违背最高人民法院、最高人民检察院、公安部等部门制定的相关规定的行为之影响，相关证据应予排除

根据最高人民法院《关于适用〈中华人民共和国刑事诉讼法〉的解释》第123条的规定，采用殴打、违法使用戒具等暴力方法或者变相肉刑的恶劣手段，采用以暴力或者严重损害本人及其近亲属合法权益等相威胁的方法，使被告人遭受难以忍受的痛苦而违背意愿作出的供述，应当予以排除。最高人民法院、最高人民检察院、公安部、国家安全部、司法部《关于办理刑事案件严格排除非法证据若干问题的规定》第3条规定："采用以暴力或者严重损害本人及其近亲属合法权益等进行威胁的方法，使犯罪嫌疑人、被告人遭受难以忍受的痛苦而违背意愿作出的供述，应当予以排除。"被告人车某龙在一审庭审过程中当庭供述其遭到了公安机关的刑讯逼供和威胁。根据被告人在一审庭审的自述，其之前的有罪供述都是受到了刑讯逼供所致，辩护人认为将这些证据予以排除为宜。

5. 公安机关的技术侦查手段不符合法定程序，相关证据建议排除

《公安机关办理刑事案件程序规定》第268条第2款规定："采取技术侦查措施收集的材料作为证据使用的，采取技术侦查措施决定书应当附卷。"辩护人认为，本案中公安机关以下两个方面的行为不符合该规定的要求：（1）公安机关对犯罪嫌疑人采取技术侦查措施是否经过严格的批准手续在案

卷材料中未体现。(2)公安机关只有在立案后才能采取技术侦查手段，但是本案中是先对犯罪嫌疑人采取技术侦查手段然后再办理立案手续，说明公安机关的技术侦查可能没有经过合法的批准程序。

6. 程序违法的控制性交付的相关证据建议排除

辩护人认为，本案证据材料中的《抓获材料》《办案说明》证明烟台市公安局某区分局刑侦大队民警是在技术部门的配合下对犯罪嫌疑人实施抓捕的，而本案客观事实却是先对犯罪嫌疑人采取技术侦查手段然后办理立案手续，属于控制下交付，前后说法矛盾，所以辩护人认为将相关证据予以排除为宜。

(二) 侦查机关办案程序是否存在问题

辩护人认为，侦查机关的办案程序存在不合法的情形。其提出了以下几个方面的辩护意见。

1. 侦查机关的相关文书存在不合法的情形

辩护人认为，侦查机关的相关文书存在以下这些不合法的情形：(1) 侦查机关对车某龙作出的《延长拘留期限通知书》程序违法，文书落款日期与实际签字日期不一致；(2)《补充侦查报告书》期限违法，退回补充侦查期限由 1 个月变成了 4 个月；(3)《抓获材料》《办案经过》程序违法，没有办案人员的签字或盖章。

2. 扣押与送检程序不合法

辩护人认为，公安机关提供的视频资料和照片资料都没有对毒品的原始位置、存放状态和变动情况进行足够清晰的展示，并且缺乏连贯性，不能确定扣押物与检材的同一性。

3. 关键证据调取的程序不合法

辩护人表示，《调取证据通知书》及银行流水是公诉机关控诉车某龙购买两公斤毒品的关键“毒资”证据。该组银行流水是通过拍照提取的，其中没有注明调取物证时间、未注明与原件无异。

4. 毒品的取样方式不合法

辩护人认为，本案缺少对于毒品的取样，也没有在犯罪嫌疑人以及见证人见证的情况下制作取样笔录，对于拆封取样的主要过程缺少拍照和说明。

5. 毒品送检超期

根据《办理毒品犯罪案件毒品提取、扣押、称量、取样和送检程序若干问题的规定》第 30 条第 1 款的规定："对查获的全部毒品或者从查获的毒品中选取或者随机抽取的检材，应当由两名以上侦查人员自毒品被查获之日起三日以内，送至鉴定机构进行鉴定。"而在烟台市公安局刑事科学技术研究所作出的《理化检验鉴定报告》中，显示送检物证是在 2015 年 1 月 14 日受理的，8 日、9 日、12 日 3 天是工作日，检材应该在 12 日前送达鉴定机构，而公安机关却是在 14 日才将检材送至鉴定机构，辩护人认为检材的移送鉴定超出了期限。

6. 毒品扣押的见证证据不合法

辩护人认为，在 2015 年 1 月 8 日 8 时 30 分至 9 时 10 分刘某明的检查笔录和 2015 年 1 月 8 日 9 时 0 分至 9 时 30 分孙某平的辨认笔录两份材料中，见证人都是王某，一个见证人不可能在同一时间段进行两个不同的见证行为，并且这两份材料都没有附见证人的任何信息资料。

综上所述，根据刑事诉讼有关非法证据排除规则以及定罪标准的规定，辩护人认为指控被告人车某龙构成贩卖毒品罪的证据不确实不充分，不能排除合理怀疑，无法形成完整的证据链。

以非法方法获取的有罪供述是否当然予以排除

——周某芳涉嫌受贿案

一、基本案情

2009年10月至2012年，被告人周某芳利用担任A公司经理兼B项目办主任的职务便利，为他人谋取利益，先后17次收受史某平等5人的贿赂款、物，共计价值149.26万元。其中，先后8次收受C机械施工有限公司副总经理史某平所送钱款共计67万元；收受D桥梁工程有限公司副经理李某明所送“洪隆”商场购物卡10张，共计价值1万元；先后4次收受E工程有限公司董事长上官某所送钱款共计50万元；先后3次收受F管理有限公司总经理兼J大酒店管理有限公司执行副董事长余某所送钱款共计30万元；收受肖某1所送“龙行天下”金质纪念章一枚，价值1.26万元。

由于本案发生在国家监察体制改革之前，所以本案由检察机关负责侦查。被告人周某芳在诉讼中多次提到自己在侦查过程中受到了刑讯逼供，多次遭受殴打，胸椎被打到骨折，长时间不让睡觉、吃饭，并且经常有人逼自己认罪，作出的有罪供述都是被刑讯逼供出来的，不符合实际事实，并且提供了受到刑讯的相关线索即进出看守所的体检报告。另外，周某芳表示其供述的行贿人及受贿数额都是在诱导逼迫的情况下陈述的，与客观事实不相符合。

审理过程中，被告人周某芳及其辩护人提出了“周某芳系受到检察人员刑讯逼供才作出有罪供述”的辩护意见，并提供了刑讯逼供的具体人员、时间、地点、方式、内容等相关线索，陈述了其胸十二椎压缩性骨折系检察人员殴打所致，以及检察人员将其在两地之间多次改变指定居所地或羁押场所的情况。

法院认为，因周某芳向检察人员所作的有罪自书、有罪供述，公诉机关的证据不能排除合理怀疑，不足以证明所获取的合法性而予以排除，故起诉指控的被告人周某芳收受史某平 67 万元、余某 30 万元的事实不清、证据不足，不予认定。最终认定被告人周某芳系国有企业中从事公务的人员，应以国家工作人员论。其利用职务上的便利，收受他人钱财，为他人谋取利益，其行为已构成受贿罪，依法应予处罚。为维护国家工作人员职务廉洁性，惩治贿赂犯罪，判决被告人周某芳犯受贿罪，判处有期徒刑 4 年 6 个月，并处罚金 30 万元。

二、争议焦点

1. 本案中关于被告人的有罪供述，是否系通过非法取证的方式获得，是否应当适用非法证据排除规则？

2. 现有证据是否能证明被告人周某芳构成受贿罪？

三、理论探讨

（一）本案被告人的有罪供述是否可以采信

综合分析本案的所有证据，除了被告人和行贿人的口供之外，实际上没有其他证据对受贿事实予以佐证，并且在实践中通常需要查证的行贿款的来源与去向也无法查清。所以，本案口供的合法性及真实性是一个至关重要的问题。辩护人认为，本案的侦查程序存在一些不合法的情形。辩护人提出了以下几个方面的辩护意见。

1. 关于本案的非法证据排除问题

《刑事诉讼法》第 58 条第 2 款规定："当事人及其辩护人、诉讼代理人有权申请人民法院对以非法方法收集的证据依法予以排除。申请排除以非法方法收集的证据的，应当提供相关线索或者材料。"第 59 条第 1 款规定："在对证据收集的合法性进行法庭调查的过程中，人民检察院应当对证据收集的合法性加以证明。"第 60 条同时规定："对于经过法庭审理，确认或者不能排除存在本法第五十六条规定的以非法方法收集证据情形的，对有关证据应当予以排除。”这就是说，对于非法证据排除程序的启动，被告方只需提供相关线索即可，而控方必须对证据的合法性承担证明责任，且证据必须达到确实充分的标准。

从本案证据来看，被告方提供的证明周某芳受到刑讯逼供的证据有：(1) 周某芳于 2013 年 4 月 16 日拍的 CT 片两张、江西省保健体检中心体检报告一份、江西省人民医院健康检查记录一份，证明周某芳体检当天胸椎无异常；(2) A 公司出具的关于周某芳 2013 年 1 月至 12 月未在单位报销医疗费的证明；(3) 2014 年 9 月 4 日 F 市人民医院 DR 片显示周某芳胸十二椎体陈旧性压缩性骨折；(4) 江西天剑司法鉴定中心对周某芳身体状况的伤情鉴定意见以及鉴定人黎某 1 的证言，证明胸十二椎体骨折成立，胸椎骨折原因和时间难以明确认定，医学上对骨折 1 个月后的伤情称为陈旧性骨折；(5) 2014 年 3 月 13 日的悔过书以及同年 7 月 3 日的讯问笔录和悔过书，证明 F 市人民检察院检察人员逼迫周某芳认罪。

对上述被告方提供的证明存在刑讯逼供情况的证据，公诉机关向法院出示、宣读、播放了以下的文字材料与视听资料：(1) 周某芳的供述，N 市铁路运输检察院检察人员于 2014 年 4 月 24 日、6 月 9 日、6 月 17 日、7 月 3 日、7 月 8 日、8 月 8 日讯问周某芳的同步录音录像；(2) N 市铁路运输检察院出具的工作情况说明；(3) F 市人民检察院出具的工作情况说明；(4) N 市铁路公安局 N 市公安处出具的工作说明及该处执行指定居所监视居住的民警章某、钱某出具的工作情况说明；(5) F 市人民医院对周某芳身体所做的检查结果、医生杨某于 2014 年 9 月出具的关于周某芳的胸椎骨折系一年以上陈旧性骨折的情况说明。此外，N 市铁路运输检察院检察人员桂某、曹某出庭作证。

辩护人认为，公诉机关虽然出示、宣读了被告人周某芳的有罪供述、播放了六次审讯的同步录音录像，并且出示了没有违法审讯的情况说明等证据，但公诉机关针对 F 市人民检察院出具的说明不符合证人必须个别作证的要求，以及对于 2014 年 4 月 24 日、8 月 8 日同步录音录像的笔录时间与同步录音录像时间不一致等证据瑕疵，均未作出补正说明；针对多次变更周某芳指定居所地和羁押场所、周某芳 2014 年 3 月 13 日的悔过书以及 7 月 3 日的讯问笔录和悔过书中提及F市人民检察院检察人员对周某芳进行了刑讯逼供等情况，均未作出合理解释；针对周某芳及其辩护人提出周某芳胸十二椎体骨折系刑讯逼供所致这一线索，没有提供足以排除合理怀疑的证据。综上，辩护人认为公诉机关提出的证据不能排除合理怀疑，不足以证明其获取的周某芳有罪自述及向N市铁路运输检察院检察人员所做有罪供述的合法性，所以周某芳上述有罪供述不宜作为定案的根据。

2. 辩护人认为，被告人周某芳的庭前有罪供述真实性存疑，不符合对证据属性的要求，建议予以排除

辩护人表示，从被告人周某芳口供的变化过程可以看出，其有罪供述的真实性存疑。

其一，被告人周某芳在2014年3月13日前共作出26次的自我交代及悔过书，而这26次的自我交代及悔过书的内容与30次的讯问笔录内容没有任何印证关系。

其二，周某芳在2014年3月2日之前的自我交代及悔过书中，均交代有受贿行为，但是大量行贿人的名字却不清楚。在此期间内，也没有出现任何行贿人的证言；而到2014年3月12日，周某芳的讯问笔录中出现与起诉书指控相关的行贿人的名字（如李某明）后，有关行贿人的证言开始陆续出现。

其三，周某芳的供述中，关于李某明的贿赂部分，根据2014年3月12日的笔录，周某芳收受李某明10万元，2014年4月24日的供述则显示周某芳收受李某明1万元；而2014年5月28日开始，李某明有关行贿的证言出现，李某明的证言显示送给周某芳的是共计价值1万元的购物卡，1000元面额；接着从2014年6月9日开始，周某芳的供述开始发生变化，称李某明送的是共计价值1万元的购物卡，面额1000元。双方的供述自此才呈现一致性。

此外，在史某平2014年3月6日的讯问笔录中，显示史某平送给周某芳67万元；周某芳2014年3月12日的讯问笔录显示周某芳收受史某平40万元，这次的供述与史某平的证言完全无法对应；而到2014年4月24日，周某芳的供述开始发生变化，显示周某芳收受了史某平67万元，这一次的供述

与史某平的证言所说的关于时间、地点、次数、每一次收受的金额等信息相一致，之后的供述与这一次的保持一致。

由此可见，周某芳于2014年3月12日所作的供述中关于三次收受余某贿赂的时间分别是2011年6月、2012年7月、2013年7月；而从2014年4月24日开始，其供述中关于收受余某贿赂的时间分别变成2010年上半年、2011年下半年、2012年上半年。与余某的供述逐渐一致。

不难看出，被告人的供述是在逐渐调整的，从目标（行贿人）不明的供述到行贿人名字出现后的矛盾供述再到以行贿人的证言为框架进行调整，直至二者一致。通过观察这种口供变化和调整的轨迹，明显可以看出：（1）本案行贿人的身份是根据周某芳的供述来确定的，而不是事先客观存在的（也就是说，在周某芳的供述中出现明确的行贿人的名字后，接着才有这些行贿人的口供；而之前的周某芳供述中出现的行贿人不明，无法确定行贿人，没有任何行贿人的证言）；（2）本案言词证据的客观性存疑，被告人的供述有明显向行贿人的证言靠拢的过程，所以辩护人认为此供述的真实性还要再进一步查明。

（二）全案证据是否能达到证据确实、充分的定罪标准，能否排除合理怀疑，是否能认定被告人周某芳构成受贿罪

辩护人认为，全案证据尚未达到证据确定、充分的定罪标准，无法排除合理怀疑，不宜认定周某芳构成受贿罪。辩护人提出了以下几个方面的辩护意见。

1. 本案一对一的口供之间存在矛盾，达不到法律要求的证明标准

本案指控受贿的证据中，除了被告人的部分有罪供述和行贿人的口供外，并没有其他客观证据能够印证，并且被告人的供述和行贿人的口供在关于受贿的时间、地点等细节上前后矛盾、相互矛盾，供述与其他书证和常识相违背，达不到法律要求的确实、充分的标准。

侦查机关同一时间对周某芳进行了两次不同的讯问，制作了两份内容不同的讯问笔录：（1）第一次讯问，记录在侦查案卷第2卷第51页至第53页的讯问笔录上，记载的讯问时间是2014年3月10日20时55分至21时55分；（2）第二次讯问，记录在侦查案卷第2卷第54页至第56页的讯问笔录

上，记载的讯问时间是2014年3月10日21时0分至21时55分。以上两份笔录记载的讯问时间是重合的，不符合客观规律。

周某芳的有罪供述中所述的受贿情形前后不一，并且有不少供述连行贿人的名字都叫不出；有罪供述与无罪辩解前后反复。

周某芳的供述不仅前后矛盾，而且与其他证据明显矛盾。如在对周某芳2014年4月24日、6月9日的两次讯问中，周某芳均称史某平“有时候他会打电话和我联系，联系好后再来，有时候不会，他直接来我办公室”，但史某平2014年3月6日、9月5日的两次证言表明其每次找周某芳之前都会先电话联系。再如，周某芳在2014年4月24日、6月17日、6月26日、6月9日、8月8日的讯问笔录中均称：“2012年1月、2月，上官某送给我的20万元，是1万元一扎，一共20扎。”而上官某在2014年6月3日、6月12日的证言中均称：“2012年2月25日送给周某芳的20万元，10万元一扎，共两扎。”

根据案卷材料记载的提讯、提解记录，侦查终结后移送的犯罪嫌疑人周某芳的讯问笔录、自我交代只是其中一部分，这也就不能排除周某芳在其他讯问及交代中是无罪辩解的合理怀疑。

被告人庭前的供述多次反复，在讯问笔录中多次提到其受到了刑讯逼供，其庭前的有罪供述没有其他证据能够印证。根据最高人民法院《关于适用〈中华人民共和国刑事诉讼法〉的解释》第96条的规定：“审查被告人供述和辩解，应当结合控辩双方提供的所有证据以及被告人的全部供述和辩解进行……被告人庭前供述和辩解存在反复，但庭审中供认，且与其他证据相互印证的，可以采信其庭审供述；被告人庭前供述和辩解存在反复，庭审中不供认，且无其他证据与庭前供述印证的，不得采信其庭前供述。”据此，辩护人认为周某芳的庭前供述不宜作为定案根据。

2. 本案关键事实不清、证据不足：关于贿赂的来源及去向只有孤证证明，且与本案的书证等客观证据相矛盾

辩护人对本案的基本事实，即受贿时间、地点、金额以及贿赂的来源和去向进行了分析，发现以下问题：

（1）本案指控的每一笔行贿款项的来源，除了行贿人的口供外没有其他

任何证据能够印证，系孤证。

（2）关于贿赂的去向，除被告人周某芳的供述外，没有其他任何证据能够印证，并且周某芳关于贿赂去向的供述与本案书证——购房、购车付款凭证以及对应的银行存款记录、搜查笔录之间存在矛盾。现有的证据不能证明本案贿赂款项的存在。

第一，在公诉机关指控的每一个受贿时间点前后一段时间之内，周某芳及其亲属的所有银行账户均没有与受贿金额相对应的资金存入。

第二，根据案卷材料中周某芳及其亲属购房、购车的付款凭证可知，所有的购房款和购车款主要是通过银行转账或刷卡支付，而周某芳的“受贿款项”没有存入银行的存款记录，这说明周某芳家庭的房、车都是通过其自有资金购买。

第三，周某芳在讯问笔录中称其收受的贿赂款主要用于买房、买车及装修。但综合以上书证与口供的对比，可知周某芳有关贿赂去向的供述客观性存疑。

综上，辩护人认为本案的被告人供述前后矛盾、相互矛盾，口供与其他证言、书证之间的矛盾无法排除。《刑事诉讼法》第55条第2款规定：“证据确实、充分，应当符合以下条件：（一）定罪量刑的事实都有证据证明；（二）据以定案的证据均经法定程序查证属实；（三）综合全案证据，对所认定事实已排除合理怀疑。”据此，辩护人认为本案证据并未达到上述定罪标准，是否有受贿行为、受贿金额等构成本罪必须具备的案件事实存疑，按照存疑有利于被告人原则，不宜认定被告人周某芳构成受贿罪。

最终，对于公诉机关指控的受贿数额，法院认定了其中的一部分，对于另一部分未予认定。未予认定的理由，正是周某芳作出的有罪自书、有罪供述等证据不能排除合理怀疑，不能证明获取的合法性。被告人与辩护人提出的辩护意见，部分得到了法院的采纳。

如何适用疑罪从无规则

——李某勇涉嫌受贿案

一、基本案情

2000年3月至2006年9月，被告人李某勇先后担任某资产管理公司（本案中简称A公司）某办事处资产经营部高级职员、主任。被告人李某勇任职期间，利用其处置A公司不良资产的职务便利，先后多次伙同他人收受债务人给予的“好处费”共计104万元。具体事实如下：

第一，中国银行对B卷烟厂的债权作为不良资产业务由A公司负责，A公司委派被告人李某勇主要负责处置和清收工作，龚某平（另案处理）协助李某勇办理该工作。2001年李某勇代表A公司聘请律师田某作为该项目的代理律师。2001年5月21日田某以律师谢某跃的名义与A公司就该项目签订了《风险代理协议》。在B卷烟厂债权处置完毕后，2002年12月30日A公司将10万余元律师费支付给了田某。一个月后的一天，李某勇及龚某平来到江西省赣州市并入住赣州市甲宾馆。田某得知后，为了表示感谢，将李某勇约至上述宾馆门口见面后，将用信封装好的2万元现金交给李某勇。李某勇随后到宾馆房间，将此事告诉龚某平，并将其中的1万元现金分给龚某平。

第二，2001年宋某民（另案处理）负责办理C稀土有限公司约3700万元不良资产的处置工作，被告人李某勇协助办理。该公司总经理、副总经理多次与万某杨、宋某民等人商谈此事。后双方商定，该公司采取破产清算方式清除其债权，按资产总额2%的比例给万某杨、宋某民、李某勇共计75万元的“好处费”。2003年年初的一天，宋某民、李某勇参加该公司债权人会议，入住宾馆。该公司总经理随即安排副总经理携带用旅行箱装好的75万元现金来到宋某民所住的宾馆房间交给宋某民，李某勇从中分得7.5万元。

2003 年 3 月该公司发布破产公告，同年 12 月该公司偿还 A 公司 55 万余元。

第三，2000 年宋某民负责办理 D 电机厂约 1388 万元不良资产的处置工作，被告人李某勇协助宋某民办理。该电机厂厂长许某达、财务科负责人罗某荣多次与 A 公司副董事长万某杨、经理刘某培、宋某民、李某勇商谈此事。后双方决定该电机厂暂缓处置、清收，按资产总额 2% 的比例给对方“好处费”共计 27 万元。2001 年年初的一天，宋某民、李某勇来到宾馆。许某达随即安排罗某荣携带用塑料袋装好的 27 万元现金来到宋某民所住的宾馆房间交给宋某民。李某勇分得 2.7 万元。2003 年 3 月 D 电机厂发布破产公告，同年 12 月 D 电机厂偿还 A 公司 55 万余元。2002 年年底 A 公司开始处置 D 电机厂不良资产，2003 年下半年处置结束。

由于本案发生在国家监察体制改革之前，所以本案的侦查工作由检察机关负责。2012 年 3 月 2 日某人民检察院就被告人李某勇涉嫌收受上述行贿人所给贿赂款的事实向法院提起公诉。在诉讼过程中，李某勇及其辩护人多次提出本案的办案程序违法，有刑讯逼供的情况，并且综合全案证据，不能得出唯一的结论，本案的争议焦点主要在证据方面。

本案一审法院认为，被告人李某勇利用职务上的便利、为他人谋取不正当利益而收受他人财物的行为构成受贿罪，对其应以受贿罪定罪处罚。二审法院认为，一审判决事实不清、证据不足，裁定撤销了原一审判决，并发回重审。另外，由于本案发生在国家监察体制改革之前，本案的侦查工作由检察机关进行。

二、争议焦点

1. 本案是否存在程序违法、刑讯逼供？

2. 一审案件审理事实无法排除合理怀疑，是否应当依据有利于被告人原则作出无罪判决？

三、理论探讨

（一）本案办案程序是否存在问题

辩护人通过对全案证据材料进行审查，结合庭审过程，认为本案办案程序可能存在不合法的情形，辩护人提出了以下几个方面的辩护意见。

第一，2012年3月2日至6日，李某勇被侦查机关某人民检察院拘禁，期间涉嫌受到刑讯逼供。2012年3月2日，李某勇就被某人民检察院带走，但直到2012年3月7日某人民检察院才对李某勇作出拘留决定。其间，李某勇一直被关押在某人民检察院询问室。在关押期间，李某勇涉嫌被侦查人员以殴打、体罚、以家人相威胁等方式进行刑讯逼供。

第二，超期羁押。我国《刑事诉讼法》第98条规定，对于犯罪嫌疑人、被告人被羁押的案件，如果不能在法定的侦查羁押、审查起诉、一审、二审期限内办结的，对犯罪嫌疑人、被告人应当予以释放。如果需要继续查证、审理的，对犯罪嫌疑人可以采取取保候审或监视居住。本案中，李某勇于2012年3月7日被拘留，2012年3月21日被逮捕，案件于2012年10月21日移送审查起诉，2013年3月27日被正式起诉，李某勇自被逮捕开始羁押以来时间已经有29个月，辩护人认为该羁押行为已经超过了我国《刑事诉讼法》规定的最长羁押期限。

第三，没有落实人民检察院讯问职务犯罪嫌疑人实行全程录音录像的规定。根据《人民检察院讯问职务犯罪嫌疑人实行全程同步录音录像的规定》《人民检察院讯问职务犯罪嫌疑人实行全程同步录音录像技术工作流程（试行)》等相关规定，人民检察院讯问职务犯罪嫌疑人实行全程同步录音、录像，是指人民检察院办理直接受理侦查的职务犯罪案件，每次讯问犯罪嫌疑人时，应当对讯问全过程实施不间断的录音、录像。但本案中，某人民检察院未对李某勇主要犯罪事实的审讯过程进行全程录音录像，并且作为证据提供的录音录像并非原件，对录音录像的复制品也未说明来源和制作人，且有剪辑痕迹，特别是对李某勇的声音进行了技术处理，导致模糊不清。辩护人认为，某人民检察院的上述讯问行为没有落实人民检察院讯问职务犯罪嫌疑人应当实行全程录音录像的规定，不能排除本案被告人李某勇在审讯过程中受到刑讯逼供或存在其他违法行为的合理怀疑。

第四，本案公诉机关制作的笔录真实性存疑、取证程序可能有不合法的情形。根据本案公诉机关提供的犯罪嫌疑人、被告人的讯问笔录及证人询问笔录，笔录上内容重复的地方有几十处，这些笔录不仅内容相同而且标点符号甚至语法错误都一模一样，辩护人认为笔录的真实性存疑，不宜作为指证李某勇受贿的证据。

第五，没有落实我国《刑事诉讼法》关于证人出庭作证的规定。本案中，公诉机关指控李某勇构成受贿罪的主要证据是犯罪嫌疑人、被告人的供述、辩解、证人证言。根据公诉机关的指控，李某勇系伙同他人受贿，即本案是共同犯罪案件，但李某勇及其他被告人却被分解在几个不同的法院审理。其中，被告人宋某民的供述是李某勇“受贿”的唯一直接证据，但法庭开庭审理时却未让宋某民出庭。我国《刑事诉讼法》第61条规定，“证人证言必须在法庭上经过公诉人、被害人和被告人、辩护人双方质证并且查实以后，才能作为定案的根据”。本案证人证言在认定案件事实方面起着关键作用，证人能够出庭且有必要出庭，却未被准许出庭，辩护人认为这样做不符合我国《刑事诉讼法》关于证人出庭作证的要求。

程序上的不合法必然会影响实体上的公正，辩护人认为本案的办案程序存在不合法的情形，通过这种方式取得的口供、笔录等在本案中不宜作为指控李某勇受贿的证据，应当予以排除。

此外，辩护人认为本案审判机关即某人民法院对本案可能没有管辖权。根据公诉机关对各个被告人的起诉指控，万某杨、刘某培、宋某民、李某勇等人的受贿行为是共同犯罪。但本案中，除了万某杨由N市中级人民法院受理外，其余四人分别由N市中级人民法院之下的基层人民法院管辖。而根据最高人民法院《关于适用〈中华人民共和国刑事诉讼法〉的解释》第15条的规定：“一人犯数罪、共同犯罪或者其他需要并案审理的案件，其中一人或者一罪属于上级人民法院管辖的，全案由上级人民法院管辖。”该规定已经明确规定了并案审理的案件中部分被告人分属不同级别法院管辖时如何处理的问题。本条之所以对《刑事诉讼法》作出这样的解释，不仅是出于节约司法资源、提高诉讼效率的考量，更重要的是并案审理有利于查清案件事实、做到量刑均衡以及保障被告人的诉讼权利尤其是上诉权。

而本案对被告人李某勇与万某杨等人分案起诉、分案审理，辩护人认为这种做法没有落实最高人民法院《关于适用〈中华人民共和国刑事诉讼法〉的解释》第15条及其他关于共同犯罪案件需并案处理的相关规定，不利于查明案件事实及保障被告人的上诉权。

（二）起诉指控的犯罪所依据的事实与证据能否排除合理怀疑

辩护人认为，本案事实不清，证据不足，不能排除合理怀疑。辩护人提出了以下几个方面的辩护意见。

1. 证据是案件的核心，证据问题在本案中具有特别重大的意义

通过查阅公诉机关的全部案卷材料，辩护人认为公诉机关指控李某勇构成受贿罪的主要证据是证人证言及被告人的供述和辩解。通过对上述言词证据进行仔细审查，辩护人发现下列问题：（1）在李某勇受贿的数额、时间、地点上，李某勇及其他同案犯的供述、证人证言不仅前后自相矛盾而且相互之间也存在矛盾，全案证据不能相互印证，不能形成完整的证据链，不能得出确定唯一的结论。（2）本案办案机关制作的笔录真实性存疑。案卷材料第3卷第36页第16行至第37页第4行与第3卷第13页第7行至第16行完全一样。即使存在李某勇记忆力超强致使两次回答一模一样的可能，但连记录的行文错误都一模一样，不禁让人对笔录的真实性产生疑问。第3卷第13页第12行及第36页倒数第2行，均有“我记是是”，这显然是“我记得是”被误写了。类似的情况在笔录中还有很多处。李某勇为大学文化，不是文盲，不太可能两次犯同一个语言错误。

辩护人认为，以上笔录除了内容相同外，连笔录中的标点符号都是一模一样的，笔录真实性存疑。由此，这样的笔录不宜作为定案证据使用，不宜据此来认定李某勇的受贿行为。

2. 辩护人认为认定李某勇收受律师田某2万元“好处费”构成受贿罪的事实不清、证据不足

对于这个问题，辩护人提出了以下几个方面的观点。

第一，根据案卷材料中赣州市中级人民法院民事判决书和《风险代理协议》可知，A公司聘请的律师是谢某跃而非田某，有关A公司聘请田某为律师的说法并无其他证据，只有被告人李某勇、龚某平的供述及田某的陈述。退一步讲，即便A公司与B卷烟厂产生借款纠纷时聘请的律师是田某，但是李某勇仅是具体办事人员，代表A公司与律师事务所签订协议的是焦某军不是李某勇，即以李某勇在A公司的职位，李某勇仅有权向A公司推荐律师田

某而无权决定是否聘请田某，这样也就不存在李某勇利用职务之便一说。

第二，在李某勇收受律师田某“好处费”的数额方面，被告人李某勇及龚某平的供述前后矛盾，且与田某的证言之间也存在矛盾，这些供述、证言缺乏真实性、合法性，不宜以此认定李某勇“受贿”的数额。

以上结论，可以参阅以下证据。

（1）李某勇在2012年3月7日的讯问笔录中供述和宋某民各拿了0.5万元。

（2）李某勇在2012年4月14日的讯问笔录中的供述却是和龚某平一人各拿1万元。

（3）田某在2012年8月16日的询问笔录中供述送给了李某勇2万元。

（4）龚某平在2012年4月15日的讯问笔录中供述李某勇收了2万元，然后从中拿了1万元给龚某平。

（5）龚某平在2012年9月29日的讯问笔录中对李某勇从田某给的2万元中分1万元给他的说法又予以了否认。

第三，在认定收受田某“好处费”的时间、地点方面，被告人李某勇、龚某平的供述与田某的证言相互矛盾且不稳定，根本无法得出确定、唯一的结论，无法排除合理怀疑。例如，在收受“好处费”的时间上，存在2005年后、2003年前后、2004年前后、2003年下半年、2005年前后几种说法；在收受“好处费”的地点上先后有“宾馆内”和“宾馆门口”两种说法等。

此外，公诉机关提供的中国银行电汇凭证、江西省行政事业性收费票据只能证明A公司曾向所聘请的律师事务所支付过100,914.48元律师费，但并不能证明这笔律师费就是支付给田某的代理该起借款纠纷案件的律师费，且该付款凭证上的时间与以上李某勇、田某及龚某平供述的时间根本不吻合。因此，该付款凭证与本案不具有关联性。

第四，李某勇建议A公司聘请田某作为案件的代理律师，其主观方面仅是出于为公司追回欠款、挽回损失的考虑，而非为了事后分取“好处费”。李某勇介绍律师田某是因其负责的B卷烟厂的债务处置和清收在法院执行阶段遇到了困难，而田某当时有资源有能力为A公司清收债务（实际上也为A公司清收了债务），李某勇为了A公司能追回欠款、挽回损失，才建议A公司聘请田某作为案件的代理律师。这可以从李某勇2012年4月14日的讯问笔录“我在2004年通过赣州市中级人民法院起诉了B卷烟厂，但在执行过程中遇到了较大的困难，一直执行不下来。我因工作关系认识田律师，知道她和法院关系比较好，并且她说能帮我催收债权，因此我就请田律师代理此案”，2012年10月8日的供述“由于在工作中认识了田律师，田律师是中国银行的工作人员，又在正制律师事务所做律师，本身对这个案子很了解，所以就请她做这个案子的代理律师”，田某2012年8月16日的询问笔录“由于我在中国银行资产保全部工作，对有不良资产的企业的情况比较了解。A公司的不良债权都是从我们中国银行这个部门剥离出去的，当时李某勇、宋某民负责A公司在赣州市不良资产的处置过程中，经常会去我们单位了解有关企业的情况，我因为工作关系认识李某勇和宋某民”，“我记得李某勇和宋某民在处理A公司在B卷烟厂的债权的时候，觉得我对整个债权比较了解，有利于清收债权，就在2004年前后代表A公司请我帮他们处理A公司在B卷烟厂的债权……为A公司清收回了200万元左右的债权”中得到证实。

第五，田某能否代理案件以及代理案件后能否获得律师费、获得多少律师费都是依据A公司与所聘请律师事务所签订的代理合同的约定，即李某勇根本无权决定是否让田某代理案件以及向田某支付多少律师费。不存在李某勇利用职务上的便利为田某谋取利益。

因此，辩护人认为李某勇介绍律师田某作为案件代理律师并没有利用职务上的便利，主观上也不具有非法收受他人财物为他人谋取利益的故意。

3. 辩护人认为认定李某勇伙同他人收受C稀土有限公司75万元“好处费”（其中李某勇分得7.5万元）的事实不清、证据不足，不能排除合理怀疑

第一，在李某勇收受C稀土有限公司“好处费”的数额上，宋某民是该项目的主办，并且得到“好处费”后也是宋某民分配的，但宋某民与其他人的供述却相互矛盾，宋某民的供述是74万元，有三位证人的陈述却是75万元。

第二，在收受“好处费”的时间、地点、方式上，被告人的供述及证人证言存在矛盾，无法得出确定唯一的结论：在宋某民收受C稀土有限公司

“好处费”的时间上存在2003年下半年、2002年、2003年年初、2004年上半年四种说法；在地点上存在在C稀土有限公司办公楼门口及宋某民入住的宾馆房间两种说法；在收受“好处费”的方式上存在用皮箱子、行李箱、黑色的大塑料袋几种说法。

第三，在为他人谋取的利益的认识上，李某勇及其他被告人、证人的观点相互矛盾，即李某勇、宋某民、刘某培等在接受了C稀土有限公司的财物后，对于对方的请托事由说法不一致。对此，不排除存在以下两种合理解释：要么这笔“好处费”是C稀土有限公司赠送给李某勇等人的，要么就根本不存在李某勇等人利用职务上的便利非法收受他人财物为他人谋取利益这回事。

4. 辩护人认为认定李某勇伙同他人收受D电机厂27万元“好处费”的事实不清、证据不足，不能排除合理怀疑

第一，在李某勇收受D电机厂“好处费”的数额上，被告人李某勇、宋某民等的供述以及证人证言之间存在矛盾，无法得出确定唯一的结论，无法准确认定案件事实：关于宋某民收受D电机厂“好处费”的总额存在27万元、27.6万元、总债权额的2%三种说法；在李某勇从宋某民手上接过的D电机厂给的“好处费”的数额上有李某勇供述的4万元及宋某民供述的2.76万元两种说法。也就是说，以这些证据很难认定李某勇伙同他人收受D电机厂“好处费”的总额以及具体分到李某勇手上的“好处费”的数额。

第二，在李某勇收受D电机厂“好处费”的时间、地点上，本案证据存在几种不同说法且无其他客观证据印证，不能排除合理怀疑，不能清楚、准确地认定案件事实：关于宋某民接受D电机厂“好处费”的时间上有2001年年底、2002年年初、2001年夏秋季节、2001年1月、2月几种说法；在地点上有甲宾馆和乙宾馆（中国银行的招待所）两种说法。

第三，27万元贿赂款的来源不清，不能认定存在受贿的事实。从罗某荣关于27万元贿赂款出账平账的供述可知，罗某荣关于出账的证言是前后矛盾的，另外关于平账，按罗某荣所说，出账是在D电机厂打的临时借条，并且是2001年1月12日就将钱取出，而平账的时间却是在2002年3月之后，直至2002年11月平账的事情才处理完，中间间隔1年多，这不符合常理。既然是临时借条，通常都是在事后及时进行处理，不太可能过1年多才要求

平账。

并且，公诉机关提供的银行现金支票在本案中没有其他证据能够相互印证，且罗某荣在关于27万元的出账上前后供述矛盾，因此凭该支票也不能认定27万元是罗某荣2001年1月12日以发工资的名义从D电机厂账户中取出。

辩护人认为，本案中，公诉机关提供的证据不能相互印证（其中部分笔录是侦查机关编造的），被告人的供述及证人证言在李某勇受贿的时间、地点、数额上存在矛盾，在为他人谋取的利益的认识上存在矛盾，在李某勇是否参与D电机厂项目的处置上存在疑问。此外，证人证言与被告人的供述、辩解存在矛盾，在法庭上竟然无证人出庭作证。

综上，辩护人认为本案证明李某勇受贿的证据存在疑点，不能合理排除，证据相互矛盾，不能得出确定唯一的结论。全案没有形成完整的证据链，没有达到犯罪事实清楚、证据确实充分的证明标准。辩护人表示，建议依照《刑事诉讼法》第295条的规定，依法对被告人李某勇作出证据不足、指控的犯罪不能成立的无罪判决，即疑罪从无。

本案经历了一审和二审，最终二审法院认为一审判决事实不清，证据不足，撤销一审判决，并发回重审。

“瑕疵”言词证据能否用来证明案件事实

——孙某新涉嫌受贿案

一、基本案情

孙某新系原H省HY机械厂厂长（正处级），2005年8月29日，该厂被宣告破产后，孙某新担任该厂留守委员会主任，住该厂宿舍。2006年4月14日，某兵器集团公司与L市人民政府签订了《关于H省HY机械厂职工异地安置有关问题的协议》，2007年4月4日，孙某新担任该厂职工异地安置领导小组组长，全面负责安置工作。2006年8月一天，L市居家乐房地产开发公司的肖某荣（另案处理）与朋友吴某金天聊天探知HY机械厂发包职工异地安置项目的消息。随后，肖某荣通过吴某金天、罗某某等人认识了犯罪嫌疑人孙某新，肖某荣为承揽该厂职工异地安置项目，先后6次在L市Q宾馆、L市S咖啡厅二楼包厢等地送给孙某新共计416,800元，还为孙某新在L市某中学读书的儿子的租房内购买安装一台价值1900元的壁式格力空调。

2007年6月15日，孙某新以职务之便同意肖某荣以L市房地产综合开发公司名义与HY机械厂留守委员会签订了《开发建设经济适用住房协议》及《补充协议》，承揽该厂职工异地安置项目，协议开发面积近20万平方米，建职工住宅2900余套，价格为每平方米950元。

2008年案发后，公诉机关以受贿罪起诉孙某新，在庭审中，控辩双方针对案卷中的言词证据收集程序的合法性以及内容是否真实可靠展开了激烈辩论。

法院经审理认为，被告人孙某新收受他人财物，利用职务便利为他人谋取不正当利益的行为已然构成受贿罪，应当承担刑事责任。

二、争议焦点

1. 证明孙某新有受贿行为的行贿人和证人的言词证据获取手段是否合法？

2. 言词证据的稳定性对本案定罪的影响如何？

三、理论探讨

（一）行贿人肖某荣、证人赵某霞、孙某能指证孙某新受贿的言词证据是否是以合法手段获取，能否作为有罪定案依据

辩护人认为，本案的取证手续不符合法律的要求。辩护人提出了以下几个方面的辩护意见。

1. 辩护人认为肖某荣之有罪证言的获取方法不符合法律规定

通过对本案被告人讯问笔录的审查，辩护人发现办案人员有将肖某荣以“提外审”的方式进行讯问的情况，这种做法没有落实《人民检察院刑事诉讼规则》（第186条）及《看守所条例实施办法》（试行）（第23条）关于“提外审”只限于辨认罪犯罪证、指认犯罪现场或者追缴赃物三种情形的规定。采取违法的手段获取的言词证据，其真实性、合法性存疑，不宜采纳。

2. 辩护人认为赵某霞关于第二笔贿赂款20万元的有罪证言与事实不符，其合法性、真实性及关联性存疑

2008年8月25日，赵某霞因做了有罪口供而被取保候审，可是附卷的其第六次讯问笔录显示：8月26日上午赵某霞还在“X县公安局看守所”接受办案人员的讯问。在这份长达17页的笔录上，确实留有赵某霞本人的签名。综上，辩护人认为该讯问笔录与客观事实不符，其合法性、真实性及关联性存疑。

3. 辩护人认为孙某能之有罪证言的获取手段不符合法律规定的要求

辩护人表示，孙某能自2008年8月18日被控制后，办案人员对其进行疲劳审讯，或以频繁“更换看守所”相威胁，或以判处刑罚相恐吓，逼迫孙某能指证孙某新的受贿行为。

根据《人民检察院刑事诉讼规则》第265条的相关规定，以非法方法取

得的供述等言词证据，不能作为指控犯罪的根据。根据最高人民法院《关于适用〈中华人民共和国刑事诉讼法〉的解释》第123条的规定，采用殴打、违法使用戒具等暴力方法或者变相肉刑的恶劣手段，采用以暴力或者严重损害本人及其近亲属合法权益等相威胁的方法，采用非法拘禁等方法收集的被告人供述，应依法予以排除（非法言词证据排除规则）。可见，没有确认合法性的供述，依法不能作为定案的依据。因此，辩护人认为本案中肖某荣、赵某霞、孙某能等人的有罪证言依法不能作为有罪定案的依据。

辩护人也表示，查证获取言词证据手段的合法性是法庭的当然职责，并且应该由办案机关进行举证或提供证据资料，因为我国《宪法》与法律都明确规定，一切国家机关及其执法人员必须遵守法律，务必依法办案，而不能违法办案。任何执法机关、司法机关务必保证其办案手段的合法性。因此，在获取言词证据的方法合法性上存在疑问的时候，特别是在被告人或犯罪嫌疑人就此提出控诉的情况下，办案机关必须向法庭举证（如提供讯问过程录音录像等视听资料）来证明自己是合法办案而不是非法办案。而被告或犯罪嫌疑人尽管有提供相关证据资料以控诉办案人员非法办案的权利，但没有义务也没有能力（身体都在办案机关控制下）来证明办案人员获取其证供之方法的非法性，这是当然之理。

辩护人认为，根据本案的证据材料可知，办案人员系以肖某荣关于行贿孙某新40万元之说法为引线，接着根据孙某新的供述，获取了赵某霞、孙某能的言词证据。凭借这些证据，控方指控孙某新收受了肖某荣40万元。然而，本案并没有提供相关书证等资料进行印证。根据“非法言词证据排除规则”，如果不能确认有罪言词证据获取手段的合法性，依法是不能以有罪定案的。因此，办案人员获取有罪言词证据的手段是否具有合法性，即成为本案审理最为关键且无法回避的首要问题。合法性是证据得以采信的前提性要件，而本案言词证据提供者肖某荣、赵某霞、孙某能无一例外地就办案人员采取非法手段获取其言词证据提出了意见，其中有人提交了相关亲笔证言等证据材料。所以，辩护人认为上述人员有罪言词证据不宜作为定案依据。

（二）控方据以指控犯罪的证据能否作为有罪认定的根据，全案是否达到了定罪的标准

辩护人认为，控方据以指控犯罪的证据彼此之间相互矛盾，不具有稳定性，不宜作为认定有罪的证据，尚未达到定罪的标准。辩护人提出了以下几个方面的辩护意见。

1. 肖某荣关于是否送了两笔共40万元的贿赂款给孙某新有两种自相矛盾的说法，辩护人认为其真实性存疑

现有证据资料显示：肖某荣自2008年5月被羁押之日起，就所控送40万元的事情，所做的供述经历了一个“无——有——无——有——无”的过程，作为引发本案且最为关键的言词证据，十分不稳定，所以辩护人认为其不满足证据采信之稳定性的要求，不宜作为认定有罪的根据，除非法庭对其予以复核，或经过公开的法庭质证，作出了肯定的证言，且对其反复作出合理的解释。

同时，所谓的贿赂款来源不清。第一笔20万元，按肖某荣的有罪供述，他和颜某志说好送钱给孙某新，当天要颜某志送20万元过来，但颜某志的询问笔录并没有证实肖某荣所说的送钱给孙某新之情节。第二笔20万元，即便是肖某荣从其弟肖某华处拿了25万元，肖某华也并没有证实肖某荣从其手上拿走的钱是用于送给孙某新的。

2. 孙某新本人的供述同样出现肯定与否定的多次反复，且经质证，当庭纠正了以前的肯定说法

辩护人表示，在进入司法程序之前的纪委“双规”阶段，对于所控收受40万元的问题，孙某新的有关供述就出现反复的情况。在进入司法程序后的第一次讯问中，孙某新不但准确而且详细地交代了先后共4次收受肖某荣、颜某志所送财物416, 800元及价值1900元的空调的事实，而且对肖某荣于2006年下半年试图通过他哥哥孙某能行贿于他，但被他拒绝的事实也做了清楚的交代。同时，孙某新明确，除此之外再没有接收过肖某荣他们的任何财物。此后，尽管又有肯定的说法，但孙某新当庭否定了收受肖某荣40万元的说法，同时表示其以前的肯定说法确系检察办案人员采取非法手段的结果。

3. 赵某霞、孙某能关于孙某新是否交给其 20 万元，同样存在两种自相矛盾的说法，不具稳定性

现有证据资料显示，赵某霞的言词证据存在一个“否定——肯定——否定”的过程。同样，孙某能的言词证据也经历了“否定——肯定——否定”的过程，且赵某霞、孙某能分别对其在办案机关曾作出的不实的肯定说法作出了合理辩解。

综上，辩护人认为，仅就现有肖某荣、孙某新、赵某霞、孙某能的言词证据而言，似乎分别形成肯定说与否定说两种相互矛盾的结论，而无法取舍，不能明确哪种说法符合客观事实，也就无法得出唯一结论，故根据《刑事诉讼法》第 55 条的规定，本案对孙某新受贿肖某荣 40 万元的部分，达不到法律规定的定案标准。

最终，法院的结论为孙某新构成受贿罪。

如何适用非法证据排除规则

——宋某民涉嫌受贿案

一、基本案情

2000 年 3 月至 2006 年 5 月，被告人宋某民先后担任 A 管理公司（系国有独资有限责任公司）某办事处资产经营部主任、高级主任。被告人宋某民任职期间，利用其处置 A 管理公司不良资产的职务便利，单独收受债务人给予的好处费共计 20 万元、洪客隆超市购物券 2 万元，伙同他人多次收受债务人给予的好处费共计 442 万元。

2007 年本案案发，侦查人员在调查本案过程中多次采取疲劳审讯的方式开展工作，并且部分录音录像和讯问笔录记载不一。庭审时，控辩双方针对是否应当排除上述证据进行了辩论。

一审法院认为，被告人宋某民身为国家工作人员，利用职务上的便利，为他人谋取利益，单独收受他人贿赂价值 22 万元，伙同他人共同收受企业或个人的贿赂 420 万元，并为相关企业或个人谋取利益，其行为已构成受贿罪。虽然被告人宋某民在庭审中翻供，但其无合理翻供原因，且其在侦查阶段所作出的供述与证人证言及其他书证等证据相互印证，按刑事证据规则应当采信其庭前有罪供述。

二审法院认为，一审判决认定的部分事实不清，证据不足，裁定撤销原判，发回重审。

二、争议焦点

1. 侦查人员采取疲劳审讯方式获得的被告人口供的证据能力如何？是否应当排除？

2. 在同步讯问录音录像与讯问笔录记载内容不一致的情况下，该言词证据的效力如何？是否应当排除？

三、理论探讨

（一）根据《刑事诉讼法》及相关司法解释的规定，以疲劳审讯方式获取的口供应当予以严格排除

所谓疲劳审讯，是指通过长时间、极短间隔或者不间隔和夜间讯问的方式，剥夺被追诉人必要的休息时间，使其肉体感到痛苦，精神极度疲惫，承受巨大压力，从而很有可能作出违背真实意愿的供述。

根据最高人民法院《关于建立健全防范刑事冤假错案工作机制的意见》的规定，采用刑讯逼供或者冻、饿、晒、烤、疲劳审讯等非法方法收集的被告人供述，应当排除。这是疲劳审讯第一次以司法解释的形式被明确认定为“非法”的取证方法。在此前的法律文件中，刑讯逼供作为最主要的非法取证方法被一再禁止，对于疲劳审讯则以“其他非法方法”的提法涵盖，未予提及。在疲劳审讯被明确为“非法方法”后，如何证明其存在于侦查过程中，如何界定侦查人员的行为是否属于疲劳审讯，又是摆在我们面前的一道难题。

实践中，通常根据审讯的起止时间、持续时间为依据进行认定，但具体的认定标准仍没有明确的法律文件予以规定。笔者认为：根据《刑事诉讼法》第 119 条第 2 款、第 3 款的规定，传唤、拘传持续的时间不得超过 12 小时；案情特别重大、复杂，需要采取拘留、逮捕措施的，传唤、拘传持续的时间不得超过 24 小时。不得以连续传唤、拘传的形式变相拘禁犯罪嫌疑人。传唤、拘传犯罪嫌疑人，应当保证犯罪嫌疑人的饮食和必要的休息时间。换言之，对犯罪嫌疑人、被告人每次讯问的时间不应超过 24 小时，而且应当给予犯罪嫌疑人、被告人必要的休息时间。至于犯罪嫌疑人、被告人必要的休息时间，可以适用公安部《关于规范和加强看守所管理确保在押人员身体健康的通知》的相关规定，即“看守所应当保证在押人员每天不少于 8 个小时的睡眠时间”。换言之，即便是关押在看守所的人员也应当保证一定时限的休息。因此，在每次讯问犯罪嫌疑人、被告人之后，给予其不少于 8 个小时

的必要休息时间具有一定的合理性，故综合讯问时间和休息时间可以认定，凡是持续时间超过 16 个小时的，除非例外，一律应当认定为疲劳审讯，所获口供一律排除。

在本案中，辩护人认为本案中有一些口供是以疲劳审讯的方式获取的，建议予以排除。

1. 侦查人员通过非法拘禁的违法行为获取的口供建议予以排除

本案证据材料显示，宋某民 2012 年 2 月 28 日被带到 N 市 D 区人民检察院以后一直处在非法审讯和非法拘禁当中，这个过程一直持续到 2012 年 3 月 3 日被刑事拘留的那一天，至此 N 市 D 区人民检察院对被告人宋某民的非法羁押时间已经长达 4 天 3 夜。辩护人认为，在非法羁押期间获得的口供不宜作为定案依据。

2. 侦查人员通过疲劳审讯方法获取的口供建议予以排除

从宋某民的讯问笔录可以看出，从 2012 年 3 月 2 日至 3 日 2 天，侦查人员共制作了多达 16 次笔录，且 16 次笔录的具体审讯时间无法查明。辩护人认为，两天内作出的 16 次笔录说明了侦查人员可能采用了超人体极限的疲劳审讯方式。

3. 侦查人员使用威胁手段套取的被告人口供建议予以排除

根据宋某民的供述，本案公诉机关的侦查人员还通过威胁的方式以获取其口供。侦查人员威胁宋某民，如果不配合，将传唤家属配合调查、交代涉嫌的问题；将影响家人的前程及小孩高考；如不配合将异地关押到“郑州看守所”，让宋某民生不如死，等等。以这些威胁之词，套取宋某民的口供。

4. 宋某民的讯问笔录直接证明侦查人员的审讯存在违法情况

宋某民在多次讯问笔录里面指出侦查人员的审讯存在违法情况。如宋某民 2012 年 3 月 2 日第一次笔录第 11 页和 2012 年 10 月 9 日 10 时 30 分至 11 时 15 分的笔录第 9 页显示：侦查人员问宋某民：“我们对你的讯问是否依法进行？”宋某民答道：“没有。”

（二）讯问录音录像与讯问笔录记载的内容有实质性差异的，以讯问录音录像为准

最高人民法院、最高人民检察院、公安部、国家安全部、司法部《关于

推进以审判为中心的刑事诉讼制度改革的意见》中提出逐步实行对所有案件的讯问过程全程同步录音录像的新要求，意味着在全面推进以审判为中心的刑事诉讼制度改革的大背景下，同步录音录像在刑事诉讼中的作用越来越大。这源自同步录音录像天然的优越性。全程同步录音录像展现的证据是比较全面、完整的，并且可以预防言词证据发生改变，保障讯问或询问过程的合法性。

《公安机关讯问犯罪嫌疑人录音录像工作规定》第13条明确要求："在制作讯问笔录时，侦查人员可以对犯罪嫌疑人的供述进行概括，但涉及犯罪的时间、地点、作案手段、作案工具、被害人情况、主观心态等案件关键事实的，讯问笔录记载的内容应当与讯问录音录像资料记录的犯罪嫌疑人供述一致。"但据了解，在部分案件中，案件所涉及的关键事实，如犯罪嫌疑人的主观方面、财产性犯罪中的涉案金额、毒品犯罪中的毒品数量等，讯问笔录中所记事实与法庭出示的影像资料无法达成一致。

辩护人表示，本案中的讯问笔录和同步录音录像也存在出入的情况。

1. 2012年3月3日第一次录音录像与该次询问笔录

（1）审讯室墙上挂钟的具体时间在讯问笔录中没有显示，3月3日所做的讯问笔录的具体时间也无法查明。

（2）侦查人员的手很少敲击电脑上的键盘。这一情况说明该讯问笔录可能存在疑点，其客观性存疑。

（3）讯问笔录内容和宋某民在审讯中所讲的内容不一致。

其一，宋某民在同步录音录像中没有说的话，讯问笔录里面却出现了。笔录中宋某民答："2006年12月的一天，我当时在兴业银行N市分行上班，龚某民打电话给我，让我出来一下……都是百元面值的，10万元1捆，两捆，用个大袋子装着。"而通过查看同步录音录像视频，宋某民根本没有说上面这样的话。

其二，同步录音录像里面宋某民说的话与讯问笔录的内容不一样。在同步录音录像中，侦查人员问宋某民："梁某鸿是否将你送的1万元购物券退还给了你？"宋某民回答："我不知道。"而在讯问笔录中的记录却是："没有。"

2. 2012 年 3 月 3 日第二次录音录像与该次讯问笔录

视频显示侦查人员非常疲惫，手用来支撑着脑袋，根本未放在电脑键盘上。辩护人认为，这说明侦查人员可能在搞疲劳审讯，该讯问笔录的客观性存疑。

上述笔录内容和录音录像内容不一致的情况在 2012 年 3 月 3 日第三次笔录、第四次笔录、2012 年 10 月 9 日的四次笔录中均存在。

根据 2017 年发布实施的最高人民法院《关于全面推进以审判为中心的刑事诉讼制度改革的实施意见》的相关规定，法庭对证据收集的合法性进行调查的，应当重视对讯问过程录音录像的审查。讯问笔录记载的内容与讯问录音录像存在实质性差异的，以讯问录音录像为准。这样一来，前述问题的解决在法律上便有了依据，但本案发生在上述法律文件出台前，如何选择成为一道难题。辩护人认为，即便没有法律明文规定，也建议以同步录音录像为依据，但需要严格审查录音录像有无录制、删改、剪接的情况。之所以以同步录音录像为准，是因为比较来看，录音录像的客观性更强，而讯问笔录是侦查人员通过听、写不自觉地经过大脑处理后所形成的证据，主观性更强。

本案经历了一审和二审。一审法院采信了宋某民庭前的有罪供述。二审认为一审判决认定的事实不清，证据不足，遂撤销一审裁判，发回重审。

通过本案，笔者认为建立讯问人员、笔录制作人员、录音录像人员严格分离、相互监督的机制可以有效解决类似本案出现的讯问笔录内容与录音录像不一致的问题。当前的司法实务中，讯问人员既充当问话者，也充当记录者，甚至还要同时操作录音录像设备，这种“三位一体”的模式降低了讯问效率，影响了讯问效果。岗位分离是实现互相监督的基础与前提。为了实现各岗位严格分离，可以在招录时就按照不同的要求分别进行，从源头上对各岗位的人力储备实现分流。同时，建议各岗位分别管理、分别考核，尽可能避免人员交叉，尽量不要让人手紧缺时一人分担多角色的情况发生。

第八编

企业刑事合规

合规不起诉制度可否适用于非轻微刑事案件与涉罪企业家

——某公司销售不符合安全标准的产品案

一、基本案情

某公司的两位股东分别为周某和刘某浩，总经理为陈某。2019 年以来，某公司应客户加厚车厢厚度、保证货箱结实耐用的要求，对外带牌销售整备质量超出国家公告标准的重型自卸货车（俗称渣土车）。该重型自卸货车整备质量的国家公告标准为 12.5 吨，该公司所销售的上装加厚车厢的货车已超出这一标准。

因货车整备质量超出国家公告标准，使得整车无法在车辆检测站通过正常检测，继而无法正常上牌。为了帮客户解决上牌问题，某公司股东刘某浩收取了客户 3500～6500 元不等的代办费用后，将车辆检测业务委托给中介李某波、卢某兵，由二人帮助办理车辆上牌业务。

2020 年 8 月 22 日，某公司所售的湘 A×××××重型自卸货车因严重超载（荷载 25.3 吨）发生侧翻交通事故，造成一人死亡、一人重伤。案发后，某公司股东周某、刘某浩自首归案。

公安机关以某公司涉嫌销售伪劣产品罪移送公诉机关审查起诉。公诉机关受理案件后，认为认定某一产品为“伪劣产品”并非只需要从是否符合国家标准的角度进行考量，而应结合产品实际性能、质量进行综合考量，而质检鉴定报告也显示某公司所售货箱超重货车在质量和使用性能上没有明显瑕疵，但客观上为货车司机超载提供了可能性，与侧翻事故的发生有因果关系。据此，公诉机关认为某公司所售货箱超重货车并非伪劣产品，而是不符合安全标准的产品，某公司及主要责任人周某、刘某浩、直接责任人陈某构成销售不符合安全标准的产品罪，而非销售伪劣产品罪。

2021 年 7 月，某公司及其主要负责人周某、刘某浩等人向公诉机关表示其涉嫌的犯罪系因涉罪企业缺乏合规管理体系所致，其愿意开展企业刑事合规整改，并递交了初步的合规计划。2021 年 8 月，公诉机关同意该公司开展企业刑事合规整改，于当月对周某、刘某浩、陈某取保候审，并于 2021 年 9 月底派出第三方监督评估专家组对某公司合规整改工作进行指导评估，合规考察期限为三个月。

企业刑事合规整改期间，该公司采取了如下的整改措施：

首先，某公司对公司股权结构、决策程序、业务审核程序进行调整优化，吸收公司员工黄某成为新股东，在股东会形成制衡局面。吸收员工周某玲、黄某、陈某进入公司董事会，并在公司规章制度中设置了完善、科学的决策、业务审核程序，建立健全了公司的法人治理机制，使原先公司两位股东肆意决策、业务员无条件满足客户需求的乱象不复存在。

其次，某公司成立合规委员会，全面负责制订合规计划、推动合规计划的实施、评估和反馈工作，由具有合规专业知识的法律顾问担任合规总监，全面负责公司合规事务，同时下设 4 名合规专员，分别由具体执行公司事务的经理担任副总监，由具有专业财税知识的财务主管担任审计专员，由一名公司普通职员担任调查专员以及由此次违规事件暴露出的高风险岗位的销售主管担任培训专员。

再次，某公司优化了公司审查程序，强化了监事的监督职权与义务，并设置多条举报渠道，赋予员工充分的监督权利。同时，公司聘请常年法律顾问，定期对公司员工进行法律知识培训，强化员工的实质监督能力，并设置考核制度及相应激励措施，实行考核上岗制。

最后，某公司对其销售的所有超重自卸货车加装 360 度全景系统和盲区监测系统等辅助安全设备，在保证车辆实用价值的同时，有效提升了车辆的安全营运性能，修复了被侵害的法益。

2021 年 12 月 30 日，某公司合规整改工作通过第三方监督评估专家组验收。2022 年 5 月，公诉机关对某公司及主要负责人周某、刘某浩、陈某作出相对不起诉决定。

二、争议焦点

1. 合规不起诉制度是否仅适用于轻微刑事案件?

2. 合规不起诉制度是否适用于涉罪企业家?

三、理论探讨

(一) 合规不起诉制度不应局限于轻微刑事案件

1. 合规不起诉制度适用于重罪的刑法教义学困境

合规不起诉制度的刑法教义学困境在改革的不断探索和深入过程中逐渐凸显。如果仅将改革范围限定于轻微企业犯罪案件，使合规不起诉以依附于轻微犯罪的相对不起诉的形式而存在，可能会否定企业刑事合规制度的从宽功能。将合规整改视为对企业的严管机制，虽然不会让改革面临太大的刑法教义学障碍，但也相当于宣告了本次改革的无疾而终，不仅没有建立起与国际接轨的合规不起诉机制，而且还错失了单位犯罪教义学发展的宝贵机遇。

对于轻微企业犯罪案件，涉罪企业在犯罪情节轻微、认罪认罚、积极开展合规整改等定罪量刑情节的共同作用下，可以在现有法律框架内获得相对不起诉，理论争议并不大。但这样性质的犯罪本就不严重，既然能够适用相对不起诉，又何必要通过企业刑事合规制度来处理企业犯罪问题?因此，问题的关键在于对企业所犯的重罪是否能够适用合规不起诉，以及这种适用是否会有违罪刑法定原则。

从晚近以来的立法与司法实践来看，刑事和解不起诉、认罪认罚不起诉、未成年人附条件不起诉等制度的确立，使《刑事诉讼法》酌定不起诉制度的内涵逐渐丰富。但无论如何发展，“犯罪情节轻微，依照刑法规定不需要判处刑罚或者免除刑罚”的罪刑法定原则要求始终得到严格遵守，酌定不起诉的犯罪情节轻微不起诉性质从未发生改变。因此，刑事和解、认罪认罚等程序法事实无一例外都被确定为量刑宽缓情节，只有在满足罪行轻微的条件之后方能作出不起诉决定。那么，再反观重罪案件的合规不起诉，刑法目前既未将合规整改确定为量刑宽缓情节，也未赋予其犯罪阻却事由的功能，因此企业在刑事追诉程序中建立有效合规计划的情节并不能否定案涉行为本身的违法性。当涉罪企业符合全部犯罪构成要件、造成严重甚至特别严重的法益侵害后果、具备完整的刑事违法性时，公诉机关办理案件就不再具有针对轻微犯罪的起诉裁量权，此时如果对此类案件作出合规不起诉决定，将被认为是对罪刑法定原则的僭越和破坏。

这就形成了一种尴尬的境地，即对于轻微的企业犯罪没有必要适用企业刑事合规制度，而对于严重的企业犯罪适用该制度又可能有违罪刑法定原则。这种窘境大大降低了企业刑事合规制度改革的积极性。

2. 合规不起诉制度适用于重罪的正当性证成

笔者认为，合规不起诉制度不仅应适用于轻罪，也应适用于重罪，主要理由如下。

第一，合规不起诉不是对涉罪企业所犯轻罪的简单原谅，而是企业犯罪的新型治理模式，更有利于达到社会效果、法律效果、政治效果的统一。

第二，合规不起诉不是对涉罪企业所犯重罪的放纵，适用合规不起诉虽然可能避免了刑罚处罚，但涉罪企业仍然需要承担严厉的替代处罚措施，而合规不起诉所带来的替代处罚措施，能够使涉罪企业在付出代价的前提下获得重生，如巨额罚款、更换领导层、任命合规监督官、加大合规投入、改进并落实合规计划等。

第三，从域外经验来看，合规不起诉的适用并无犯罪轻重的限制。

第四，从国家刑事司法政策的层面来看，在推进新的刑事法律制度的时候，理论上出现一些问题没有解决，往往与立法没有完全跟进有关系。但这并不能否认新的刑事法律制度的正当性，因为最高人民检察院以及一些理论界的专家已经达成一个基本共识，即刑事司法政策的推进必然会导致《刑事诉讼法》的修改，新的刑事司法政策与现行法律体系存在一定的冲突是我国推进司法制度改革的一贯表现。从制度特点的角度来说，合规不起诉更符合附条件不起诉的制度构造，但鉴于目前我国现行立法对附条件不起诉的适用作出了严格限制，在司法实践中公诉机关不得不采用相对不起诉的方式来作为企业刑事合规制度的激励措施，当然会与相对不起诉制度的立法规定发生冲突。因此，合规不起诉的司法实践与相对不起诉的理论冲突是当下必然会经历的一个阶段，未来通过立法将附条件不起诉扩展适用至合规不起诉是解决当下理论困境的必然选择。

3. 司法实践中合规不起诉制度广泛适用于重罪案件，更有利于实现企业刑事合规制度的制度价值

2020 年 10 月 16 日出台的由辽宁省人民检察院、辽宁省市场监督管理局、辽宁省地方金融监管局、辽宁省生态环境厅、辽宁省自然资源厅、国家税务总局辽宁省税务局、中华人民共和国沈阳海关、中华人民共和国大连海关、中国银行保险监督管理委员会辽宁监管局、中国银行保险监督管理委员会大连监管局制定的《关于建立涉罪企业合规考察制度的意见》（本案中简称《合规考察意见》）对适用企业刑事合规制度的主体条件作出了比较清晰具体的规定，具有一定的参考价值。

《合规考察意见》对涉罪企业适用合规考察制度的条件有以下规定："对涉罪企业适用合规考察制度的案件应当同时符合下列条件：（一）涉罪企业、人员系初犯、偶犯；（二）犯罪事实清楚，证据确实、充分；（三）直接负责的主管人员和其他直接责任人员依法可能被判处三年以下有期徒刑、拘役、管制或单处罚金；（四）涉罪企业及直接负责的主管人员和其他直接责任人员对主要犯罪事实无异议，且自愿认罪认罚。有被害人的案件适用合规考察制度，除要求具备前款所列条件外，涉罪企业须向被害人赔礼道歉、积极赔偿损失；涉嫌危害税收征管犯罪的，除要求具备前款所列条件外，涉罪企业应按照税务机关要求补足税款、滞纳金及罚款；涉嫌破坏环境资源保护的犯罪案件，除要求具备前款所列条件外，涉罪企业应按照自然资源管理部门或生态环境主管部门要求足额缴纳环境资源修复相关资金或已恢复原状。直接负责的主管人员和其他直接责任人员依法应当被判处三年以上十年以下有期徒刑的，具有自首情节或者在共同犯罪中系从犯，或者直接负责的主管人员、其他直接责任人员具有立功表现的，可以适用合规考察制度。"

具体到本案，公诉机关的处理方式也基本符合《合规考察意见》的规定。虽然某公司所涉销售不符合安全标准的产品罪的法定量刑档次为 5 年以上有期徒刑，但某公司直接负责的主管人员周某和刘某浩具有自首情节，且其他直接责任人员陈某在共同犯罪中系从犯，符合适用企业刑事合规制度的

主体条件，可对其适用合规不起诉作为合规整改的激励措施。

从企业刑事合规制度目的论的角度来看，本案的推进过程与最终结果也毫无疑问符合实施企业刑事合规制度的初衷。在企业合规整改期间，某公司不仅建立健全了能够有效防范企业刑事风险的现代企业治理机制，彻底消除了企业制度中的涉罪基因，还对其销售的所有超重自卸货车加装360度全景系统和盲区监测系统等辅助安全设备，在保证车辆实用价值的同时，有效提升了车辆的安全营运性能，修复了被侵害的法益。通过企业刑事合规制度，使发展势头良好的某公司避免倒闭，避免了起诉一个企业，不利后果波及员工、投资人、客户、用户、第三方等大量无辜第三人的“水波”效应，实现了企业刑事合规制度的初衷，也反证了对涉重罪企业适用合规不起诉有其正当性的基础。笔者认为，只要通过立法为企业刑事合规制度设置独立的情节或程序，并将其纳入附条件不起诉制度的适用范围，可以有效解决当下涉重罪企业适用合规不起诉与罪刑法定原则的冲突。

（二）合规不起诉制度可适用于涉罪企业家

涉罪企业通过刑事合规制度完成整改后，公诉机关是否可以对涉罪企业及主要责任人一并作出不起诉决定？还是说应当放过企业，严惩主要责任人？在司法实践中，公诉机关往往会对通过合规整改验收的涉罪企业及其主要责任人和其他直接责任人作出相对不起诉决定。对此，有学者认为对涉罪企业的主要责任人作出不起诉决定有违反罪责刑相适应原则之嫌。

笔者认为，从刑法教义学的角度来说，上述观点有其合理之处，但却忽视了我国单位犯罪的整体刑事责任模式和我国企业治理结构的现实条件。

1. 我国单位犯罪的整体刑事责任模式决定了合规不起诉应当适用于涉罪企业家

在我国，《刑法》规定处理单位犯罪应以双罚制为原则。这意味着涉罪企业与涉罪企业成员的责任通常是捆绑在一起的。传统的观点认为，“个人的刑事责任是以单位构成犯罪并且追究刑事责任为前提，单位不构成犯罪，不承担刑事责任，当然不存在单位中的主管人员和直接责任人员作为个人承担刑事责任的问题”。由此，“对单位本身，可在单位成员未参与诉讼的前提下追究其刑事责任，但追究单位成员的刑事责任，则须以单位构成犯罪并被追究刑事责任为前提”。

企业刑事合规制度的单位犯罪的源头在英美法系。而英美法系的单位犯罪与我国的单位犯罪概念是不一致的。英美法系中单位犯罪的刑事责任主要包含替代责任和同一责任。同一责任本身的认定范围比较广，认为只要是单位员工的行为就可以将责任归结到单位，该理论引入英国后在概念上进行了限制，即只有单位管理层的犯罪行为可以归结到单位，而并非所有员工的犯罪行为都可以归结到单位。而替代责任主要包括三个要素：（1）行为是员工实施的；（2）员工实施的行为是在其职权范围内的行为；（3）员工实施行为是为企业谋取利益。替代责任的本质是企业员工实施犯罪行为，企业要承担刑事责任。替代责任符合个人抑制模式的内涵，即通过调整特定个人的行为来抑制犯罪。在此模式下，企业刑事责任的认定顺序是“危害结果的发生——确定具体行为人刑事责任——确认个人与企业的关系——确定企业刑事责任”。

而我国对单位犯罪的认定主要采取的是整体刑事责任制，也就是将单位作为一个整体来看待，单位犯罪的成立需要满足行为体现单位意志、单位负责人或者单位决策机构决定实施、谋取的是单位利益等条件，即责任主义模式或者组织抑制模式，其是通过作用于企业的意思决定过程来调整企业的组织行为。按照该模式，企业内部的犯罪行为是由于企业的组织性疏忽所致，故对企业的处罚不是建立在个人犯罪的基础上，而是按照“危害结果发生——企业是否违反相关注意义务——确定企业刑事责任”的顺序认定企业犯罪。我国单位犯罪与英美法系单位犯罪的认定路径不同，前者是整体责任，后者是替代责任或同一责任，这将对企业刑事合规制度的司法功能产生不同的影响。

我国构建企业刑事合规制度的目的是提升企业治理能力，推进单位犯罪预防，保护企业的合法利益；美国的企业刑事合规制度主要是为了切割单位犯罪与员工的个人犯罪，以保护单位的利益。具体到处理企业和企业家之间的关系问题，在西方社会中，往往是根据企业刑事合规制度而对企业从轻处罚，对具体实施犯罪行为的人则给予严厉处罚，即“放过企业，严惩企业家”；而根据我国的单位犯罪理论，单位犯罪贯彻的是单位意志，体现的是单位利益，在单位犯罪问题上，员工紧密依附于单位，不应该在对单位犯罪从轻处罚的情况下，对员工给予严厉的刑事责任评价，因而我国司法实践中出现了“双不起诉”的现象。因此，对于理论上有学者提出的基于企业刑事合规制度可以放过企业，但不能放过企业家的观点，无论是对于事前或者事后构建刑事合规体系的企业，该观点都不应该倡导。

2. 我国企业治理结构的现实条件也要求对涉罪企业家一并适用合规不起诉制度

从我国企业治理结构的角度来看，中国大部分企业的治理结构未完全实现公司所有权和管理权的分离，家族式的企业管理模式盛行，导致在涉罪后难以区分犯罪主观方面是源自单位意志还是个人意志。企业与企业家犯罪相互勾连，而企业家是决定企业能否正常经营发展的关键。如果采用“放过企业不放过企业家”的犯罪治理方式，企业刑事合规制度的考察整改则难以实现预期效果，往往会导致涉罪企业在整改后仍然难以存续，造成就业问题、社会经济问题的水波效应，不符合企业刑事合规制度的初衷。因此，当前试点改革对企业和主要责任人同时适用合规不起诉制度，实际是基于中国企业治理结构现状考察后的结果，有其合理性与正当性。事实上，在我国单位犯罪双罚制的背景下，对涉罪企业与主要负责人一并作出处理是应有之义。

本案中，周某、刘某浩作为涉罪企业主要负责人，管理经营多家民营企业，具备丰富的管理经验与出色的管理能力，是涉罪企业的重要人物。其在涉罪企业的制度整改和弥补管理漏洞等方面能够发挥至关重要且不可替代的作用，对周某、刘某浩适用企业刑事合规制度有助于涉罪企业合规管理体系的顺利建设，也可以确保涉罪企业在开展企业刑事合规后能够恢复正常生产经营。基于此种考量，公诉机关最终对涉罪企业及主要负责人周某、刘某浩一并作出不起诉处理。

企业刑事合规制度是否适用于中小微企业
——某公司涉嫌串通投标案

一、基本案情

某公司是一家民营建筑企业，注册资本420万元，在职员工54人。

2019年5月，该公司邀请其他三家建筑公司对某棚户区改造项目进行虚假投标，并在成功中标后支付给三家公司陪标费。

2021年9月，公安机关以该公司涉嫌串通投标罪移送公诉机关审查起诉。公诉机关受理案件后，该公司自愿认罪认罚，主动退缴了所有违法所得，表达了其具有强烈的构建合规体系的意愿，并提出了行之有效的合规计划。2022年3月，公诉机关同意该公司开展企业刑事合规整改工作。

二、争议焦点

企业刑事合规制度可否适用于中小微企业？

三、理论探讨

（一）中小微企业适用企业刑事合规制度的客观困境

对于中小微企业是否可以适用企业刑事合规制度的问题，从已有的经验来看，合规计划的建立往往需要花费巨大的成本，不可避免地会给企业业务和效益带来负面影响。从域外的经验来看，适用合规计划的国家通常会对适用范围作出限定，即一般只有财力雄厚的大中型企业才有资本通过事先或事后的合规计划获得从宽处罚机会。因此，出于合规成本与能力等因素的考虑，有观点认为企业刑事合规制度的相关刑事豁免或减免制度体系的适用范围应限于大中型企业。

（二）中小微企业适用企业刑事合规制度既有现实基础也有实践需要，企业刑事合规制度的适用不应受限于企业规模

上述观点仅关注到中小微企业开展刑事合规工作的客观困难，但却忽视了我国商事主体结构的现实情况，必然导致企业刑事合规制度适用范围过窄的问题，有违施行企业刑事合规制度的初衷，不利于平等保护企业主体。且企业刑事合规制度体现的是程序出罪，从根源上避免了企业被“标签化”处理。

根据调查数据显示，中国企业类商事主体超过4100万家，但其中资金规模在5000万元以上的企业只有36.81万家，中国99%以上的企业均是营业规模在5000万元以下的中小微企业。可见，中小微企业占据市场中企业的绝大多数。司法实践中，大量的企业犯罪案件都是中小微企业为获取更高额的经营利润，铤而走险以身试法的后果。尤其是在企业从小到大的发展阶段，随着企业经营规模的扩大，业务板块和交易渠道的增多，为争取市场份额获取市场地位，企业可能会实施一些非良性竞争行为，可能产生相应的风险并极易诱发违法犯罪。而一旦被追究刑事责任，往往会连带对其主要负责人采取羁押性强制措施或最终定罪量刑，这可能导致企业的停产、倒闭。因此，对中小微企业适用企业刑事合规制度，既有现实基础也有实践需要。

具体到本案，该公司注册资本仅为420万元，员工数量50余人，属于典型的中小企业。考虑该公司本身并非为实施犯罪而设立的非法组织，只是由于企业制度缺陷导致企业在业务扩展过程中出现犯罪行为，且该公司正处于快速发展阶段，连年为国家财政缴纳了大量税款，一旦追究刑事责任，将导致一个有着良好前景的企业毁于一旦，而通过对其适用企业刑事合规制度，则可以有效消除企业制度中的犯罪基因与刑事风险，使其在接受一定时间的合规监管和合规考察之后，激活内部的自我监管机制，成为依法依规经营、传播合规文化的商业机构。为此，在该公司及其直接责任人认罪认罚且有能力消除犯罪不利后果，修补被破坏的法益的情况下，公诉机关没有局限于企业规模，最终决定对该公司适用企业刑事合规制度。

如何认定涉罪企业是否满足适用企业刑事合规制度的前置条件

——某公司涉嫌走私普通货物案

一、基本案情

某公司主要从事稀有贵金属的生产、加工、进出口业务。2018年，该公司未经海关允许，擅自将公司的保税料件及利用保税料件生产的成品和副产品内销，将内销所得货款用于偿还公司到期贷款，共计欠缴税款97,040,692.62元，且事后无法补缴所欠税款。

2021年10月，该公司向某市人民检察院提出了合规申请，并拟订了初步的合规计划。但考虑到该公司及其负责人不愿认罪认罚，且没有承诺补缴其所欠的巨额税款，该公司也无法正常生产经营，某市人民检察院最终驳回了该公司的合规申请。

2021年12月，某市人民检察院以走私普通货物罪对该公司及其主要负责人吴某祥、直接责任人蒋某燕提起公诉。

二、争议焦点

本案某公司是否满足适用企业刑事合规制度的前置条件?

三、理论探讨

（一）涉罪企业主要责任人吴某祥拒绝认罪认罚

涉罪企业及主要负责人、直接责任人自愿认罪认罚是适用企业刑事合规制度的前提条件。如果涉罪企业不认罪，就无法体现一种“积极配合”的态度，无法采取有效的补救措施，更难以展开实质性的制度整改。因此，公诉机关将涉罪企业“认罪认罚”作为适用企业刑事合规制度的前提条件具有一定的现实合理性。具体到本案，涉罪企业作为铋矿冶炼行业的龙头企业，规模巨大，具有强烈的开展合规整改的意愿且提出了合规申请，并拟订了初步的合规计划，但由于该公司及其负责人不愿认罪认罚，可见其认罪、悔罪态度较差，公诉机关最终驳回了该合规申请。

（二）某公司既没有提出初步的合规计划，也没有承诺采取补救措施修补被侵害的法益

对于涉罪企业的犯罪行为造成社会、被害人经济损失的情形，赔偿被害人经济损失以修补被破坏的法益是适用企业刑事合规制度的前提条件。根据企业刑事合规制度的基本原理，涉罪企业要进行合规整改，就必须采取积极的补救措施。其中，及时赔偿被害人、积极补缴偷逃的税款、缴纳行政罚款、退缴违法犯罪所得、修补被破坏的资源环境等，就属于涉罪企业采取补救措施修补被损害法益的重要表现。

在前述销售不符合安全标准的产品案中，涉罪企业在申请开展企业刑事合规整改时承诺将会采取补救措施修补被侵害的法益，并提出了初步的补救方案，且涉罪企业在合规整改过程中对其所销售的所有超重货车均加装了360度全景系统和盲区监测系统，显著提升了车辆的安全营运性能，修补了被侵害的法益。基于此，公诉机关最终对该公司作出了相对不起诉决定。同样，在前述某公司涉嫌串通投标案中，涉罪企业在申请企业刑事合规整改时已退缴其通过串通投标行为所获得的全部违法所得，该行为也可视为对被侵害法益的修补，且提出了具体的合规计划。基于此，公诉机关最终同意对涉罪企业适用企业刑事合规制度。

但在本案中，涉罪企业在申请开展企业刑事合规整改时虽然提供了初步的合规计划，但既没有承诺将补缴其所欠巨额税款，合规计划中也没有涉及修复被侵害法益的补救措施，基于此，公诉机关最终驳回其合规申请。

（三）某公司不能正常生产经营且没有恢复正常生产经营的可能性

实行企业刑事合规制度的初衷在于保护民营企业，使涉罪民营企业能够

在消除自身制度上的犯罪基因后能够避免刑事追诉所带来的负面影响，恢复正常的生产经营。也只有在涉罪企业能够正常生产经营的情况下，其才有被挽救的价值，才有能力去修补被侵害的法益。因此，涉罪企业能否正常生产经营或在开展企业刑事合规整改后能否恢复正常生产经营即成为适用企业刑事合规制度的前提条件之一。

本案中，因无法偿还巨额银行贷款，涉罪企业被迫选择以内销保税料件及制成品偿还贷款，最终导致欠缴巨额税款，其已经处于一个恶性循环之中，不具备恢复生产经营的可能性，其所提出的合规计划也仅是一纸空文，不具有可操作性。基于此，公诉机关认为没有成功挽救该公司的可能性，涉罪企业也不具有采取补救措施弥补被侵害法益的能力，最终驳回其合规申请。

后　记

立夏之际，本书编写工作亦悄然进入尾声。得闲回溯我与刑法学的不解之缘，感慨颇多。自踏入刑法学殿堂，我坚持开展刑法理论与法律实务研究。习近平总书记强调，“法学学科是实践性很强的学科，法学教育要处理好知识教学和实践教学的关系”。这进一步坚定了我坚持将法学理论与法律实践相结合的信心。在这一坚定信念的驱动下，我着手将自身近年来所参与的案件编撰成书，望能帮助法学学子在专注理论学习的同时，也能重视和提升自身的法律实务技能。

编写过程中，我谨慎梳理了各案件中的争议焦点与若干细节问题，形成了诸多新想法，供读者参考。如本书涉及的企业刑事合规问题在我国刑事司法领域已是热门议题。自 2020 年 3 月最高人民检察院宣布企业合规第一批试点工作开始以来，该制度持续处于快速发展阶段，并于 2022 年 4 月正式进入了全国全面推广阶段。但欲速则不达，企业刑事合规制度在与我国刑法理论、认罪认罚从宽制度以及附条件不起诉制度等相碰撞产生火花之际，也产生了一系列问题。我在接触相关案件时产生了如下思考：（1）企业刑事合规制度是否只适用于大中型企业；（2）企业刑事合规制度是否只适用于轻罪；（3）企业刑事合规制度的适用是否需要以认罪认罚为前提。对于第一个问题，我认为企业刑事合规制度不仅应该适用于大中型企业，同样也应适用于小微企业。因为在特定情况下，处罚小微企业也会产生水波效应，即处罚小微企业在许多情况下也会对就业和社会稳定产生较大影响。并且，如果在企业刑事合规制度的适用问题上对大中型企业与小微企业进行区别对待，则无法体现法律面前人人平等原则，尤为不妥。对于第二个问题，我认为其不仅应该适用于轻罪，也应该适用于重罪。因为合规不起诉不是对企业轻罪的简单原谅，而是企业犯罪的新型治理模式，企业刑事合规制度的适用无疑有利于达到社会效果、法律效果、政治效果的统一。对于最后一个问题，我的答案是肯定的。如果涉罪企业不认罪，则涉罪企业就无法被认定为具有“积极配合”的态度，无法采取及时有效的补救措施，更难以开展实质性的制度整改。因此，公诉机关将涉罪企业“认罪认罚”作为适用企业刑事合规制度的前提条件是具有现实合理性的决策。此外，本书对于当前社会存在的许多犯罪问题也进行了分析，对于法律实务操作具有一定的参考意义。

总之，编写此书的目的，一是为了系统性地总结自身近年来的实务工作，二是为了更好地服务于法学本科生与研究生的法律实务类课程，以期以自我最深刻的感受向同学们讲述法律实务工作的魅力所在。编书的过程是一个深度学习与思考的过程，也是一个枯燥而复杂的过程，在此，我要感谢我的各位学生：彭卓宇、张欣、钟慕婷、曾昱恒、罗微斯、林青曼、唐宇琳、黄彦雄、李龙、李鸿均、贺晓曈、杨玺、张敏、韩奕、陈书怡、杨嘉楠、尚永波、谭卜铭，他们为本书的编写工作付出了大量努力。

最后，本书仅代表个人观点，不当之处，敬请各位读者批评指正！

刘期湘

2022 年 5 月 5 日于长沙